D0450326

Andrzej Szczypiorski

Die schöne
Frau Seidenman

Roman
Aus dem
Polnischen
von
Klaus Staemmler

Diogenes

Titel der 1986 beim Institut Littéraire in Paris
erschienenen Originalausgabe:
›Początek‹
Copyright © 1986 by Andrzej Szczypiorski
Anmerkungen des Übersetzers am Schluß des Bandes
Umschlagillustration:
Gustav Klimt, ›Gertha Felsöványi‹,
1902 (Ausschnitt)

Im Zimmer herrschte Halbdunkel, denn der Richter mochte das Halbdunkel. Seine gewöhnlich unfertigen und nebulosen Gedanken gerieten ungern in die Falle des Lichts. Alles auf Erden ist dunkel und unklar, und der Richter liebte es, die Welt zu ergründen. Deshalb saß er meistens in der Ecke des riesengroßen Salons in einem Schaukelstuhl, den Kopf zurückgelehnt, und seine Gedanken wiegten sich sanft im Rhythmus des Sessels; er setzte ihn durch leichtes Berühren des Fußbodens mit den Füßen, abwechselnd mit dem linken und dann wieder mit dem rechten, in Bewegung. An seinen Füßen trug der Richter knöchelhohe, von einer Metallspange gehaltene Filzpantoffeln. Die Spange blinkte bläulich über dem Teppich, sobald das Licht der vom Schirm abgedunkelten Lampe daraufffiel.

Der Schneider Kujawski betrachtete die Spangen an den Filzpantoffeln des Richters und berechnete im Geiste den Verlust, der ihm entstehen würde, falls er dem Richter das Bild im Goldrahmen, das an der Wand hing, abkaufte. Es stellte einen nackten Mann mit Hörnern dar, der auf einem Weinfaß saß. Der Schneider Kujawski glaubte, das sei der Teufel, einer jener fröhlichen, dem Trunk und den Späßen mit Frauen zugeneigten Teufel, die früher gern von Malern gemalt wurden, häufig vor einem recht dunklen und kaum erkennbaren Hintergrund. Mit einiger Mühe konnte der Schneider eine Mühle oder die Ruinen einer alten Burg ausmachen. Es waren zwar keine allzu schönen Bilder, doch hatten sie ihren Preis, und als Patriot und kultivierter Mensch legte der Schneider sein Geld in Kunstwerken an.

»Sie meinen also, lieber Freund«, sprach der Richter Romnicki, »vom Krieg genug zu haben. Genug vom Krieg! Immerhin, der Friede ist den Menschen angeboren. Wir alle wünschen den Frieden, wie Sie sich ausgedrückt haben...«

»So habe ich mich ausgedrückt«, sagte der Schneider und sah sich den Teufel auf der Tonne an. Dabei fiel ihm ein, daß dieser Teufel Faun hieß, und eine süße, selige Ruhe überkam ihn.

»Nun ja, einverstanden. Soll der Krieg zu Ende gehen«, sprach der Richter, »sofort, in diesem Augenblick. Möchten Sie das, lieber Freund?«

»Wer wollte es nicht, Herr Richter.«

»Bitte überlegen Sie sich's gut. Ich rede im Ernst. Der Friede ist das Wichtigste, nicht wahr? Laßt uns darum den Krieg beenden. Sogleich, ohne die geringste Verzögerung. Geben Sie gut acht, lieber Herr Kujawski. Wo sind die Sowjets? Nehmen wir an, ungefähr am Don. Und die Angelsachsen? In Nordafrika. Vortrefflich. Unser werter Adolf Hitler beherrscht Europa. Und wir beenden heute den Krieg, Herr Kujawski. Denn Sie waren so freundlich zu bemerken, der Friede sei das Wichtigste. Ist es nicht so?«

»Herr Richter«, rief Kujawski aus. »Wie denn? Mit den Deutschen am Hals?«

»Entscheiden Sie sich, verehrter Freund. Außerdem werden sie sich von morgen an ändern. Es gibt Frieden, Frieden gibt es! Erst die Präliminarien, versteht sich, dann die Friedenskonferenz, ein paar Zugeständnisse von beiden Seiten. Die Sowjets dies, Hitler das, die Angelsachsen noch etwas anderes, aber Sie stehen ja auf dem Standpunkt, der Friede sei das Wichtigste, deshalb müssen sie irgendwie übereinkommen, dafür hat die Welt ihre Diplomaten, Staatsmänner, all die öffentlichen und geheimen Kanzleien, den Austausch von Dokumenten, Zylinder, Limousinen, Champagner, Friede den Menschen guten Willens, Herr Kujawski.«

»Herr Richter«, murmelte der Schneider.

»Tu l'as voulu, George Dandin!« rief der Richter mit entschlossener Stimme. »Jetzt bitte ohne Winkelzüge. Für die Winkelzüge sind auf der Welt andere Leute zuständig. Ach, teurer Freund, Kopf hoch! Wir haben ja Frieden! Und weil wir Frieden haben, dürfen die Okkupanten nicht länger so schrecklich wüten. Nun ja, wir sind unfrei. Aber wir haben uns daran gewöhnt, lieber Herr Kujawski. Schließlich sind wir beide in Unfreiheit geboren und werden auch in Unfreiheit sterben. Nun ja... Fest steht, daß sie uns zunächst grausam ausnützen werden. Vierzehn Stunden Sklavenarbeit täglich. Eine Schüssel dünne Suppe, Peitschen, Schläge. Aber das vergeht nach einiger Zeit. Weil Friede eingetreten ist, haben sie keine Chance, neue Sklaven zu nehmen. Sie müssen sich um diejenigen kümmern, die für sie arbeiten. Kopf hoch, lieber Herr Kujawski. Sind erst ein paar Jahre vergangen, werden wir acht Stunden täglich arbeiten, sie werden uns gute Lebensmittelkarten geben, sogar Kaffee und Tee werden wir bekommen, wie denn sonst, da doch Friede auf Erden ist, da man doch miteinander handeln muß. Trinken denn die Engländer allen indischen Tee alleine? Liefern die Sowjets nicht Erdöl, Weizen, Kartoffeln und was sonst noch?! Wir werden leben, lieber Herr Kujawski, zwar unter fremdem Stiefel, das läßt sich nicht verbergen, dafür aber in Frieden, denn von heute abend an herrscht Friede auf der Welt, das höchste Gut des Menschen und der Menschheit, Herr Kujawski, nach dem sich unsere geplagten, dummen, durch Unfreiheit entehrten, an Demut, Erniedrigung, Unterwürfigkeit gewöhnten Seelen sehnen, nicht heute natürlich, noch nicht heute, doch in einiger Zeit, in einigen Jährchen, wenn sie uns erst eigene Schulen gegeben haben, ja doch, mit unserer Muttersprache in allen Fächern ohne Ausnahme, wenn wir Brot essen mit Speck und sich vielleicht sogar eine Flasche französischer Kognak findet, vielleicht schwedischer Hering, vielleicht eine Havanna-Zigarre! Überlegen Sie nur, lieber Freund, wieviele Tugenden und lobenswerte Taten unter der Sonne des europäischen Friedens erwachsen werden. Wie freudvoll das Leben unserer kleinen Sklaven sein wird, der Buben und Mädchen, die von ihren Beherrschern sogar ein Bonbon kriegen werden, sogar ein buntes Spielzeug, denn sie werden sich um die Kinderlein kümmern, sogar Ovomaltine im Kindergarten verteilen, damit die Kinder gesund und kräftig werden, damit sie später redlich arbeiten können für einen bescheidenen, aber angemessenen Lohn, Kur und Erholungsurlaub, dem Grundsatz *Kraft durch Freude* entsprechend, das heißt man soll ausruhen, sich kurieren, die Zähne plombieren lassen, sich vernünftig ernähren und hygienisch leben, weil das die unerläßliche Vorbedingung erfolgreicher und disziplinierter Arbeit ist, und wie Sie wissen, lieber Herr Kujawski, *Arbeit macht frei*, das heißt besonders unter der goldenen Sonne des europäischen Friedens macht sie den Menschen frei. Und nur eines wird uns fehlen. Nur eines! Das Recht zum

Widerspruch! Das Recht, laut zu sagen, daß wir ein freies und unabhängiges Polen wollen, daß wir uns auf unsere eigene Weise die Zähne putzen und ausruhen wollen, auf unsere eigene Weise Kinder zeugen und arbeiten, auf unsere eigene Weise denken, leben und sterben. Dieses Eine wird uns fehlen unter der Sonne des europäischen Friedens, den Sie, mein Freund, für das höchste Gut halten.«

Der Schneider Kujawski fuhr sich mit der Zungenspitze über die Lippen. Die Spangen an den Pantoffeln des Richters, die ihn eben noch an kleine, glänzende Sterne erinnert hatten, hielt er nun für die Augen eines wilden Tieres.

»Was Sie nicht alles sagen, Herr Richter«, murmelte er. »Ich will Frieden, versteht sich, aber unter anderen Bedingungen. Erst soll dieser ganze Hitler zur Hölle fahren ...«

»Damit der zur Hölle fährt, bedarf es eines langen Krieges, Herr Kujawski«, sprach der Richter.

»Dann muß er eben lang sein, aber ihn soll der Teufel holen!«

»Meinen Sie das, mein Freund? Paßt Ihnen der Friede von heute abend an nicht mehr? Gelüstet es Sie schon wieder nach dem fröhlichen Soldatenleben? Haben Sie von all diesen Entsetzlichkeiten nicht genug? Steckt ein so blutiger Scharfrichter in Ihnen? Das hätte ich nicht erwartet, Herr Kujawski! Haben Sie noch nicht genug an Opfern, an Bränden, an polnischem und nichtpolnischem Blut, das auf Erden vergossen wird?«

Der Richter lachte laut auf. Er hielt den Schaukelstuhl an. Die Augen des wilden Tieres erloschen.

»Einverstanden, mein Freund«, sprach er. »Wir sind endlich übereingekommen, Herr Kujawski! Es muß uns immer um Polen gehen, um das Polentum, um unsere Freiheit. Kein europäischer Friede, dieser Firlefanz für Idioten, sondern Polen. Habe ich nicht recht?«

»Gewiß haben der Herr Richter recht«, antwortete Kujawski. »Aber ich bin nicht nur an Körpergröße ein Hühnersteiß, sondern auch an Verstand.«

»Sagen Sie das nicht laut! Die Wände haben Ohren. Vielleicht sitzen da irgendwelche einheimischen Demiurgen, die nur darauf warten, daß die Leute das Vertrauen zum eigenen Verstand verlieren, um innerlich zu schwanken und sich selbst mit Zweifeln zu quälen, ob sie nicht tatsächlich, wie Sie sich auszudrücken belieben, einen Hühnersteiß-Verstand haben.«

»Demiurgen«, wiederholte der Schneider. »Von denen habe ich noch nicht gehört. Ist das sowas wie Installateure?«

»Das sind, werter Herr, Spezialisten für die Erlösung der Menschheit. Ehe Sie sich's versehen, kriecht einer nach dem anderen aus dem Loch. Sie tragen den Stein des Weisen in der Hosentasche. Jeder hat einen anderen Stein, und sie bewerfen sich mit den Steinen, nur treffen sie gewöhnlich die Köpfe anständiger Menschen wie Sie oder ich. Sie wollen unsere Zukunft über ihren Leisten schlagen. Und sie wollen unsere Vergangenheit nach ihren Leisten formen. Sind Sie derartigen Leuten noch nie begegnet, Herr Kujawski?«

»Kann schon sein«, sagte der Schneider versöhnlich und betrachtete den Faun im Goldrahmen von neuem begehrlich.

»Übrigens«, fuhr der Richter fort, »finde ich die Bemerkung über die Installateure höchst interessant. Hoffentlich sind Sie kein Prophet, lieber Herr Kujawski. Denn es könnte der Tag kommen, da sie uns alle in den Abfluß spülen. Hübsch würden wir da aussehen.«

»Was das Bild angeht, Herr Richter«, nahm der Schneider das Thema schüchtern wieder auf, »so könnte ich diesen Faun noch heute mitnehmen. Den Rahmen berechnen Herr Richter extra. Ein Junge kommt mit dem Handwagen, wickelt ihn in Packpapier, bindet eine Schnur drum und schafft ihn in aller Ruhe weg.«

»Wegschaffen kann er, Herr Kujawski, aber ich würde gern Ihr Angebot hören.«

»Herr Richter haben Paweł gegenüber erwähnt, es soll zum Teil in Naturalien sein.«

»Stimmt. Das würde ich gern sehen. Ich denke hauptsächlich an Fett und Fleisch.«

Kujawski drohte dem Richter scherzhaft mit dem Finger und sagte: »Herr Richter wirken sehr intellektuell, haben aber einen Kopf für Geschäfte.«

Er brachte diese Worte in fröhlichem Ton heraus, aber mit unruhigem Herzen, weil er nicht sicher war, ob es sich gehörte, so mit dem Richter zu sprechen. Der Schneider Kujawski trug mehr Bargeld bei sich, als der Richter im Laufe eines Jahres gesehen hatte, und fühlte sich dennoch gegenüber dem alten Herrn im Schaukelstuhl befangen, nicht nur weil der Richter einst sein Wohltäter gewesen war, sondern auch aus dem ganz banalen Grund, daß er seinen Platz auf Erden kannte. Noch war die Zeit nicht gekommen, da Geld und Macht über die Position des Menschen entschieden. Der Schneider gehörte zu jener Epoche, die auf einer gewissen geistigen, porzellanzarten, aber gleich einem römischen Aquädukt dauerhaften Ordnung beruhte. Es herrschte eine Hierarchie der menschlichen Seelen, und alle wußten, daß es einen Adel auf

Erden gab, nicht von Geburt, sondern aus dem Inneren der menschlichen Person stammend. Deshalb war Kujawski ein wenig verwirrt und schaute den Richter an. Der aber lachte herzlich auf.

»Den hätte ich gern, lieber Herr Kujawski, den hätte ich gern, das läßt sich nicht verheimlichen«, sprach er heiter. Er war sensibel wie ein Seismograph, er besaß die besondere Empfindlichkeit, die Dichter Intelligenz der Gefühle nennen, darum fuhr er fort: »Doch das Schicksal hat mir die Bekanntschaft mit Ihnen geschenkt, und Sie haben den Kopf für uns beide. Ich verlasse mich ganz auf ihr Angebot.«

Und fügte sogleich in dezidiertem Ton hinzu, um Kujawski nicht zu kränken und dessen kaufmännisches Vergnügen zu beeinträchtigen: »Aber ich werde hartnäckig feilschen, lieber Herr Kujawski.«

»Versteht sich«, entgegnete der Schneider. Er wußte, er würde überzahlen, nur um wieder auf dem abgewetzten Sofa in diesem Salon zu sitzen, wo es nach alten Gegenständen und dem Staub auf den zahlreichen Büchern duftete.

2

Pawełek Kryński öffnete die Augen und betrachtete seine Hände. Nach dem Erwachen betrachtete er stets seine Hände. Waren sie schon blaugrau und tot und sonderten mit dunkel gewordenen Fingernägeln Leichengift ab, oder waren sie noch seine eigenen, lebendigen? Pawełek – so nannten ihn alle von Kindesbeinen an – sollte demnächst sein neunzehntes Lebensjahr vollenden. In diesem Alter widerfuhr dem Menschen jener Zeiten Ungewöhnliches. Er kannte die Unterschiede der Geschlechter bereits genau und hatte den Glauben an die Unsterblichkeit verloren. Erst später sollte er ihn wiedergewinnen; doch die frühen Mannesjahre machten ihn, ähnlich wie das gesetzte Greisenalter, mit dem Tode vertraut. Pawełek Kryński trat demnach in einen Zeitabschnitt ein, da Liebe und Tod zu Freunden des Mannes werden, die sich nie von ihm trennen. Der Gedanke an sie verläßt den Mann bei keinem Schritt.

Wenige Jahre später hätte sich ein achtzehnjähriger Mann mit solchem Leiden und solcher Furcht nur noch lächerlich gemacht. Doch Pawełek gehörte zu einer Epoche, in der die jungen Leute erwachsen sein wollten. Sie trugen seit dem fünfzehnten Lebensjahr Herrenanzüge und verlangten nach Pflichten und Verantwortlichkeiten. Sie flohen die Kindheit, denn diese hatte ohnehin schon zu lange gedauert. Kinder haben keine Ehre, sie aber wollten Ehre haben um jeden Preis.

Er öffnete die Augen und betrachtete seine Hände. Noch waren es die eigenen. Beruhigt schmiegte er sich wieder an das Kissen. Nachts war Henio bei ihm gewesen. Doch hatten dessen Gesichtszüge undeutlich gewirkt, und seine Stimme war so leise, daß Pawełek die Worte nicht verstand. Nur Henios Geste drang zu ihm durch. Wie immer im Traum gab Henio ihm ein Zeichen. Pawełek sagte dann: Wo bist du, Heniek? erhielt aber keine Antwort. Er mochte diesen Traum nicht, der sich seit einiger Zeit regelmäßig wiederholte, wenn er aber mit dem Gefühl erwachte, Heniek sei in dieser Nacht nicht gekommen, war er enttäuscht. Wo ist dieser Unmensch geblieben? dachte Pawełek.

Er öffnete die Augen und betrachtete seine Hände. Dabei fiel ihm ein, daß er seine Kontakte mit Gott vernachlässigte. Er glaubte nicht so fest an Gott wie früher und später, sondern trug in sich Skepsis, Empörung, Spott und Zweifel, fürchtete aber die Strafe des Himmels. Er rechnete zwar mit seiner Geduld, fürchtete aber seinen Zorn.

Seine Hände waren bräunlich und kräftig. Erleichtert atmete er auf und erhob sich vom Bett. An diesem Tag hatte er viele wichtige Dinge zu erledigen, die Mannhaftigkeit und Würde erforderten. Zu Häupten seines Bettes standen zwei Frauen: Frau Irma, die goldene, veilchenblaue und schöne, von der er sich löste, und Monika, die silberne und dunkle, die er leidenschaftlich zu lieben begann.

Frau Irma war Pawełeks erste, kindliche Liebe. Vor dem Kriege hatte sie auf der anderen Seite der Wand gewohnt, im gleichen Stockwerk des Mietshauses. Als er sich in sie verliebte, war Pawełek dreizehn Jahre alt gewesen. Sie war die Frau eines Arztes, des Doktors Ignacy Seidenman, eines Röntgenologen und Wissenschaftlers. Der Doktor mochte Pawełek. Traf er ihn auf der Treppe, so fragte er ihn nach der Schule aus und schenkte ihm Bonbons, einmal lud er den Jungen sogar in sein Arbeitszimmer ein, wo sich der Apparat für die Röntgenaufnahmen befand. Frau Irma war eine goldblonde Schönheit mit blauen Augen und schlanker Gestalt. Schon vor dem Kriege träumte Pawełek nachts von ihr. Dann erwachte er entsetzt und erkannte seinen eigenen Körper nicht wieder, der heiß, gespannt und schmerzerfüllt war. Frau Irma hatte etwas von einer Krankheit, sie verursachte nur Qualen. Wenn sie ihm Bonbons oder Schokolade anbot, fühlte er sich gedemütigt. Denn er wollte für sie exotische Länder erobern, Festungen plündern, feindliche Horden besiegen. Er verstand sich nicht mehr und fand sich nicht zurecht. Er fuhr zu ihr in einer Arche, auf einer Galeone mit hundert Geschützen, in einem indianischen Kanu, und sie trat ihm mit einer Praline in der Hand entgegen. Später ruderte er kein Kanu mehr – mit Federschmuck auf dem Kopf. Frau Irma zog kreuz und quer durch Warschau. Eine jüdische Witwe mit nordischem, entschlossenem Gesicht. Es war Krieg. Pawełek lernte in Untergrundschulen und versuchte, etwas zu verdienen, um seiner Mutter zu helfen. Sein Vater saß in deutscher Gefangenschaft, hinter dem Stacheldraht eines Offizierslagers. Pawełeks Beziehung zu Frau Irma wurde fürsorglich und noch schmerzlicher.

Dr. Seidenman war vor Kriegsausbruch gestorben, Frau Irma lebte allein und wechselte ständig ihre Wohnung auf der arischen Seite. Pawełek hatte immer für sie Zeit. Auf seine Hilfe konnte sie bauen. Sie versuchte, das wissenschaftliche Archiv ihres Mannes zu retten, damit sich die

Röntgenologie nach dem Kriege weiterentwickeln könne, dank Dr. Ignacy Seidenmans Entdeckungen und Beobachtungen. Pawełek half ihr. Sie wurde immer schöner. Er fürchtete um ihr Leben. Eifersucht plagte ihn. Frau Irma war etwas über dreißig Jahre alt, verschiedene Männer umkreisten sie.

Pawełek machte in der Untergrundschule Abitur. Er verdiente ein wenig, indem er beim Handel mit Kunstwerken vermittelte. Kultivierte und früher begüterte Menschen verkauften in der Okkupationszeit Bilder, Möbel und Bücher. Sie mußten leben. Neue Vermögen entstanden, manchmal riesengroße, deren Ursprünge nicht immer sauber waren, entstammten sie doch zum Teil dem wirtschaftlichen Untergrund, ohne den das Land als rücksichtslos ausgebeutetes Hinterland der nazistischen Kriegsmaschinerie nicht hätte leben können, zum Teil aus dem Raub jüdischer Habe; denn die Deutschen rissen zwar den Hauptteil der Beute an sich, doch manch wertvolles Stück fiel in polnische Hand. Pawełek tummelte sich in einem sonderbaren Grenzbereich, zwischen ruinierten Sammlern aus Vorkriegszeiten, Landadligen, die ihre Möbel und Pretiosen verkauften, einst begüterten Besitzern von Stichen, Bildern und Tafelsilber, und der kleinen, aber wachen und betriebsamen Gruppe der ewig hungrigen und unersättlichen, harten und kalten, prahlerischen Neureichen; unter ihnen fanden sich manchmal Liebhaber schöner Dinge und Kenner, die das Schicksal vor dem Kriege vielleicht gedemütigt hatte, ehemalige Wanderer auf Nebenwegen, die endlich in die Hauptstraße einbiegen und sich an den früher glücklicheren Konkurrenten rächen konnten. Im großen und ganzen waren das ziemlich düstere Geschäfte, doch gab es auch Leute vom

Zuschnitt des Schneiders Kujawski, eines reichen Samm-
lers, der sich zur Verwunderung seiner Kunden oft als gut-
herziger und freigiebiger Mensch erwies. Pawełek hielt
sich an den Schneider, und der Schneider mochte Pawełek.
Eine Zeitlang bildeten sie ein unzertrennliches Paar, später
lockerte sich die Beziehung etwas, nicht infolge von
Zwistigkeiten beim Handel, sondern wegen Pawełeks Studium an der Untergrund-Universität und wegen seiner
Liebesdramen.

Er lernte Monika kennen. Sie war achtzehn Jahre alt,
hatte rabenschwarzes Haar, eine silbrige Haut, das Profil
einer Gemme, die Anmut eines trägen Raubtiers. Im Spätherbst des Jahres 1942 küßte Pawełek Monika. Ihr Mund
war kühl, die Lippen zusammengepreßt, die Augen feind-
selig.

»Nie wieder!« sagte sie. »Nie wieder!«

Doch einige Tage später küßte er von neuem Monikas
Mund. Sie erwiderte den Kuß. Er war dem Tode nahe. Er
liebte Monika. Sie war schön, klug, gut. Gegen sie war er
ein Nichts. Ein Kiesel am Weg. Ein herbstliches Blatt. Ein
verfluchtes Gespenst. Während einer Rikschafahrt legte er
eines Tages seine Hand auf ihr Knie. Sie erstarrte. Er zog
die Hand zurück. Über seinem Kopf spürte er die Fittiche
des Todes. Eines anderen Tages, als sie die Marszałkowska-Straße entlanggingen, begegneten sie Kujawski.
Er lüftete seinen Hut. Als Mensch von großem Feingefühl
pflegte er die Manieren der großen Welt. Monika sagte:
»Was für ein komischer Wicht.«

Pawełek gab zu, daß Kujawski ein komischer Wicht sei.
Eine Woche später, als ein gemeinsames Geschäft sie
zusammenführte, erinnerte der Schneider sich an Monika.

»Sie haben wirklich Glück, Herr Pawełek.«

»Nämlich, Herr Kujawski?«

»Dieses Fräulein an Ihrer Seite auf der Marszałkowska. Sie ist vollkommen schön...«

Er zögerte einen Augenblick, schüttelte den Kopf und fügte hinzu: »Vollkommen? Was sage ich da? Sie ist unendlich schön...«

Pawełek gab zu, daß Kujawski ein weiser Mensch sei, ein Kunstkenner, ein ernsthafter Connaisseur.

Er liebte Monika, liebte aber auch Frau Irma. Das waren zwei verschiedene Lieben. Mit Monika wollte er das ganze Leben verbringen, mit Frau Irma ein paar Stunden. Mit Monika wollte er alt werden, an Frau Irmas Seite reif. Aber er lebte in grausamen Zeiten. Seine Sehnsüchte gingen nicht in Erfüllung. Zum ersten Mal bekannte er Frau Irma seine Liebe, als sie eine sehr alte Frau war, auf der Terrasse eines Cafés an der Avenue Kléber in Paris, dreißig Jahre nach dem Tod der schönen Monika. Keine dieser Frauen prägte Pawełeks emotionale Persönlichkeit. Die Frauen, die seinem Leben Stempel und Siegel aufdrückten, sollten erst noch kommen. Doch Frau Irma und Monika machten Pawełek mit dem Tod vertraut. Er bewahrte ihnen Dankbarkeit.

Während er jetzt seine Hände betrachtete und aus dem Bett aufstand, spürte er jedoch keine Dankbarkeit. Er fühlte sich frisch und entschieden. Er hatte beschlossen, an diesem Tage ein für allemal mit seiner Liebe zu Frau Irma Schluß zu machen und sein ganzes Herz Monika zu schenken. Immer noch glaubte er, Herr seiner Entscheidungen zu sein. Er glaubte an die Freiheit. Das muß man ihm verzeihen. Er war noch nicht neunzehn Jahre alt.

Er wusch sich mit kaltem Wasser, prustete und war beinahe glücklich. Aber nicht ganz, weil ihm Henio Fichtelbaum wieder einfiel. Der Freund von der Schulbank. Der Schüler mosaischen Bekenntnisses Henio Fichtelbaum. Sein bester Freund aus Kindheit, Jugend und früher Reifezeit. Henio Fichtelbaum, Pawełeks Helfer bei den Mathematikaufgaben. Der kapriziöse, hübsche, dunkle, konzentrierte. Es gab Momente, da sie sich haßten. Henio schob die Lippen vor.

»Ich pfeife auf dich, Pawełek!« sagte er und ging fort unter die Bäume des Ogród Saski, klein, widerwärtig, mit dem Tornister auf dem Rücken. In ausweglosem Zorn trat Pawełek gegen die Kastanien. Sie haßten sich. Es kam vor, daß der grausame Henio umkehrte. Seine Lippen waren aufgeworfen, er schaute vor seine Füße, auch er trat gegen Kastanien.

»Laß gut sein«, sagte er, »wir können zusammen zur Królewska-Straße gehen.«

Es kam aber auch vor, daß Pawełek hinter Henio herrannte.

»Halt! Warte! Ich geh mit dir...«

Sie spielten Indianer, sie spielten Abessinier. Henio warf sich eine karierte Decke um die Schultern und sagte zu Pawełek: »Ich bin Haile Selassie! Du bist der Führer meiner Truppen.«

Doch manchmal ergriff Pawełek die Decke und war der Kaiser. Sie stießen Kriegsrufe aus. Die Italiener flohen. Henio schoß mit Kanonen, Pawełek mit Pistolen. Sie zielten mit Pfeil und Bogen, sie warfen Speere.

Henio Fichtelbaum mochte Süßigkeiten, Pawełek Filme. Sie stritten sich. Henio wollte Schokolade essen, Pawełek ins Kino gehen. Sie stritten sich, die Trennung war unerträglich, die Schokolade fade, der Film öde. Sie waren Freunde, wie Erwachsene es nicht sein können. Sie starben füreinander beim Spiel, waren aber auch bereit, wirklich zu sterben, weil sie den Tod noch nicht verstanden, also auch nicht fürchteten, sie konnten sich das Sterben nicht vorstellen.

Später konnten sie es sich vorstellen. Im Jahre 1940 ging Henio ins Ghetto. Zwei Jahre später floh er und erschien bei Pawełek. Der besorgte ihm ein vorzügliches Versteck bei einem Uhrmacher. Henio Fichtelbaum zog auf den Dachboden. Dort versorgte Pawełek ihn mit Büchern und Nachrichten. Henio meuterte und zeigte sich launisch. Die Ghettoerfahrungen verblichen in seiner Erinnerung. Der Dachboden setzte ihm zu.

»Das ist ein Kittchen!« sagte Henio Fichtelbaum.

»Um Gottes willen, Henio, faß dich an den Kopf. Wo könntest du es besser haben? Du mußt dich zu Geduld aufraffen.«

»Ich will auf die Straße gehen, Pawełek.«

»Ausgeschlossen!«

»Ich gehe aber!«

»Du bist ein Schwachkopf, Idiot, Blödian!« schrie Pawełek.

Henio ging nicht hinunter. Später konnte er das Eingeschlossensein nicht mehr ertragen. Pawełek tobte.

»Siehst du, alles in Ordnung«, sagte Henio Fichtelbaum phlegmatisch. »Ich war in der Stadt und lebe noch. Nichts ist passiert.«

»Du hast kein Gewissen!« rief Pawełek.

Sie waren Freunde. Erneut gab Henio nach. Nicht aus Angst um sein Leben, sondern aus Liebe zu Pawełek. Doch zwei Monate später verschwand er spurlos. Pawełek betete inbrünstig. Wochen vergingen ohne Nachricht. Der ganze Winter. Henio existierte nicht mehr. Nur spät in der

Nacht, wenn Pawełek schlief, erschien Henio im Dunklen und gab ihm ein Zeichen. Das Zeichen des Lebens, dachte Pawełek und schlief ein. Morgens weckten ihn die Frauen, Frau Irma und Monika. Alle drei tauchten sie aus Pawełeks Träumen empor. Henio Fichtelbaum war nicht da. Er blieb schrecklich abwesend. Er ist gestorben, dachte Pawełek. Nachts aber kam Henio wieder und gab ihm das Zeichen.

Auch später kam er, viele Jahre lang. Die Welt, in der Henio geblieben war, gab es nicht mehr, trotzdem erschien er bei Nacht und gab Paweł das Zeichen. Dann dachte Paweł, es sei das Zeichen des Todes und nicht des Lebens. Rufe mich nicht, sagte er zu Henio Fichtelbaums Schatten, du hast kein Recht zu rufen. Er schlief ohne Furcht ein, weil er wußte, daß Henio Fichtelbaum kein Abgesandter Gottes war, sondern nur eine gute Erinnerung. Vielleicht ist es dasselbe, dachte er manchmal.

Aber er vertraute darauf, daß Gott auch die Liebe ist.

Eigentlich kann man sagen, Paweł sei ein Auserwählter des Schicksals gewesen. Er überstand den Krieg und erlebte die Liebe. Etwas Erstaunliches. Beinahe ein Glückskind! Knapp zwanzig Jahre alt, kam es ihm so vor, als wäre alles restlos verbrannt. Diese Stadt war die ganze Welt, die er besaß. Nicht die ganze Stadt, sondern nur ihr Kern, die wenigen Straßen zwischen dem Belvedere und dem Königsschloß, dem Weichselufer und dem Friedhof von Wola. Luft, Himmel und Erde waren hier anders. Mietshäuser begrenzten den Horizont. Als Kind hatte er jede Ecke dieses Fleckchens Erde bis hin zum Horizont betreten. Ein anderes Vaterland besaß er nicht. In seinem Zentrum lag der Ogród Saski, rundum die Straßen, auf einer Seite schön, hell und vornehm, auf der anderen gebrandmarkt von lärmender Unruhe, Häßlichkeit und Armut. Keine Grenze trennte die beiden Welten. Im Schatten der Kastanien des Ogród Saski streiften Damen in Ausgehkostümen, in Hüten mit Schleiern und Schuhen mit hohen Absätzen sowie Herren in Trenchcoats, Melonen und Mänteln mit Pelzkragen, die dunklen Passanten in abgetragenen Kaftanen und Stulpenstiefeln, die marktschreierischen Hökerinnen mit Perücken auf dem Kopf, die Jungen mit Peieslocken und schildlosen Mützen, die phlegmatischen, an Stöcken schreitenden Greise in paspelierten Joppen, mit runden Militärmützen auf dem weißen Haar und dem abgetragenen Schuhwerk armer, verarbeiteter Menschen. Auf den Bänken rund um die Fontäne saßen Revolutionäre von 1905, Veteranen von 1914, Cheveaulegers von 1920, kurzsichtige Lehrerinnen, die in ihren jungen Jahren vor Eliza Orzeszkowa geknickst hatten, Verschwörer und nach Sibirien Verbannte, Häftlinge von Moabit und der Festung Olmütz, Seidenwarenhändler von der Nowolipie- und Eisenwaren-Großhändler von der Gęsia-Straße, Antiquare von der Świętokrzyska, junge Diplomaten aus dem Brühlschen Palais, Kokotten und Frömmlerinnen, Arbeitslose und Reiche, Juden, Deutsche, Ukrainer, französische Erzieher aus den alten Gutshöfen, weißgardistische Flüchtlinge, heiratslustige Mädchen, Studenten mit Knabengesichtern und leeren Taschen, Diebe und Klatschbasen. Hier stritt sich Pawełek mit dem grausamen Henio Fichtelbaum, wer von ihnen beim Messerwerfen die Kastanien gewonnen hatte. Hier schlugen sie die Bolschewiken aufs Haupt, zwangen die Eliteregimenter des Duce zur Flucht und schossen die Flugzeuge des Generals Franco ab, die sich erfrechten, die Schanzen der Spanischen Republik zu bombardieren.

Man brauchte nur ein paar Schritte zu gehen und befand sich zwischen Palästen, Regierungsgebäuden, Limousinen, inmitten von Kaffee- und Parfümdüften. Und man brauchte nur in entgegengesetzter Richtung zu gehen, zur Graniczna-, Żabia-, Rymarska-Straße, um in das Zentrum der jüdischen Diaspora zu gelangen, zwischen die Läden mit Eisenwaren, in die lärmende chassidische Menge, unter die riesenhaften Träger aus den Hallen mit ihren Wachstuchmützen und Arbeitskitteln, in das Geschrei der Händler, das Schnauben der Pferde, vor die verstaubten Vitrinen der armen Mützenmacher-Werkstätten mit der Aufschrift *Modes* oder *Dernier Cri*, in die Obstläden, Konditoreien, Friseurgeschäfte, die Schuster- und Täschnerwerkstätten, unter die Straßenverkäufer mit Drillichhosen und Brezeln.

Man konnte auch in eine andere Gegend der Welt gehen, zu den Türmen der alten Kirchen, den feuchten Mietshäusern und Klöstern, zur proletarischen Plackerei und zu den rebellischen Träumereien des Volkes. Eben dort stieß das Königsschloß an die Kathedrale, die Kathedrale an den Marktplatz, der Marktplatz aber an die Weichsel und den Jordan.

Das war Pawełs Welt, die im Laufe weniger Jahre unter die Erde versank, vor seinen Augen, in seiner machtlosen, erstaunten Gegenwart. Sie versank ganz wörtlich, zerfiel in Trümmer und begrub unter ihren Ruinen die Menschen und die polnische Lebensweise.

Paweł überstand den Krieg. Durfte er dann noch auf ein Lächeln des Schicksals zählen? Und trotzdem erlebte er die Liebe. Das ist etwas Erstaunliches. Es läßt sich nicht verheimlichen, Pawełek war ein Glückskind.

3

Die Zelle war ein enger Käfig. In ihr stand ein einziger Stuhl. Auf drei Seiten Mauern. Nur zum Gang ein von der Decke bis zum Steinfußboden reichendes Gitter. Unter der Decke brannte eine starke Glühbirne ohne Schirm.

Irma Seidenman setzte sich auf den Stuhl, wie man ihr befohlen hatte. Der Wärter schloß das Gitter ab und ging mit schwerfälligen Schritten davon.

Sie war hier nicht allein. Sie hörte die Atemzüge anderer Menschen, die in den Käfigen längs des Ganges eingeschlossen waren. Aber nur die Atemzüge.

Irma Seidenman neigte den Kopf in die Hände, stützte die Ellbogen auf die Knie und erstarrte gebückt in Konzentration und Stille. In ihr lebte eine Neugier, das Verlangen, jeden vergehenden Augenblick, die Stille, die eigenen Atemzüge und Herzschläge exakt mitzuerleben.

Irma Seidenman widerfuhr, was sie erwartet hatte. Fast jeden Tag der letzten zwei Jahre war sie auf ein solches Ende vorbereitet gewesen. In der Stadt hatte sie Legenden über den Gang mit den engen Käfigen gehört. Sie hatte sich den Gang vorgestellt. Er erwies sich als ein wenig anders, kleiner, vielleicht etwas gemütlicher, nicht so entsetzlich wie in den Berichten, denen sie mit bedrücktem Herzen gelauscht hatte. Jetzt befand sie sich in diesem Gang. Sie mußte nicht mehr befürchten, hierher zu kommen. Die Mauern, das Gitter, die Glühbirne, die gedämpften Atemzüge in der Nähe, aber auch der eigene Atem, seltsam gleichmäßig und leise. Ihr eigener Organismus gewöhnte sich an den Gang, paßte sich ihm an. Das war jetzt Irma Seidenmans gesamte Welt. Sie mußte darin leben.

Plötzlich dachte sie, das Leben sei nur das Vergangene. Es gebe kein anderes Leben als die Erinnerung. Die Zukunft existiere nicht, weder hier hinter den Gittern noch überall draußen, auf der Straße, im Wald, auf dem Meer, in den Armen des geliebten Mannes. Das Leben sei das in Erfüllung Gegangene, dessen wir gedenken, das geschehen und verflossen ist, um als Erinnerung zu bleiben. Die Zukunft kann nicht das Leben sein, dachte Irma Seidenman, weil es mich in der Zukunft nicht gibt, weil ich dort weder Hunger noch Durst, weder Kälte noch Wärme empfinde. Was irgendwo und irgendwann geschehen wird, ist noch jenseits von mir, verborgen hinter Mauer und Gitter, hinter meinem Raum und meinem Verständnis, es ist noch auf fernen Sternen, in der kosmischen Vorsehung. Mein Leben ist hier, denn ich bin hier, mein Körper, vor allem meine Erinnerung. Nur was schon geschehen ist, ist mein Leben, sonst nichts! An das Leben denken, heißt darum, an die erinnerte Vergangenheit denken, und jeder Augenblick ist Vergangenheit, das Abschließen des Gitters ist Vergangenheit, das Vorneigen des Kopfes, das Stützen in die Hände ist Vergangenheit. Das habe ich erlebt, mein Gott! Ich habe nichts erlebt als das, woran ich mich erinnere. Außerhalb der Erinnerung existiert nichts.

Sie erinnerte sich an ihren Mann, Dr. Ignacy Seidenman, einen großen, schlanken Menschen, den sie sehr geliebt hatte, obwohl sie keine Kinder bekamen. Zu Anfang ihrer Ehe bedauerten sie das, fanden sich aber bald damit ab und suchten das Glück zu zweit. Dr. Ignacy Seidenman starb am Krebs im Jahre 1938. Als er gestorben war, glaubte Irma Seidenman, nicht länger leben zu können, die Verzweiflung schien ihr unerträglich. Doch nach einiger Zeit beschäftigte sie das Ordnen seines wissenschaftlichen Nachlasses, seiner Arbeiten auf dem Gebiet der Röntgenologie sehr, das machte den Schmerz um den Verlust weniger quälend. Später stellte sie ziemlich unverhofft und nicht ohne Verwunderung fest, daß die Röntgenologie sie mehr fesselte als der Gedanke an ihren abwesenden Mann. Zunächst hatte sie sich nur verpflichtet gefühlt, in dem chaotischen wissenschaftlichen Werk des Doktors Ordnung zu schaffen, sie hatte das als ihre moralische Pflicht gegenüber seinem Andenken empfunden. Nach einiger Zeit jedoch bemerkte sie wesentliche Lücken in diesen Notizen, Aufnahmen, Krankengeschichten, Folgerungen – und fühlte etwas wie Scham, daß ihr Mann, ein so fleißiger und vernünftiger Mensch, eine gewisse Unordnung und Unachtsamkeit nicht vermieden hatte. Sie konnte das nicht so lassen, sie konnte Dr. Ignacy Seidenmans Erbe nicht einer böswilligen Kritik aussetzen. Deshalb reiste sie nach Paris, zu Professor Lebrommel und suchte bei ihm Hilfe. Ihre Zeit reichte nicht aus, mit den Tausenden von Mappen und Umschlägen ins Reine zu kommen – der Krieg brach aus. Zu dieser Zeit nahm Ignacy Seidenman in ihrem Leben weniger Platz ein als sein Archiv. Und dieses Archiv bewirkte, daß sie gar nicht daran dachte, ins Ghetto zu ziehen. Sie hatte hellblondes Haar, blaue Augen, eine gerade, wohlgeformte Nase und zarte, ein wenig ironisch geschnittene Lippen. Sie war eine sehr schöne Frau von sechsunddreißig Jahren und besaß ein beträchtliches Kapital in Schmuck und Golddollars. Dr. Seidenmans Archiv brachte sie bei Freunden unter, in einer geräumigen hölzernen Villa in Józefów, während sie selbst, nachdem sie, um ihre Vergangenheit zu vertuschen, dreimal die Wohnung und die Personalpapiere gewechselt hatte, schließlich als Maria Magdalena Gostomska, Offizierswitwe, eine hübsche Einzimmerwohnung in Mokotów mietete. Um ihren Lebensunterhalt brauchte sie sich nicht zu sorgen, zudem waren ihre Bedürfnisse bescheiden, sie gab sich mit der Existenz einer alleinstehenden Frau zufrieden, die in dieser Welt des Wahnsinns weiter damit beschäftigt war, das Werk des verstorbenen Doktors zu vervollständigen. Ziemlich regelmäßig fuhr sie nach Józefów und machte Notizen am Rande der Manuskripte ihres Mannes, unterhielt Kontakte mit Warschauer Ärzten, vertrauenswürdigen Leuten, die sogar in dieser grausamen Zeit zu einem Gespräch mit der schönen und klugen Frau bereit waren. Sie beschäftigte sich so intensiv mit den Problemen der Röntgenstrahlen und den Rätseln der Röntgenologie, daß sie die Hölle nicht zu bemerken schien, in der damals alle lebten.

Doch sie bemerkte die Hölle. Sie sagte, auch in der Hölle müsse man so lange wie möglich seinen Weg gehen. Manchmal machte sie sich Vorwürfe, daß sie die Nachrichten von der anderen Seite mit einer gewissen Gleichgültigkeit aufnahm. Aber sie hatte ihre Verstorbenen nicht im Ghetto. Sie hatte sie nirgendwo, denn der Friedhof, auf dem Dr. Ignacy Seidenman ruhte, war dem Erdboden gleich gemacht worden, die Grabtafeln gestohlen oder als Straßenpflaster vorgesehen. Dr. Seidenmans Körper existierte nicht mehr, aber Irma Seidenman war überzeugt, er selbst existiere irgendwo, vielleicht in Gottes Nähe, vielleicht als geistige Energie im Kosmos oder als Bestandteil der Luft, die sie atmete, als Bestandteil des Wassers, das sie trank. Außerdem blieb Dr. Ignacy Seidenman als Erinnerung in ihrem Leben. Sie sah ihn oft, sie sprach des Abends mit ihm, er kam im Traum zu ihr, nicht als Geliebter, nicht als Ehemann, sie spürte weder seine Arme noch seine Küsse, sondern nur seine Anwesenheit, seine konzentrierte, schweigende, vielleicht sogar ein wenig kapriziöse Anwesenheit; denn Dr. Seidenman hatte ein Recht dazu, ihr ihre Kritik, ihre Verbesserungen übel zu nehmen, die sie in seine Manuskripte einzufügen sich verpflichtet fühlte. Manchmal stritt sie im Traum mit ihrem Mann, doch war ihr immer klar, daß sie sich mit sich selber stritt, weil ihr Mann nicht mehr lebte und man sich mit ihm nicht streiten konnte.

Sie waren also die ganzen Jahre beieinander, sie sehr real, mit ihren vielen kleinen und größeren Sorgen, auch mit der großen Angst, die aus dem Wissen um ihre Herkunft resultierte, um ihr Judentum; es war allerdings gut versteckt dank ihres Aussehens, ihrer vorzüglichen Papiere und der Freundlichkeit ihrer näheren Umgebung, die keinen Verdacht hegte, und wenn sie ihn hegte, stand sie unter dem Druck zweier Jahrtausende europäischer Zivilisation. Sie waren also beieinander, nur Dr. Seidenman ein wenig im Abseits, zum Glück unsichtbar und unerreichbar für die Verfolger.

Irma Seidenman sagte sich täglich, es werde ihr zweifellos gelingen, den Krieg zu überleben, das Werk ihres Mannes zu ergänzen und danach zu veröffentlichen, was sie nicht nur für einen Beweis ihrer Liebe und ihres Gedenkens hielt, sondern auch – nicht ohne Beschämung und ein wenig Eitelkeit – für ihren eigenen röntgenologischen Erfolg, der umso größer sei, als sie über keine medizinische Ausbildung verfügte, vielmehr alles dank ihrer Intelligenz, Arbeitsamkeit und Hartnäckigkeit erreicht hatte. Sie fühlte sich dermaßen sicher auf dem Boden ihrer Überlegungen und Beobachtungen, daß sie beabsichtigte, in Zukunft die verspätete Anstrengung des Medizinstudiums auf sich zu nehmen, vielleicht gar unter Leitung von Professor Lebrommel, der auch der Lehrer ihres verstorbenen Mannes gewesen war.

Sie sagte sich also, sie werde den Krieg überleben, und glaubte zugleich, das sei ein völlig absurder Gedanke, weil sie bestimmt entlarvt würde und das Schicksal der anderen Juden teilen müsse. Sie wartete auf diesen Tag mit bitterer Neugier und war fest entschlossen, ruhig und ohne Klage zu sterben, weil sie ja viel erreicht habe und mit jedem Tag dem Ende ihrer Arbeit am Werk ihres Mannes näher komme. Sie wollte sehr gern noch eine Zeitlang leben, noch etwas ergänzen, korrigieren, ändern, verfiel aber nicht in fieberhafte Unruhe. Selbst wenn sie es nicht schaffen sollte, das wußte sie genau, würden andere es schaffen, irgendjemand ganz bestimmt, weil es vernünftige und anständige Menschen auf der Welt gibt, die ihre Mühe fortsetzen und das Werk zu Ende führen würden. Sollten sich aber solche Menschen nicht finden, so hätte Dr. Ignacy Seidenmans Werk ohnehin seinen Sinn verloren.

Sie hoffte zu überleben und war genauso überzeugt, sie würde umkommen – ein sehr menschlicher, natürlicher Geisteszustand, der sie nicht in Erstaunen versetzte. Als sie aber ein Haus auf der Krucza-Straße verließ und von Angesicht zu Angesicht auf Bronek Blutman stieß, von dem sie gehört hatte, er sei Polizeispitzel und verrate Juden, um auf diese Weise seinen Kopf, den Kopf eines jüdischen Eintänzers aus den Dancing-Lokalen der Vorkriegszeit, zu retten, war ihr erster Gedanke eine banale Erledigung der Angelegenheit.

Bronek Blutman sagte: »Welche Begegnung, liebe Frau Seidenman. Immer noch so elegant, na na!«

»Ich werde vor Ihnen nicht so tun als ob«, entgegnete sie ruhig. »Wir können das erledigen.«

»Was können wir denn erledigen, meine Hübsche?« fragte Bronek Blutman.

»Wieviel wollen Sie? Sie sind ein junger, gut aussehender Mann, solche Männer pflegen größere Ausgaben zu haben.«

»Liebe Frau Seidenman«, antwortete Bronek Blutman, »mir helfen weder Schweinchen noch Harte. Ich habe mein bestimmtes Kontingent.«

»Ich will nicht schlechter sein, als ich bin, aber ihr Kontingent können Sie woanders erfüllen.«

»Kommt nicht in Frage«, sagte Blutman. »Ich meine es ernst. Und deshalb gehen wir jetzt zur richtigen Stelle.«

»Sie machen ein schlechtes Geschäft, Herr Bronek. Ich bin nicht Frau Seidenman. Ich heiße Gostomska, mein Mann war Artillerieoffizier und ist 1939 gefallen.«

»Alle sind wir 1939 gefallen«, entgegnete Bronek Blutman. »Los, gehen wir, meine Liebe!«

»Man kann mir nichts beweisen.«

»Das Beweisen übernehme ich.«

Da zuckte Irma leichthin mit den Schultern, obwohl sie eine schreckliche Kälte rund um das Herz spürte und die Beine unter ihr nachgaben.

»Können die überhaupt einem kleinen Juden glauben, wenn eine Offizierswitwe dem entschieden widerspricht?«

»Machen Sie sich nicht lächerlich, liebe Frau Seidenman. Gehen wir!«

Er faßte sie unter, leicht und sanft, denn er war ein guter Eintänzer gewesen.

»Ich heiße Gostomska«, sagte sie laut. Ein Passant schaute herüber und zog die Brauen zusammen.

»Ich heiße Gostomska und bin keine Jüdin«, wiederholte sie noch lauter. Zwei Männer blieben stehen.

»Was wollen Sie von dieser Dame?« fragte einer.

»Das geht Sie nichts an«, entgegnete Bronek Blutman schroff.

»Sie sind selbst Jude«, sagte der Mann.

»Ich weiß am besten, wer ich bin«, rief Bronek und zog Irma Seidenman am Arm.

Eine freie Rikscha kam vorbei. Er hielt sie an. Sie stiegen ein. Auf dem Gehweg standen die beiden fremden Männer, ihre Gesichter verrieten Angst, Unbehagen und Spott. Bronek Blutman legte seine Hand auf Irmas Nacken.

»Immer schon hatte ich Appetit auf Sie«, sagte er heiter, »aber jetzt ist's zu spät.«

»Nehmen Sie Ihre Hand weg, sonst kriegen Sie eins in die Schnauze!« rief sie. »Ich heiße Gostomska, Maria Magdalena Gostomska.«

»Die große Sünderin«, murmelte Bronek und lachte auf. Aber die Hand nahm er fort. Irma Seidenman wandte sich an den Rikschafahrer. Sie gab ihm ihre Anschrift und bat ihn, Dr. Adam Korda, ihren Nachbarn, zu benachrichtigen, daß sie irrtümlicherweise als Person jüdischer Abstammung festgehalten worden sei.

»Ein Skandal!« sagte sie mit heftigem Abscheu. Der Rikschafahrer versprach, Dr. Korda zu benachrichtigen.

Dr. Korda ahnte nichts von Irmas jüdischer Herkunft.

31

Erst seit einigen Monaten war er ihr Nachbar. Als Altphilologe interessierte er sich für das Judenproblem nur darum, weil es etwas mit Tacitus und der Zerstörung des Tempels zu Jerusalem durch Titus zu tun hatte. Von Zeit zu Zeit brachte er Irma ein wenig Hagebutten-Konfitüre, sie plauderten abends ein bißchen über die schlechten und schwierigen Zeiten. Irma nannte seinen Namen und seine Adresse, weil er einfach ein anständiger Mensch war und es darauf ankam, einen anständigen Menschen wissen zu lassen, daß sie in Kürze umgebracht würde.

In der Folgezeit dachte sie nicht an Dr. Korda. Auch an Bronek Blutman dachte sie von dem Augenblick an nicht mehr, als er Stucklers Zimmer verlassen hatte. Stuckler saß hinter seinem Schreibtisch, sie auf einem Stuhl davor. Sie schaute durch das breite Fenster hinaus in den blauen Himmel.

Sie gab nichts zu. Hartnäckig sagte sie: »Ich kenne diesen Menschen nicht und bin keine Jüdin. Ich heiße Maria Magdalena Gostomska und bin Offizierswitwe. Sie haben ja meine Papiere.«

Er hatte ihre Kennkarte, aber nicht nur das. Er hatte auch einen alten, abgenutzten Ausweis des Kreises der Offiziersfamilien aus der Stadt Grodno, ausgegeben im Jahr 1937. Er hatte die Fotografie eines korpulenten Mannes über vierzig in Uniform und mit den Rangabzeichen eines Hauptmanns. Auch die Fotografie war in Grodno angefertigt. Irma Seidenman besaß gute Papiere. Stuckler öffnete und schloß das silberne Zigarettenetui mit den goldenen Buchstaben I. S. Sie hatte das Zigarettenetui von ihrem Mann Dr. Ignacy Seidenman kurz vor seinem Tode bekommen, es war sein letztes Geschenk, von dem sie sich nie hatte trennen wollen. Bronek Blutman hatte lächelnd auf das Zigarettenetui hingewiesen und zu Stuckler gesagt: »Sehen Sie doch, Herr Sturmführer, das ist wohl der beste Beweis. I. S., Irma Seidenman, oder, wenn Sie wollen, Ignacy Seidenman. Den habe ich auch gekannt.«

»Wo ist er?« fragte Stuckler.

»Der lebt nicht mehr. Vor dem Krieg gestorben«, antwortete Bronek.

»Das ist nicht mein Zigarettenetui«, sagte sie. »Ich habe es vor ein paar Wochen gefunden. Sie sehen ja selbst, es ist aus Silber. Und die Buchstaben aus Gold. Solche Dinge wirft man heutzutage nicht fort.«

Das hatte sie viele Male wiederholt, auch als Bronek Blutman nicht mehr im Zimmer war. Stuckler öffnete und schloß träge das Zigarettenetui. Nach drei Viertelstunden ließ er Irma abführen.

Sie saß im Käfig, und was sie im Lauf dieses Vormittags erlebt hatte, war jetzt ihr wirkliches Leben.

Das Zigarettenetui, dachte sie. Immer und über alles entscheidet eine Kleinigkeit. Das Zigarettenetui, ohne das man sehr gut leben kann, sein Fehlen würde man nicht bemerken. Der Mensch ist nur ein Objekt unter Objekten. Das Zigarettenetui. Irma war sicher, ohne dieses verdammte Metallbehältnis wäre sie entlassen worden. Aussehen und Papiere zeugten zu ihren Gunsten. Zwar hatte Stuckler sich in einem bestimmten Augenblick erhoben und aufmerksam ihre Ohren betrachtet, war aber gleich hinter seinen Schreibtisch zurückgekehrt. Sie hatte von dem Unsinn mit den Ohren jüdischer Frauen gehört. Was die Männer anging, ließ man sie den Hosenschlitz öffnen. Bei den Frauen suchten sie etwas an der Ohrmuschel. Sie wußten selbst nicht, was sie suchten, aber sie waren gewissenhaft und wollten keine Irrtümer begehen. Irgendjemand in Berlin hatte sich ausgedacht, die Ohrmuschel der jüdischen Frau weise geheimnisvolle Rassenmerkmale auf. Doch diese Merkmale gab es nicht. Deshalb tasteten sie die Ohren ab, prüften die Ohren – und blieben weiter im Ungewissen. Stuckler kehrte enttäuscht hinter seinen Schreibtisch zurück. Aber er hatte das Zigarettenetui. Hätte er das Zigarettenetui nicht gehabt, so hätte er Irma Seidenman entlassen. Dessen war sie fast sicher.

Sterben wegen einer solchen Kleinigkeit, dachte sie, ist wahrhaft ungerecht. Sie hatte gar nicht das Gefühl, als Jüdin zu sterben, weil sie sich nicht als Jüdin fühlte und das Judesein auf keinen Fall als einen Makel ansah. Sie war überzeugt, infolge des Zigarettenetuis sterben zu müssen. Und dieser Gedanke erschien ihr lächerlich, dumm, böse und hassenswert.

4

G anz hinten im Hof an der Brzeska-Straße befand sich ein Abtritt mit dem Emailleschild *Schlüssel beim Hausmeister*. Die Information stimmte nicht. Schon seit dem Ende der Zwanziger Jahre war das Schloß durchgerostet und die Tür mit einem Haken versehen. Im Laufe des Tages herrschte hier viel Kommen und Gehen, die Hökerinnen vom nahen Markt benutzten den Abtritt, aber auch ein Onanist mit Brille und Melone. Abends dagegen, nach Schluß des Marktes blieb es hier still, denn die Hausbewohner hatten auf jeder Etage zwei Klosetts, und für die Bewohner des Souterrains hatte der Eigentümer, von großzügigem Wahnsinn getrieben, noch vor dem Krieg einen Abort mit einer Porzellanmuschel unmittelbar neben dem Tor bauen lassen, das von der Straße auf den Hof führte.

Henryk Fichtelbaum saß auf dem Abtritt und dachte an den lieben Gott. Angelockt vom Geruch des Gemüses, dessen Abfälle auf dem Pflaster herumlagen, hatte er gegen Sonnenuntergang die Brzeska-Straße betreten. Noch aber hatte er sich nicht versorgen können, da begegnete er dem wachsamen Blick eines Mannes mit Wachstuchmütze. Erschreckt floh er in die nächste Einfahrt, schaute sich auf dem Hof mit seinem von tausend Menschenfüßen und Pferdehufen glatt gescheuerten Steinpflaster um und fand, fieberhaft nach einem Schlupfwinkel suchend, den Abtritt. Die Tür ließ sich von innen mit einem Riegel verschließen. Man konnte sich schlecht hinsetzen, weil der Abtritt noch aus der Zeit des russischen Zarenreiches stammte und dort die Schutzmänner Zar Alexanders III. zu scheißen pflegten; von ihm hatte Henryk Fichtelbaum gehört, er sei von riesiger Größe und Körperkraft gewesen, habe die Polen mit außerordentlicher Hartnäckigkeit russifiziert und sich in ganz Europa eines hohen Ansehens erfreut. Der Abtritt war so eingerichtet, daß man sich stehend oder hockend entleerte, weil zur Zeit des Zarenreiches die Leute hinsichtlich der neuesten hygienischen Errungenschaften gern übertrieben. Jetzt aber herrschten andere Zeiten, und Henryk Fichtelbaum setzte sich auf die Metallstufe, stützte den Arm gegen die Wand, atmete den Gestank der Exkremente ein und sagte flüsternd: »Lieber Gott, wenn ich schon sterben muß, dann mach, daß ich mich vorher sattesse und aufwärme, denn ich kann's nicht mehr aushalten...«

Er hatte seit drei Tagen nichts gegessen, spürte einen Druck im Magen und Schwindel im Kopf. Er war durchgefroren bis auf die Knochen. Morgens und abends wurde es sehr kühl.

»Lieber Gott, hab Erbarmen mit mir! Warum hast du es auf mich abgesehen?«

Henryk hatte ein anspruchsvolles Verhältnis zu Gott wie jeder, der nicht wirklich an Gott glaubt und sich an ihn in speziellen Situationen wendet wie an eine endgültige, aber nicht sehr zuverlässige Instanz. Henryk war in einem indifferenten Hause aufgewachsen, an der Grenze zweier Welten, im Niemandsland, denn sein Vater, der Rechtsanwalt Jerzy Fichtelbaum, stammte zwar aus einer Familie frommer, orthodoxer Juden, hatte aber Jura studiert, sein altes Milieu verlassen und sich von der mosaischen Religion gelöst. Die Familie kam aus Galizien, war arm und provinziell, obgleich der Vater des Rechtsanwalts, ein für seine Zeit gebildeter Mann, in Rabbinerkreisen verkehrte. Der Rechtsanwalt, ein moderner Mensch, glaubte nicht an Gott und sympathisierte ein bißchen mit den Kommunisten wie viele andere jüdische Intellektuelle jener Jahre, die im Kommunismus ein Heilmittel gegen alle rassischen Vorurteile sahen und dabei ganz törichterweise vergaßen, daß der Kommunismus sich in Rußland entwickelt hatte.

Henryk Fichtelbaum war also in einer sehr weltlichen und freidenkerischen Atmosphäre aufgewachsen, vielleicht sogar in einer lächerlich freidenkerischen, denn der Rechtsanwalt Jerzy Fichtelbaum wollte europäischer und libertinistischer sein als die größten Europäer und Libertiner in Paris, was verständlich ist, wenn man bedenkt, daß er aus einem abgelegenen Winkel Galiziens stammte. Henryk war demzufolge der Religion nur in der Schule begegnet, wo die Mehrheit seiner Kameraden der katholischen Kirche angehörte und sein engster Freund und Nachbar von der Schulbank, Pawełek Kryński, als Junge von großer religiöser Inbrunst galt, wobei es sich um eine Übertreibung handelte, denn Pawełek hatte gleichfalls seine Komplikationen mit dem lieben Gott. So wuchs Henryk Fichtelbaum zu einem gottlosen Jüngling heran, und sein Interesse wandte sich den exakten Wissenschaften zu, hauptsächlich der Mathematik, Physik und Chemie, mithin den Geheimnissen der materiellen Welt. Selbst eine so große Erschütterung, wie sie der Umzug aus der schönen Wohnung auf der Królewska-Straße in das elende Ghettoquartier für den Jungen bedeutete, bewog Henryk nicht zu tieferen metaphysischen Überlegungen.

Im Ghetto litt er zunächst keine Not, doch fehlte es bald

an allem, und nach einem Jahr begriff die Familie des Rechtsanwalts, daß sie zur Vernichtung bestimmt war. Einige Zeit später starb Henryks Mutter. Er blieb allein mit seinem Vater und seiner Schwester Joasia, einem kleinen Kind, das er sehr liebte. Doch war er jung, immer noch kräftig und verlor die Hoffnung nicht. Er beschloß, auf die arische Seite zu wechseln, um dort zu überleben, nahm Abschied von Vater und Schwesterchen und floh aus dem Ghetto.

An jenem Tage dachte er zum ersten Mal im Leben ernstlich an Gott. Er lag im Dunkeln auf dem feuchten Bürgersteig unweit der Ghettomauer und war völlig allein. Der Mensch sollte im Augenblick der Prüfung nicht allein sein. Er braucht andere Menschen, und wenn er keine in der Nähe hat, entdeckt er plötzlich die Anwesenheit Gottes. Gewöhnlich ist das eine flüchtige, kaum greifbare Anwesenheit, als wäre Gott eiligen Schrittes vorbeigegangen und hinter dem nächsten Eckhaus verschwunden. Vor dem Erklettern der Mauer hatte Henryk Fichtelbaum geflüstert: »Lieber Gott, hilf mir!« Dann kletterte er hinüber, und nichts passierte ihm. Folglich vergaß er Gott.

Einige Monate lang kam er durch mit Hilfe der bescheidenen Mittel und der eifrigen Fürsorge Pawełeks. Eines Tages indessen beging er aus übergroßer Selbstsicherheit einen Fehler, schließlich war er erst achtzehn Jahre alt, die Erfolge hatten ihm den Kopf verdreht. Er begab sich nämlich, sein Aussehen vergessend, in eine Konditorei auf der Marszałkowska-Straße. Henryk Fichtelbaum entschuldigte sich später vor sich selbst damit, daß er sein Gesicht nie unter dem Blickwinkel der Rassenmerkmale studiert habe – niemand in seinem Leben hatte ihn auf seine jüdischen Gesichtszüge als beachtenswerte Einzelheit hingewiesen. Wenn er vor dem Kriege in der Schule irgendwie auffiel, dann durch seine Vorliebe für die exakten Fächer, nicht aber durch die Form von Nase und Lippen. In der Konditorei weckte er zunächst diskretes Interesse, später Panik, schließlich die heftige Reaktion eines Mannes, der ausrief: »Ein Jude ißt Kuchen!« als ob ein Jude, der in der Konditorei auf der Marszałkowska Kuchen aß, etwas wäre wie ein Dinosaurier, eine russische Großfürstin ohne Brillantohrringe oder eben ein Jude, der im Jahre 1942 in der Konditorei auf der Marszałkowska Kuchen aß. Einige Leute verließen eilig die Konditorei, ein Kellner rief: »O Jesu! Jetzt schlagen sie uns alle tot!« und nur ein älterer Herr bewahrte die Ruhe und hielt, an die Zimmerdecke gewandt, eine kurze, inhaltsreiche Rede: »Sie werden sowieso zuerst die Juden totschlagen und dann uns, es gibt darum keinen Grund zur Panik, mag der junge Mann seinen Kuchen essen, ich bin bereit, für ihn zu zahlen, bitte verfallen Sie nicht in Erregung oder kopflose Angst, sondern wahren Sie Würde, der Krieg dauert fort, wir sind verurteilt, es sei denn, Adolf Hitler haucht unerwartet seinen Geist aus, was ich ihm im übrigen herzlich wünsche, bewahren Sie Ihre Ruhe, nichts ist passiert, hier ist Polen, immer noch ist hier Polen, bitte nehmen Sie mir diese Hoffnung nicht. Das ist alles, was ich zu diesem Vorfall zu sagen habe.«

Doch ein anderer Herr rief zitternd und bleich: »Nicht genug, daß sie ermordet werden, treiben sie sich noch in der Stadt herum und gefährden andere, völlig Unschuldige! Ich habe diesen Juden nicht gesehen, ich habe ihn nicht gesehen ...«

Der ältere Herr zuckte mit den Schultern und fügte in bitterem Ton hinzu: »Sie sehen ihn doch, werter Herr!«

Aber man sah ihn nicht mehr, denn Henryk Fichtelbaum flitzte aus der Konditorei und rannte davon,
erschrocken wie nie zuvor, mehr sogar als an jenem
Abend, da er über die Ghettomauer stieg, denn damals war
er allein gewesen, und nur Gott war in der Nähe vorbeige-
eilt, jetzt aber befand er sich in einer Menschenmenge, er
spürte im Rücken die Blicke der Passanten, mitfühlen-
de, erstaunte, ängstliche, unfreundliche, vielleicht sogar
feindselige und einen unbeugsamen Beschluß verratende.
Darum rannte er atemlos, immer weiter und weiter. Erst
auf der Puławska-Straße hielt er inne, ging die Böschung
zur fernen Weichsel hinunter und beschloß ganz plötzlich
und sinnlos, aus der Stadt zu fliehen. Das tat er dann auch.

Den Winter verbrachte er auf dem Lande, bei einem
anständigen Bauern, der ihm ein Versteck im Wald her-
richtete, ihn verpflegte, zu trinken brachte und sein Judentum verfluchte, das den Menschen soviel Scherereien, Sorgen und Beschwerden mache. Nach einiger Zeit aber
kämmten die Deutschen die Gegend durch auf der Suche
nach Partisanen oder nach Schnaps oder eben nach Juden,
und Henryk mußte fort. Der Bauer gab ihm Brot, Speck,
eine abgewetzte dunkelblaue Mütze, wie sie Skiläufer tragen, und fünfzig Złoty. Dieser Bauer überlebte den Krieg
und kam nach seinem Tode bestimmt in den Himmel,
obgleich die Nachbarn – recht kleingläubig – ihm die
Hölle prophezeiten, weil der Bauer in die Partei eintrat.

Henryk Fichtelbaum kehrte gegen Ende des Winters
nach Warschau zurück. Er übernachtete auf Dachböden
und in Treppenhäusern, in Toreinfahrten und auf Müllhaufen. Er nährte sich von dem, was er bei guten Menschen erbettelte. Er wußte bereits, daß er keinerlei Chancen
hatte und binnen kurzem würde sterben müssen. Dieses

Bewußtsein brachte ihn wieder Gott näher, denn da der Tod auf Henryk wartete, blieb ihm nur die Wahl zwischen Gott und dem Nichts.

Doch er hatte eine Vorliebe für die exakten Wissenschaften und suchte Gott nur auf diesem Wege. Während er auf dem Abtritt saß, stellte er bestimmte Forderungen an Gott, er maßte sich an, seinem Schöpfer gleich zu sein, und bemühte sich außerdem, einen exakten Beweis für seine Existenz zu finden.

In der Natur geht nichts verloren, dachte er, in der Natur dauert alles ewig. Doch die einzelnen Elemente der Natur sind beileibe nicht ewig, wie mich die Beobachtung lehrt, aber auch mein eigenes Schicksal. Ich rieche die Exkremente, die ein Resultat des Stoffwechsels sind, sie bilden einen Teil des Lebens und leben selbst, weil sie aus unzähligen Zellen bestehen, die zu Millionen sterben und zu Millionen geboren werden, damit das Leben fortdauert. Die Natur dauert fort, aber das Leben hat sein Ende, das Einzelleben hat sein Ende, doch der Prozeß des Lebens, sein Fortdauern, ist ewig und unendlich. Was steht dahinter? Wenn ich annehme, daß die Materie ewig und unzerstörbar ist, sich zwar umwandelt, aber ständig fortdauert, dann kann ich ebensogut annehmen, daß in ihr eine Kraft steckt, eine unzerstörbare Energie, also etwas, das in der Materie ungreifbar und unberechenbar ist, ihr aber den Rhythmus verleiht und die Fortdauer gewährleistet. Dieses Etwas gibt es zweifellos, und bestimmte Leute haben dieses Etwas Gott genannt! In solchem Sinne, als materielles Gebilde bin ich ein Teilchen dieses Etwas, folglich ein Teilchen Gottes. Nun gut! Aber ist ein Blatt auch ein Teilchen von Ihm? Wahrscheinlich ist es das, nur weiß es das nicht. Ich bin höher organisierte Materie und weiß es. Nur deshalb weiß ich, daß ich vollkommener bin, aber sonst nichts. Wenn Gott noch zu veranlassen geruhte, daß mir nicht so kalt ist, könnte ich in meinen Überlegungen einen Schritt weiter gehen und mich mit der Frage meines Bewußtseins sowie meiner moralischen Normen beschäftigen.

In diesem Augenblick ging jemand über den Hof, und Henryks Gedanken gerieten in Panik. Dieser Mensch kam nicht nur näher, er hatte sogar die deutliche Absicht, den Abtritt zu benutzen, denn die Schritte hielten plötzlich an, und eine Hand rüttelte an der von innen verriegelten Tür.

»Verdammt nochmal!« sagte eine heisere Stimme. »Ist da wer?«

Henryk Fichtelbaum zögerte keinen Augenblick, weil er wußte, daß kein Geist den Abtritt von innen verschlossen haben konnte, und antwortete leise: »Ich komme gleich raus! Ein Momentchen noch!«

»Ich warte«, entgegnete die Stimme jenseits der Tür.

Eine Zeitlang herrschte Stille. Doch Gott ist barmherzig denen gegenüber, die Ihn suchen, sogar wenn sie Ihn unter so ungewöhnlichen Umständen, inmitten von Schmutz und Schimpf der Welt suchen.

Die Stimme jenseits der Tür erklang von neuem: »Na, wie steht's? Mich drängt's!«

»Gleich«, antwortete Henryk.

Doch der Mann draußen hielt es nicht aus. Henryk vernahm ein Geräusch, dann die Töne einer Entleerung, zum Schluß ein Husten, sich entfernende Schritte und die Worte des Mannes: »Schon gut, machen Sie weiter!«

In der Ferne schlug eine Tür zu, dann setzte Stille ein.

»Wie konnte ich an Dich nicht glauben, guter Gott!« flüsterte Henryk Fichtelbaum und schlief fast sofort ein, erschöpft von Angst, Hunger und allem Leiden der Welt, das sich rund um ihn auf dem Abtritt angesammelt hatte.

Ein Sonnenstrahl, der durch einen Spalt in den dunklen Raum fiel, weckte ihn. Es war kalt. Auf der Brzeska-Straße brach der Morgen an. Henryk erhob sich, öffnete vorsichtig die Tür und trat auf den Hof. Der war leer. Das Pflaster glänzte vor Feuchtigkeit. Der blasse Himmel zeigte mehr Grau als Blau. Ein leichter Wind streifte Henryks Haar, er brachte Frühlingsgeruch mit. Noch lebe ich, dachte Henryk. Er atmete tief durch, spürte die stechenden, feinen Nadeln der Kälte in seiner Kehle und bebte. Doch der nächtliche Schlaf hatte ihn dermaßen gekräftigt, daß er den Hunger nicht so stark spürte wie am Abend zuvor. Das sollte erst später kommen.

Er blickte sich um. Der von allen Seiten umbaute Hof bildete ein unregelmäßiges, zwischen die Hinterhäuser geklemmtes Rechteck. Von der Straße trennte ihn ein halb verfallenes, feuchtes und schmutziges Haus. Seine verstaubten Fenster, hier und da mit Gardinen, Pelargonientöpfen oder kümmerlichen Kakteen geschmückt, die in den Augen der Bewohner als besonders schöne, nämlich exotische Zier galten, schauten direkt in die Fenster des genauso verfallenen Hinterhauses, die genauso mit Gardinen, Pelargonien und Kakteen geschmückt waren. Auf der dritten Seite schloß eine blinde Mauer den Hof ab. An ihr lehnten halb zerfallene Schuppen, in denen Stallungen untergebracht waren, wo aber in den nächsten Jahren heimliche Werkstätten prosperieren sollten, Fabrikationsstätten für Kämme, Nägel, Fensterrahmen-Schrauben, scheinbar armselige Werkstätten, bevölkert von Schlaumeiern mit goldenen Händen und Fuchsgesichtern, die sich in dieser ruinierten Stadt an der Oberfläche halten wollten. Was ihnen eine Zeitlang auch gelang, bis die eiserne Hand des Systems, die die letzten Reste menschlicher Findigkeit aus Polen, Warschau und der Brzeska-Straße fegte, sie mit ihrem schrecklichen Druck erstickt hatte. Gegenüber der blinden Mauer und den windschiefen Schuppen erhob sich ein Zaun, früher sicher die Grundstücksgrenze, gekennzeichnet durch Bäume, von denen nur noch die nicht gerodeten Stümpfe übrig waren und kaum noch lebende, vertrocknete Akaziensträucher, die gerade aller Welt zum Trotz junge Triebe aussandten.

Ich bin eingeschlossen, dachte Henryk. Ich bin gefangen, dachte er. Doch im Grunde wußte er, daß er auch außerhalb dieses Hinterhofes für immer eingeschlossen und gefangen bleiben würde. Der eng bebaute Raum kam ihm nicht bedrohlicher vor als der Wald, in dem er sich über Winter versteckt hatte, oder erst recht die Straßen des durch Mauern vom Rest der Welt abgetrennten Ghettos. Henryk Fichtelbaum atmete wieder in tiefen Zügen die kühle Morgenluft ein, den Geruch von feuchtem Stroh, Abfällen und Pferde-Urin. Es ging ihm nicht schlecht auf diesem Hof, weil er keine Menschen, Gesichter oder Blikke sah, doch spürte er ihre Nähe. Er fürchtete sich vor den Menschen, weil jeder Passant ihn bedrohte, und gleichzeitig stellte ihre Nähe eine gewisse Hoffnung dar.

Er wußte, sein Leben würde nicht mehr lange dauern, denn er war ein vernünftiger junger Mann und gab sich keinen Illusionen hin. Er wußte, daß er von Menschenhand sterben, daß man ihn totschlagen würde. Doch das Gesicht des anderen Menschen, dessen Stimme, dessen Blick kamen ihm nicht schrecklich vor. Am schwersten stirbt man in Einsamkeit, Dunkelheit und Stille. Der Tod unter anderen, im Lärm menschlicher Stimmen, im

Gedränge der Blicke und Gesten wirkt weniger grausam. Henryk Fichtelbaum dachte, der Tod eines Soldaten beim Bajonettangriff sei wohl weniger entsetzlich als das einsame Sterben des Verurteilten, selbst wenn es ein zum Tod im Bett Verurteilter sein sollte.

Warum soll ich sterben, dachte er plötzlich, wo ich doch noch keine achtzehn Jahre alt bin? Ist das gerecht? Ist es meine Schuld, daß ich als Jude geboren wurde, daß meine Vorfahren Juden waren, daß ich jüdischen Lenden entstamme? Mit welchem Recht bin ich erst zum Juden gemacht worden, um anschließend für mein Judentum zum Tode verurteilt zu werden?

Henryk Fichtelbaum war nicht besonders originell, während er im Schatten des Abtritts, aus dem er auf den Hof gegangen war, an der rauhen Mauer lehnte, auch nicht besonders originell, als er sich diese Fragen stellte, deren Antwort er vergeblich suchte. Letzten Endes könnte es ja sein, daß sich zur gleichen Zeit, damals im Frühjahr 1943, die Hälfte der Menschheit zusammen mit Henryk Fichtelbaum diese Fragen stellte und ebenfalls keine Antwort fand. Später, als Henryks Knochen im Feuer des brennenden Ghettos bleichten und anschließend im Regen unter der Asche von Warschau schwarz wurden, als sie sich schließlich in den Fundamenten der neuen, auf den Kriegstrümmern errichteten Häuser befanden, später stellten sich verschiedene Menschen gleichfalls die Frage, was das eigentlich bedeute, daß die Menschheitsgeschichte dieses auserwählte Volk ins Leben gerufen, daß Gott mit diesem Volk gesprochen und ihm seine Gesetze übergeben habe, um fast gleichzeitig, vom ersten Augenblick des Bundes an, sein geliebtes Volk den schwersten Erfahrungen und den scharfen Stichen des Schicksals auszusetzen. Sollte es auserwählt worden sein, um besonders zu leiden und auf diese Weise ein besonderes Zeugnis abzulegen?

Verschiedene Menschen dachten über dieses Dilemma nach, im Grunde vergeblich, denn es stellte sich bald heraus, daß Gottes Ratschlüsse keineswegs bekannt, geschweige denn überzeugend waren. Immerhin machte sich die Welt später über andere her und ließ die Juden in Ruhe, als wäre das Maß ihrer Leiden voll, nicht aber das Maß der Leiden anderer Menschen. Es stellte sich sogar heraus, daß die seltsame Verbindung, die in den Augen Henryk Fichtelbaums und eines großen Teiles der Menschheit zwischen Juden und Deutschen bestand, also zwischen Heine und Goethe, Mendelssohn und Schubert, Marx und Bismarck, Einstein und Heisenberg, daß diese seltsame Verbindung nicht die in ihrer Art einzige und in ihrem doppeldeutigen Wahnwitz unübertroffene war, denn in Vietnam fielen Menschen wie Insekten unter der Wirkung eines Gases, dessen Vollkommenheit Zyklon B weit übertraf, in Indonesien wurden die Flüsse wortwörtlich rot von Menschenblut, in Biafra trockneten die Menschen vor Hunger so ein, daß die Leichen auf der Nalewki-Straße dagegen wie die Körper von Freßsäcken aussahen, und in Kambodscha wurden Pyramiden aus Menschenschädeln aufgeschüttet, die Krematorien und Gaskammern überragten.

Die Menschen, die nach Jahren auf den Knochen von Henryk Fichtelbaum wohnten, dachten recht selten an ihn, und wenn, dann mit einer gewissen Hoffart und Eitelkeit, als wären sie die größten Märtyrer unter der Sonne. Sie irrten sich doppelt. Erstens aus dem Grunde, daß Märtyrertum kein Adel ist, den man ererben kann wie Wappen oder Ländereien. Diejenigen, die auf Henryk Fichtel-

baums Knochen wohnten, waren überhaupt keine Märtyrer, sie schnitten höchstens Coupons ab von andererleuts
Märtyrertum, was immer töricht und unwürdig ist. Zweitens bemerkten sie nicht, daß die Welt sich weiter entwik-
kelt und die Geschichte des Krieges mit Adolf Hitler weit
hinter sich gelassen hatte.

Henryk Fichtelbaum wußte von alledem nichts, und
selbst wenn Gott ihn mit prophetischer Vorausschau
bedacht hätte, wäre das kein Trost gewesen, weil er, Henryk Fichtelbaum, damals, im Frühjahr 1943 sterben sollte
und wußte, daß er verurteilt war. Er suchte nach einer
Antwort auf die Frage, warum die Welt so ungerecht und
niederträchtig sei, doch sein suchender Gedanke ging leer
aus wie die Gedanken von Millionen Menschen, die sich
später, nach Henryks Tode auf demselben Pfad befinden
und demselben Ziel zustreben sollten wie er.

Er aber strebte auf das Tor zu, weil es immer heller
wurde, der Himmel ganz blau, die Fenster in den Hinter-
häusern sich öffneten, die Droschkenpferde im Stall
schnaubten und eine Frau auf den Hof gelaufen kam, eine
junge, schöne, dunkelhaarige, in Rock und rosa
Unterkleid, mit nackten Armen, in schief getretenen Pantoffeln an den nackten Füßen, mit einem Eimer in der
Hand, zitternd vor morgendlicher Kühle; eine Frau kam
also auf den Hof gelaufen, um am Brunnen Wasser zu
holen, eine junge Dirne von der Brzeska-Straße, drall,
glatt, fast halbnackt, sie war auf den Hof getreten, die
Absätze ihrer Pantoffeln klatschten auf die Pflastersteine,
der Eimer hallte, als sie ihn auf die Einfassung stellte, der
schwere Pumpenschwengel quietschte, als die Frau ihn auf
und nieder bewegte, auf und nieder, das Wasser schwappte
silbrig in den Eimer, die große, helle Brust der Frau glitt

vor, weil der Träger ihres Unterrocks sich etwas verschoben hatte, wieder schwappte das Wasser, die Frau hob den Kopf, sie trug ein heiteres, schelmisches Lächeln im Gesicht, ein Dirnenlächeln, selbstsicher, verführerisch, hurenhaft und hübsch, wieder klatschte das Wasser in den Eimer und spritzte auf die Steine ringsum, die Frau hob leicht ihren wohlgeformten Fuß, offenbar wollte sie den Pantoffel nicht naß werden lassen; und gerade da begegneten ihre großen, dunklen Augen, reingewaschen vom ruhigen Schlaf auf dem Sofa im Parterrezimmer, wo sie unter dem Heiligenbild ihre Kunden empfing, wo tagsüber die Atemzüge und das Stöhnen der verschiedenen Männer ertönte, die Schoß, Bauch und Brust dieses Mädchens preßten, und nachts nur ihr ruhiger, gleichmäßiger und sündloser Atem – gerade in diesem Augenblick, als die Frau ihren Fuß hob, um den Pantoffel nicht naß werden zu lassen, begegneten ihre Augen den Augen Henryk Fichtelbaums.

Und aus purem Irrsinn, ohne jede Begründung, vielleicht nur geleitet von der Sehnsucht nach einem anderen Menschen oder vielmehr von der Sehnsucht nach einer Frau, die er noch nie im Leben besessen, obwohl er sich das sehr gewünscht, obwohl er davon viele Male geträumt, sogar in den verschneiten Wäldern, wo er sich wie ein wildes Tier versteckt hatte, auf den Müllhaufen, wo er zwischen den Wurm-Brüdern, Mikroben-Brüdern, Abfall-Brüdern gelebt hatte, geleitet also von der Sehnsucht nach einer Frau, die ihn vom Tode fernhalten oder gegen den Tod abschirmen sollte, gegen jede Vernunft und gegen alle Erfahrungen der vergangenen Monate blieb Henryk Fichtelbaum stehen. Er blieb nicht nur stehen, er kehrte um. Er kehrte nicht nur um, er näherte sich der Frau, ergriff den

Bügel des Eimers und hob diesen von der Einfassung. Die Frau blickte Henryk in die Augen, schaute dann hinunter auf seinen Arm und wieder in seine Augen. Langsam nickte sie, drehte sich um und ging auf das Hinterhaus zu, und er folgte ihr und trug den Eimer mit dem frischen Wasser.

Sie betraten das dunkle Treppenhaus und nahmen ein paar knarrende Holzstufen. Sie öffnete eine Tür. Als sie sich drinnen befanden, schob sie den Türriegel vor. Es war ein enger Korridor voller Gerümpel. Unter der Decke brannte eine schirmlose Glühbirne. An der Wand stand ein mit blauem Wachstuch überzogener Tisch, daneben ein Holzstuhl. Außerdem ein Hocker, auf dem Hocker eine Waschschüssel.

»Hier«, sagte sie und wies Henryk die Stelle neben dem Hocker, wo er den Eimer mit dem frischen Wasser hinstellen sollte. Daneben befand sich ein zweiter, mit Abfällen gefüllter Eimer. Eine niedrige Tür mit einem Guckloch, vor dem eine Baumwollgardine hing, führte in das kleine Zimmer. Dort gab es das Sofa, das Heiligenbild, einen Schrank und ein Fenster, das auf die dunkle, beschädigte Mauer hinausschaute. Den Himmel konnte man nicht sehen, auch die Pumpe konnte man von diesem Fenster aus nicht sehen. Nur die Mauer und die Pflastersteine.

Mit einer Kopfbewegung wies die Frau Henryk den Stuhl an. Er setzte sich. Sie ging zurück in den Korridor. Er hörte das Ratschen eines Streichholzes und das Rauschen der Gasflamme. Dann das Scheppern eines Topfes, den Atem der Frau, das Geräusch des Wassers, das in ein Gefäß gegossen wurde. Er roch Brot. Er schloß die Augen. Ich liebe die Welt, dachte er, und seine Augen füllten sich mit Tränen.

Nichts geschah. Nur der Schatten wanderte langsam auf der Mauer vor dem Fenster, zusammen mit der Sonne, die hinter den Häusern emporstieg. Nichts geschah, außer daß Henryk Brot mit dünnen Speckscheiben aß und aus einem Becher Kornkaffee mit Saccharin trank. Der Kaffee verbrühte ihm die Lippen, aber er trank viel, trank unaufhörlich aus dem Becher, und wenn der Becher leer war, füllte die Frau ihn schweigend von neuem. So verging die Zeit, der Schatten wanderte auf der Mauer gegenüber dem Fenster, Henryk stärkte sich, die Frau schwieg, betrachtete ihn, schaute schweigend zu, wie er sich stärkte, betrachtete ihn wortlos, als kennte sie keine Wörter, keine Sprache, sie saß auf dem Sofa, immer noch halbnackt, schön, im Unterrock, dessen Träger herabgerutscht war, in den Pantoffeln, die sie an der Pumpe nicht hatte naß werden lassen wollen. Als er sich gestärkt hatte, erhob sich die Frau von dem Sofa und befahl ihm mit einer Kopfbewegung, sich hinzulegen. Er gehorchte. Sie deckte ihn mit einer karierten Wolldecke zu und hängte seinen Mantel an den Pflock in der Tiefe des Schrankes. Jetzt saß sie auf dem Stuhl am Fenster, hinter dem der Schatten wanderte. Henryk schlief ein. Die Frau betrachtete sein schlafendes Gesicht und dachte an ihr Dorf am Fluß Liwiec, an die Sandfläche, wo sie die Leichen der erschossenen Juden gesehen hatte, alte und junge, Männer, Frauen und Kinder. Sie hob ihre Augen zu dem Heiligenbild und fing an, im Flüsterton die Muttergottes um die Rettung dieses jungen Juden anzuflehen und danach um ihre eigene Zukunft als verheiratete und wohlsituierte Frau, als Mutter hübscher Kinder, die sich allgemeiner Achtung erfreut und vor den kommenden Jahren nicht fürchtet.

Henryk Fichtelbaum schlief bis zum späten Nachmittag. Als er die Augen aufschlug, erblickte er das dunkelnde Fenster und dahinter die dunkelnde Mauer, an der Zimmerwand den halb offenen Schrank, aber auch das Profil der Frau, die auf dem Stuhl sitzend eingenickt war. Er dachte, nun sei geschehen, was geschehen sollte, er sei nämlich gestorben und befinde sich im Himmel. Doch wußte er, daß er lebte, weil er wieder Hunger empfand, aber auch Begehren, was nach dem Tode wohl unmöglich wäre.

Die Frau erwachte. Sie blickten einander in die Augen. Sie sagte: »Wann bist du aus dem Ghetto entwischt?«

Sie hatte eine heisere Stimme.

»Vor langer Zeit«, antwortete er. »Schon im Herbst.«

»Na, na«, sagte sie. »Sicher möchtest du noch essen, was?«

Er schwieg.

Sie stand auf und ging hinaus, um das Gas anzuzünden. Wieder hörte er Gefäße scheppern.

Er erhob sich vom Sofa, streckte die Beine und reckte die Arme, wie er das früher getan hatte als gesunder, wohlgenährter und glücklicher Junge, wenn er in seinem Zimmer auf der Królewska-Straße erwachte. Er fühlte sich frisch und kräftig. Auf der Schwelle blieb er stehen. Die Gasflamme rauschte fröhlich. Die Frau in Rock und Unterrock, mit nacktem Rücken und dunklem, schulterlangem Haar, schlanken, kräftigen Armen und schlanken, kräftigen Waden, stand über die Waschschüssel gebeugt und spülte den Becher mit Wasser aus dem Teekessel.

Hier war der Mittelpunkt der Erde, hier verlief die Achse des Weltalls. Nicht nur, weil hier der entfesselte, rasende Schicksalswagen angehalten hatte, auf dem Henryk Fichtelbaum seiner Vernichtung entgegeneilte, nicht nur, weil sich Henryk mit seiner neu erwachten Hoffnung hier befand. Hier war der Mittelpunkt der Erde, die Achse des Weltalls, weil Gott selbst hier den Kern der Schöpfung angebracht, den Zeigefinger vor Jahrhunderten hingelegt und mit ihm den Kreis des Sinnes allen menschlichen Lebens beschrieben hatte. Hier, wo die blaue Gasflamme rauschte, war einst die Quelle geflossen, an der der gedungene Tatar seine Pferde getränkt hatte, hier lief auch der Weg, auf dem die Bojaren mit dem Strick um den Hals in polnische Gefangenschaft gezogen waren, und zu beiden Seiten dieses Weges hatten der Jude und der Deutsche ihre Kaufmannsschragen errichtet. Hier und nirgendwo anders auf der Erde hatten sich die Schabbeskerzen mit trübem, gelblichem Glanz in den Scheiden russischer Säbel gespiegelt, und polnische Hände hatten im Schatten des preußischen Weihnachtsbaums die Oblate gebrochen. Hier und nirgendwo anders im Weltall hatte E. T. A. Hoffmann den polnischen Straßen Namen gegeben, der Moskauer Fürst polnische Soldaten zum Kampf angefeuert, damit sie genauer auf die Garde des Imperators schossen, hier hatten vom Fieber der Auszehrung befallene Juden, vom Geist der Freiheit ergriffene russische Offiziere und in Fesseln geschlagene polnische Verbannte gemeinsam gegen die Tyrannei konspiriert. Hier war der Mittelpunkt der Erde, die Achse des Weltalls, wo sich das Törichte und das Erhabene verflochten, der nichtswürdige Verrat mit der reinsten Selbstaufopferung. An dieser einzigen Stelle blickte die wilde, bräunliche und durchtriebene Schnauze Asiens seit undenklichen Zeiten von nahem in die fette, anmaßende und dumme Fresse Europas, hier und nirgendwo sonst schauten die versonnenen und sensiblen Augen Asiens in die vernünftigen Augen

Europas. Hier war der Mittelpunkt der Erde, die Achse des Weltalls, wo der Westen den Osten in die Arme nahm und der Norden dem Süden die Hand entgegenstreckte. Auf galoppierenden Steppenpferden, in den Traglasten auf ihrem Rücken wanderten hier entlang die Bücher des Erasmus von Rotterdam. Jüdische Wägelchen, deren Deichseln in den Schlaglöchern brachen, streuten hier Voltaires Saatkorn aus. Im preußischen Postwagen fuhr Hegel nach Sankt Petersburg, um später in einer russischen Troika mit dem in einen Schaffellmantel gehüllten Tschernyschewski zurückzukehren. Hier war Ost und West, Nord und Süd. Auf dieser Straße verneigte sich der Tatar, das Gesicht gen Mekka, las der Jude die Thora, der Deutsche seinen Luther, entzündete der Pole seine Kerzen zu Füßen der Altäre von Tschenstochau und im Spitzen Tor zu Wilna. Hier war der Mittelpunkt der Erde, die Achse des Weltalls, die Anhäufung von Bruderschaft und Haß, Nähe und Fremde, denn hier erfüllte sich das gemeinsame Schicksal weit voneinander entfernter Völker, auf diesen Mühlsteinen an der Weichsel mahlte Gott das polnische Mehl zur Stärkung der Hungrigen, das polnische Mehl, das himmlische Manna eines Moses und eines Christus, des Alten und des Neuen Bundes, für alle Märtyrer und Schufte, Heiligen und Schurken dieser Erde.

Henryk Fichtelbaum aß Brot mit Speckscheiben, trank Kaffee aus dem Becher und dachte an Asien und Europa, seine Vergangenheit, sein Los und seine Bestimmung. Die Gasflamme rauschte, die Frau sah zu, wie Henryk aß, ihr Gesicht war heiter und lächelte, vielleicht ein bißchen spöttisch, denn die Frau fürchtete sich vor ihrer eigenen Güte und Ehrlichkeit; in der Welt, in der sie lebte, gehörte es sich nicht, gut und ehrlich zu sein, dabei verlor man gewöhnlich am Ende, darum lächelte sie spöttisch, doch Henryk Fichtelbaum bemerkte nur die Sanftmut in ihrem Gesicht und nahm den kaum merklichen spöttischen Zug als Herausforderung, Anreiz, Versuchung, und als er mit Essen und Trinken fertig war, näherte er sich der Frau, legte den rechten Arm um sie und die linke Hand auf ihre Brust.

»Was denn?« sagte sie unsicher. »Was soll das?«

Aber sie leistete keinen Widerstand, weil er jung war und hübsch, kräftig und dunkel wie sie, und auch, weil sie noch nie einen Juden gehabt hatte und alles haben wollte, was zu ihrer Welt gehörte.

Sie löschte die Gasflamme und dann auch die Glühbirne im Flur. Vor dem Fenster dämmerte es bereits. Sie legten sich auf das Sofa unter dem Heiligenbild. Die Frau half Henryk, weil er noch nie geliebt hatte und sie schon viele Male. Später sagte sie: »Na, Mensch!«

Und er sprach im Dunkeln aus tiefster Überzeugung: »Jetzt kann ich sterben.«

»Du wirst nicht sterben«, sagte sie. »Es wird schon irgendwie.«

»Nein«, sagte Henryk Fichtelbaum. »Da ist nichts zu machen. Ich möchte nur nicht allein. Verstehst du das?«

Sie nickte. Sie verstand das gut.

»Warum soll ich allein sterben und ganz demütig?« fragte er und schaute zu dem dunklen Fenster, das auf die bereits unsichtbare Mauer hinausblickte. »Ich möchte dann schreien vor Haß und Verachtung, damit die ganze Welt es hört. Verstehst du das?«

Wieder nickte sie. Auch das verstand sie. Doch sie war eine Frau und hatte deshalb mehr gesunden Menschenverstand und Scharfsinn. Sie hatte die Menschen ganz gut kennengelernt. Sie glaubte nicht, daß die ganze Welt den Schrei des sterbenden Henryk hören würde. Nur der hört die Sterbenden, der zusammen mit ihnen stirbt. Sie glaubte nicht an die Stärke und das Echo dieses Schreis. Viele Jahre später, als sie bereits verwitwet war und Kassiererin in einem Fleischerladen, eine korpulente, dunkle Frau mit unfreundlichem Gesicht und lauter Stimme, Mutter eines versoffenen Materialverwalters und blassen Schlaumeiers, der nach dem Vater schlug, Mutter eines kleinen Trinkers aus der Zeit der Farbfernseher und Möbel, die mit Schmiergeldern und hintenherum erworben waren, abgenutzter, schmutziger Autos und der Schweinerippchen auf Karten, aus der Zeit der Heuchelei, der Phrasen, der Miliz-Schlagstöcke, ss-20-Raketen und Pershings, also viele Jahre später latschte sie in Schuhen mit flachen Absätzen, im Wollmantel, eine Ledertasche am Arm, gelangweilt und ärgerlich, groß, dick, aber immer noch drall genug, um die Blicke der Männer anzuziehen, die in dieser Welt der aufgewühlten Straßen, der neuen, vernachlässigten Häuser, der schlanken Halbstarken in Jeans und mit empörerisch blitzenden Augen, stets nach Frauen hungerten, latschte sie durch diese seltsame, abstoßende, aber in ihrer Einzigkeit doch wunderbare Welt, um sich dem jüdischen Denkmal auf dem leeren Platz zu nähern, über den die Winde fegten, und die in Stein gehauenen Gesichter dieser an die Mauer gehefteten Juden von übernatürlicher Größe zu betrachten, steinerne, schweigende Juden, deren Stimme niemand mehr hörte. Im Gesicht des Jünglings suchte sie nach Henryk Fichtelbaums Zügen, doch sie erinnerte sich gar nicht mehr, sie hatte Henryk ja nur ziemlich kurz im Licht der Glühbirne gesehen, später auf dem Sofa hatte die Dunkelheit sie beide eingehüllt, sie konnte deshalb die Züge des Juden nicht behalten haben, den sie mit ihrem ganzen Körper und ihrer Seele geliebt hatte, diesen einen Kriegsabend lang, und im Grunde wollte sie sich nicht an ihn erinnern, denn er spielte in ihrem Leben keine Rolle, er war an der Pumpe aufgetaucht, um binnen kurzem hinter der Ecke der Ząbkowska-Straße zu verschwinden, darum konnte und wollte sie sich an ihn nicht erinnern – so wie fast alle anderen Menschen in dieser Stadt, die mit ihren Angelegenheiten, mit dem Alltagsleben beschäftigt sind und nicht wissen, daß sie verletzt wurden, denn ohne die Juden sind sie nicht mehr jene Polen, die sie einst waren und für immer hätten bleiben sollen.

»Schlaf«, sagte sie zu Henryk Fichtelbaum. »Morgen kann sich manches ändern.«

Aber er wollte nicht schlafen. Er faßte plötzlich einen Entschluß, den er nicht ohne Grund mit dem Körper dieser Frau in Verbindung brachte. Plötzlich war er kein Junge mehr, sondern ein Mann und betrachtete sein Schicksal anders. Tapferkeit war in ihm und Entschiedenheit. Diese Frau hatte ihn zu einem Tod verurteilt, der seine bewußte Wahl sein würde. Henryk Fichtelbaum wird ins Ghetto zurückkehren, nicht länger mehr fliehen, sich nicht in Löchern, Abtritten und auf Müllhalden verstecken, er wird ins Ghetto zurückkehren, um mit erhobenem Kopf seine Bestimmung auf sich zu nehmen. Ich bin kein Kind, dachte er, ich bin kein Junge. Ich werde nicht länger fliehen. Jetzt trete ich dem entgegen, was in den heiligen Büchern geschrieben steht. Er legte seine Hand auf die nackte Brust der Frau und spürte ihren Herzschlag. Daraus schöpfte er zusätzliche Kraft und stärkte sich in seinem Entschluß.

»Du hast eine kalte Hand«, sagte die Frau. »Das kitzelt mich.«

Sie lachte auf. Henryk lachte auch und nahm seine Hand fort. Jetzt war er stark und ruhig.

Nicht weit hinter der Mauer pfiff eine Lokomotive, dann hörte man das Dröhnen eines Zuges. Vielleicht fuhren in diesem Zuge Polen in den Tod, vielleicht Juden, Deutsche oder Russen.

5

Herr Pawełek«, sagte Kujawski, »Sie haben wohl zuviel Bargeld?«

Sie standen an der Ecke Podwale und Kapitulna-Straße. Die Gaslaterne verbreitete einen kümmerlichen, violetten Schein. Ein leichter Wind hob den Rock der Prostituierten, die über die Fahrbahn ging. Sie war sehr korpulent, hatte ein breites Gesicht und hübsche braune Augen. Pawełek kannte sie noch aus der Vorkriegszeit. Vor Jahren hatte sie als erste in seinem Leben eines Abends zu ihm gesagt: »Auf wen warten Sie, junger Mann? Auf ein Mädchen?«

Er war damals verwirrt gewesen, weil er nichts verstand, hatte aber höflich geantwortet: »Ich gehe zu einem Freund.«

»Der Freund läuft nicht weg«, hatte die dicke Frau gesagt. Sie hielt einen Schlüsselbund in der Hand. Wenn sie die Hand bewegte, klingelten die Schlüssel laut. Vom anderen Bürgersteig rief ein Mann herüber: »Fela, verdreh dem Jungen nicht den Kopf. Der braucht ein hübscheres Mädchen...«

Da begriff Pawełek, daß eine Dirne ihn angesprochen hatte. Von seinen Freunden hatte er Geschichten über Dirnen gehört. Er fürchtete sich vor ihnen, empfand Scham und floh vor der dicken Frau. Später aber zog er, sobald er sie traf, höflich seine Gymnasiastenmütze. Die Prostituierte nickte ihm mit heiterem, verständnisvollem

Lächeln zu. Sie sprach Pawełek nie wieder an. Nach der Niederlage im September 1939 verschwand sie für eine Weile, tauchte aber später wieder auf, noch stattlicher und gewichtiger, in üppigem, knöchellangem Rock, in der Hand der Schlüsselbund, mit dem sie genauso klangvoll klingelte wie im Polen von einst. Gewöhnlich ging sie auf dem Podwale und der Piekarska-Straße hin und her. Das war ihr Bereich, ihr Platz auf Erden, hier war nur sie die Königin der Liebe.

Als Pawełek die Frau über die Fahrbahn kommen sah, sagte er zuvorkommend: »Guten Abend!«

»Wieso gut«, entgegnete sie und schob die Lippen vor. »Ich spüre meine Beine nicht mehr...«

Schwerfällig ging sie um die Ecke. Sie wird alt, dachte er.

»Sie kennen Fela, Herr Pawełek?« fragte Kujawski. »Das hätte ich von Ihnen nie erwartet.«

»Da gäb's auch keinen Grund«, antwortete er. »Ich kenne hier alle. So viele Jahre schon treibe ich mich hier herum.«

»Geben Sie nicht an«, sagte der Schneider Kujawski. »Sie waren ein Knirps, als ich die Uniformen Ihres Herrn Vaters bügelte. Ich kenne diese Gegend besser. Fela ist eine ordentliche Frau. Also, wie steht's mit dem Bargeld? Sind Sie schon reich geworden, Herr Pawełek?«

»Herr Apolinary, mit mir muß man direkt reden, ohne Umschweife. Was also suchen Sie jetzt?«

»Immer dasselbe. Sie wissen das sehr gut, Herr Pawełek. Aber einen ganzen Monat lang sich beim alten Kujawski nicht sehen zu lassen, nicht wenigstens für einen Augenblick hereinzuschauen – das verstehe ich nicht. Wollen Sie wirklich nicht mehr verdienen?«

»Ich war beschäftigt«, entgegnete er. »Und hab' viel um die Ohren.«

»Das wird noch mehr werden.«

Ein deutscher Soldat in Fliegeruniform kam vorüber, ein Blonder mit runden Backen, Stupsnase und veilchenblauen Augen. Seine genagelten Stiefel rappelten auf den Bürgersteigplatten. Er setzte die Füße fest auf und knallte die Absätze gegen das Pflaster, weil er sich in der Dämmerung unsicher fühlte. Das Bajonett an seinem Koppel klatschte rhythmisch an seinen Schenkel. Während er bei den Männern unter der Laterne vorbeiging, räusperte sich der Soldat und geriet aus dem Marschrhythmus. Er wechselte den Schritt und räusperte sich wieder. An der nahen Bude mit Zigaretten hielt er an. Drinnen brannte eine Petroleumlampe. Die Gesichter des Soldaten und des Verkäufers neigten sich einander zu. Der Verkäufer sah aus wie ein Vogel, etwas Habichtähnliches lag in der raubtierhaften Form seiner Nase und im Schnitt seiner Lippen. Über der Stirn rotes Haar. Knorrige Finger auf der Zigarettenschachtel im Licht der Petroleumflamme. Der Soldat nahm die Zigaretten, zahlte und ging. Der Verkäufer zog seinen Kopf ins Innere der Bude zurück. Vermutlich machte er sich wieder ans Schreiben seines wilden, ergreifenden Romans. Der Roman wird in zwanzig Jahren erscheinen, und Paweł wird seinen Anteil daran haben. Doch die Asche seines Verfassers wird der Wind des Aufstands verwehen.

»Ein Bekannter wäre geneigt, zwei Miniaturen abzugeben. Mitte 18. Jahrhundert. Sehr schön. Aber es sind Familienstücke, Herr Apolinary.«

»Alle haben jetzt Familienstücke, sogar aus dem Mittelalter«, seufzte der Schneider. »Wann kann man die sehen?«

»Schon morgen«, antwortete Pawełek. »Ich könnte diesen Herrn anrufen.«

»Wieviel?« warf Kujawski leicht hin und beugte sich vor, um die Schnürsenkel an seinem gelben Gamslederschuh zu richten.

»Erst sehen Sie sich das an, dann kann man reden.«

»Womöglich gefälscht?« sagte der Schneider. »Es gibt jetzt so einen Schubjak in Tschenstochau, der macht Miniaturen dutzendweise.«

»Jemanden wie Sie kann man doch nicht betrügen«, entgegnete Pawełek ehrlich. »Sie kennen sich besser damit aus als alte Sammler.«

»Versteht sich«, sagte Kujawski. »Die alten Sammler hatten es mit anständigen Leuten zu tun. Das waren Vorkriegszeiten. Jetzt herrscht ein anderer Geist im Volk. Gut! Aber morgen kann ich nicht, ich muß mich mit einem wichtigen Kunden treffen. Verabreden Sie das für übermorgen.«

»Kaufen Sie morgen etwas Wertvolles, Herr Apolinary?« fragte Pawełek.

Kujawski brach in Gelächter aus.

»Ach was! Ich nehme einem Deutschen Maß für Reithosen.«

Fela kam zurück. Es war nun fast dunkel. Sie zog an ihrer Zigarette, und das rote Glutpünktchen erhellte für einen Augenblick ihr Gesicht. Sie war schon an ihnen vorbei, als ihr etwas einfiel.

»Herr Kujawski«, sagte sie, »Sie erinnern sich doch an den Hausmeister von Nr. 7, wie?«

»Den alten Kubuś?« fragte der Schneider.

»Nicht den alten«, antwortete sie. »Von dem alten rede ich nicht. Der Schielige, der mich immer Zitze nennt! Fela

Zitze hat er mich gerufen. Den haben sie gestern auf der Zielna-Straße bei einer Schießerei umgebracht.«

»Was Sie nicht sagen!« rief Kujawski, obwohl er keine Ahnung hatte, von wem Fela sprach. »Auf der Stelle umgebracht?«

»Herzschuß«, sagte Fela und schüttelte sich. Ihre Schlüssel klingelten laut.

»Da muß eine Aktion gewesen sein«, folgerte Pawełek.

»Aktion, Aktion«, ereiferte sich Fela. »Angetrunken hat er sich und dann einen Deutschen angefallen. Und der zweite hat ihn erschossen. Direkt ins Herz.«

»Solch ein Unglück«, sagte Kujawski. »Schade um den Menschen.«

»Bessere als er kommen um«, antwortete Fela, wandte sich ab und ging davon ins Dunkel. Schwer auftretend, sagte sie noch vor sich hin: »Fela Zitze, das fehlte noch!«

Der Schneider Kujawski meinte leise: »Mit der Zitze hatte der Tote recht. Ich hab' den Kerl nicht gekannt. Aber schade um den Menschen. Was diese Deutschen anrichten, was die nicht alles anrichten...«

Gleich darauf trennten sie sich. Der Schneider ging in Richtung Miodowa-Straße, Pawełek zur Altstadt. Der Schneider dachte an die Miniaturen aus dem 18. Jahrhundert, Pawełek an den erschossenen Mann. Hatte er Schmerz empfunden, als die Kugel sein Herz traf? Wie geht das Sterben vor sich? Was sieht der Mensch dann? Sieht der Mensch dann Gott, zeigt er sich dem Menschen, damit der letzte Moment leichter ist, um ihm die Angst zu nehmen? Gewiß zeigt er sich in der letzten Sekunde, im letzten Lichtstrahl, der das Auge erreicht, aber nie früher, denn der Mensch könnte überleben, gesund werden und den anderen sagen, was er gesehen hat. Also zeigt sich

Gott erst im letzten Moment, wenn Er absolute Gewißheit hat, daß es der Tod ist...

Verblüfft und beschämt blieb er stehen. Was bist du für ein Dummkopf, sagte er sich. Gott muß doch nicht auf den richtigen Moment warten, Er kennt ihn genau, Er setzt ihn selbst fest. Wann also zeigt Er sich dem sterbenden Menschen?

Er ging weiter. Eine Zeitlang dachte er noch an Gott, daß Er sich jetzt unablässig verschiedenen Menschen in der Stadt zeigen müsse, ohne Pause, auf hundert Straßen gleichzeitig, besonders im Ghetto. Dann dachte er nicht mehr an das Gesicht des lieben Gottes. Eine leere Viertelstunde verging. Auf dem Marktplatz wehte ein warmer Wind. Die Häuser standen dunkel da. Nur ab und zu durchdrangen die dünnen, schwachen Lichtstrahlen von Taschenlampen das Dunkel. Die Leute beschleunigten ihre Schritte. Die Sperrstunde nahte. Pawełek begann zu laufen. Voller Angst dachte er an Henio Fichtelbaum. Später aber, schon warm geworden vom Laufen und immer wieder auf die Uhr schauend, dachte er an die Miniaturen für Kujawski und berechnete seinen bescheidenen Anteil.

6

Sie war eine hochgewachsene Frau mit glatten, blonden Haaren, schmalen Händen und großen, männlichen Füßen. Sie hatte eine vorspringende Nase, starke Brauen, hübsche, nicht zu strenge Augen und gesunde Zähne. Nur manchmal, wenn sie lächelte, zeigten sich der Welt zwei Goldkronen, auf die sie stolz war. Vielleicht lächelte sie deshalb häufiger als ihre andächtigen Mitschwestern, die von ihr sagten, sie sei eine schelmische Natur.

Mit sieben Jahren hatte sie eine Vision gehabt. Es war ein Winterabend, der Schnee knirschte unter den großen Füßen des über sein Alter hinaus entwickelten Mädchens. Sie kehrte aus der Schule zurück, allein, weil nur sie so weit entfernt wohnte, hinter dem Flüßchen. Die Sterne leuchteten bereits am dunklen Himmel, man sah den Rauch über den Schornsteinen der Katen nicht mehr, sondern nur die kümmerlichen Lichter der Petroleumlampen in den Fenstern. Gerade wollte sie nach rechts zur kleinen Holzbrücke einbiegen, als sie die Vision hatte. Ihr erschien der Herr Jesus, hell strahlend und schön, mit einem weißen Lamm in den Armen. Sie fiel auf die Knie, in den tiefen Schnee. Die Kälte spürte sie nicht, nur eine Ohnmacht der Freude und Hingabe, die ihren ganzen Körper erfaßte. Der Herr Jesus sagte ein paar Worte zu ihr, er sprach leise, fast flüsternd, doch sie verstand, daß sie nicht über die Brücke gehen sollte, sondern weiter am Fluß entlang und ihn dann auf dem Eis überqueren. Der Herr Jesus verschwand, gebot aber zuvor dem Mädchen, am nächsten Tag an derselben Stelle zu warten, dann werde er ganz bestimmt wieder erscheinen. Sie tat, was ihr befohlen war. Das Herz voller Freude und inniger Hingabe ging sie langsam weiter und gelangte auf dem festen, dicken Eis sicher über den Fluß. In derselben Nacht stürzte die Brücke ein, und zwei gottlose Bauern fanden den Tod in den Strudeln des Flusses.

Am nächsten Abend wartete sie an derselben Stelle wieder auf den Herrn Jesus. Als er mit dem weißen Lamm in den Armen erschien, gebot er dem Mädchen, ihr gesamtes Leben der Bekehrung von Negerkindern zu widmen. Weitere Visionen hatte sie nicht mehr.

Sie erzählte ihr Erlebnis dem Ortspfarrer, doch war das ein unsensibler Mensch, der seine Pfarrkinder kurz hielt, mit großem Gewinn Schweine züchtete, den Meinungsaustausch mit dem freidenkerischen Notar aus dem nahen Städtchen pflegte und von den Dorfbewohnern mit nachsichtiger Überlegenheit sprach. Der Pfarrer befahl dem Kind, sein religiöses Erlebnis nicht unter die Leute zu bringen.

Im Gespräch mit dem Notar sagte er am folgenden Tage: »Die Unwissenheit meiner Schäfchen hat ein Höchstmaß erreicht. Die Kleine glaubt wirklich, der Herrgott habe nichts anderes zu tun, als in meiner Pfarrei Missionare für Afrika zu suchen. Letzten Endes hat es der Herrgott woanders näher.«

Der Pfarrer indessen war kein tiefgründiger Mensch, denn er begriff nicht, daß die Wege der Gnade unerforschlich sind. Das Kind wuchs auf zu einem frommen, von seiner Sendung tief durchdrungenen jungen Mädchen. Mit siebzehn Jahren trat sie in einen Orden ein. Zunächst dachte sie an eine Reise nach Afrika, um Negerkinder zu bekehren, nach einiger Zeit aber begriff sie, daß man die an jener eingestürzten Brücke gesprochenen Worte nicht zu eng nehmen dürfte, vielmehr eher symbolisch. Sie widmete sich der Glaubensverbreitung unter Kindern und lehrte sie den Katechismus. Ihre Hingabe war vollkommen, sie wurde ein leuchtendes Beispiel der Opferbereitschaft, Ausdauer und Hartnäckigkeit. Die Kinder mochten sie, weil sie eben doch ein wenig schelmisch war oder ganz einfach begriff, daß man über Gott nicht unbedingt feierlich und streng reden muß wie der Prophet Elias, sondern heiter, wie über jemanden, der Bienenvölker pflegt, beim Gerste-Dreschen hilft und eine Fuhre Heu mit zwei hübschen Grauschimmeln davor kutschiert. Sie irrte sich in dieser Hinsicht nicht, obwohl ihr früherer Pfarrer, im Grunde altmodischer, als er nach außen wirkte, diese Volkstümlichkeit und Gewöhnlichkeit Gottes wohl für eine Sünde gehalten hätte.

Sie hieß Schwester Weronika, wenngleich sie sich einmal gewünscht hatte, den Namen Joanna anzunehmen, zum Gedenken an das Dorfmädchen, das die mittelalterliche Schlachtordnung der französischen Ritterschaft angeführt hatte und später auf dem Scheiterhaufen gestorben war. Schwester Weronika führte ein sehr fleißiges Leben. Sie schonte sich nicht. Das Ziel, das ihr vorschwebte, war einfach. Sie wollte alle Kinder der Erde zu Gott hinführen, die nahen und die fernen, die weißen, schwarzen, gelben, ja die ganz und gar exotischen. Wenn es in ihrem Herzen etwas wie Verständnislosigkeit gab, dann wohl nur jüdischen Kindern gegenüber, denn es ist etwas anderes, ob man jemand gar nicht kennenlernt oder ob man ihn kennenlernt und mit Füßen tritt. Die schwarzen Gesichtchen der fernen kleinen Neger hielt Schwester Weronika für unschuldig, weil der Finger der Wahrheit sie noch nicht berührt hatte. Die bräunlichen Gesichter der jüdischen Kinder trugen das Mal dieser Religion und des Hasses, dem der Erlöser unter dem Volk Israel begegnete. Sie waren es, die Gott verworfen, die den Worten Seines Sohnes nicht geglaubt hatten. Eine hohe Mauer des Mißtrauens trennte Schwester Weronika von den jüdischen Kindern. Fremdheit strahlte von ihnen aus. Ging sie, hochgewachsen, stark, mit den festen Schritten ihrer männlichen Füße über den Bürgersteig, flohen die jüdischen Kinder vor ihr. Ihre weiße Haube glitt wie das geblähte Segel eines Schiffes zwischen den schwarzen, scheuen jüdischen Booten hindurch. Nie legten sie sich an ihre Bordwand, und sie fuhr nie in ihre lärmerfüllten Buchten.

Doch Schwester Weronika besaß viel gesunde, bäuerliche Vernunft und erkannte, daß die Welt schwieriger und geheimnisvoller ist, als sie in ihren Kinderjahren geglaubt hatte, und daß sich die Rätselhaftigkeit Gottes mit dem menschlichen Geist nicht ergründen läßt. Es gibt viele Wege, die der Mensch gehen kann, und viele Irrwege. Schwester Weronika wußte, nur ein Weg führte zum Ziel, doch das Knäuel der Schicksale, Sitten, Zweifel, Träume und Traurigkeiten war sehr verworren. Auch diese Vielfältigkeit war ja das Werk Gottes, des Schöpfers Himmels und der Erde. Also betete sie inbrünstig für die Seelen der irrenden Nächsten und auch darum, die Verständnislosigkeit ihres eigenen Herzens möge aufhören.

Als der Krieg ausbrach, ergaben sich zahlreiche Änderungen in Schwester Weronikas Leben. Zunächst fühlte sie sich ratlos und wie betäubt. Bomben fielen auf die

Stadt, Häuser sanken in Trümmer, Brände brachen aus. Vor ihren Augen starben Menschen, und sie konnte ihnen keine Hilfe bringen. Die Dörflichkeit ihrer Natur, die fehlende Ängstlichkeit angesichts körperlicher Leiden – sie hatte ja als Kind aufgedunsene Kühe gesehen, lahmende Pferde, das Schweine- und Hammelschlachten, Wunden von Axt und Sense, blutige und schmerzhafte Krankheit, auch den Tod leidender und frommer Menschen – diese dörfliche Seelenstärke bewirkte, daß gerade sie während der Belagerung der Stadt die anderen Schwestern anleitete, Verwundete zu verbinden, Kranke zu pflegen, bei Sterbenden zu wachen. In ihrem Herzen wuchs immer mehr Erbarmen. Damals dachte sie, der Trost falle ihr leichter als die Katechese, weil die Leidenden Gott nötiger brauchen.

Als die deutschen Truppen in die Stadt einrückten, fürchtete sie weder die Gendarmen auf der Straße noch die schreckliche Gestapo. Sie war bereit, alles anzunehmen, was Gott ihr bestimmte. Ihre Haube sah auf der Straße nicht mehr aus wie ein Segel, sondern wie eine Fahne des Glaubens und der Hoffnung. Sie betreute verwaiste, auf den Wegen des Krieges verlorengegangene Kinder und pflegte sie, wenn sie sich verlassen, hilflos und unglücklich fühlten. Vom frühen Morgen bis zum späten Abend lief sie durch die Straßen, eine harte Frau mit großen Füßen, schlichten Manieren und sanften Augen. Die Goldkronen glänzten beim Lächeln. Die Falten wurden tiefer in dem noch nicht alten Gesicht. Ihre Sprechweise war schlagfertig und rauh. Nur zu Kindern sprach sie in weichem und sanftem Ton. Oft behandelte sie die Erwachsenen nahezu unhöflich, weil sie keine ordentliche Erziehung genossen und wenig Zeit, aber ein erhabenes Ziel hatte sowie die

Überzeugung, man müsse Gott im Herzen tragen und nicht auf den Lippen.

Vor dem Einschlafen, nachdem sie bereits ihre Gebete gesprochen, dachte sie manchmal, erst jetzt, nach so vielen Jahren erfülle sich ihre Bestimmung, verkörperten sich die an der Brücke über dem Flüßchen gesprochenen Worte Gottes. Zwar hatte sie nie ein echtes Negerkind gesehen, doch desto mehr Menschen zu den Pforten der Kirche geführt! Wie vielen Menschen Trost und das Wort von der ewigen Liebe gebracht! Wahrlich, gäbe es nicht soviel Unglück ringsum, sie könnte sich glücklich fühlen. Unter ihren Augen reiften die kleinen, von ihrer Hand ausgesäten Körnchen des Glaubens. Hatte sie das erwarten dürfen?

Und nun tauchten in ihrem Leben die jüdischen Kinder auf. Sie kamen aus ihren Verstecken auf den Friedhöfen. Mit einer gewissen Verwunderung bemerkte sie, daß nicht alle Schwestern ihre Verständnislosigkeit ablegen konnten. Sogar jetzt noch trennte sie eine Mauer. Sie jedoch fand in sich neue Kräfte, sie hörte das machtvolle Gebot, dem sich niemand zu widersetzen vermag. Gott bewirkte, daß die einsamen und schwachen jüdischen Kinder auf der Suche nach Bewahrung vor Vernichtung und Verdammung zu ihr kamen. Und gerade sie sollte sie bewahren. Das war ein großes Geschenk für sie und für diese Kinder. Eine Art von Gemeinsamkeit menschlicher Angst und mystischer Sehnsucht verband sie mit ihnen. In der Stille des Refektoriums, dessen Fenster auf den Gemüsegarten hinausgingen, im Sonnenlicht, das sich als breite Bahn auf den Fußboden legte, oder im Schein duftender Wachskerzen lehrte sie die jüdischen Kinder, das Zeichen des heiligen Kreuzes zu machen.

»Heb das rechte Händchen«, sagte sie. »Ja, richtig so.

Und nun berühre mit dem Händchen die Stirn. Im Namen des Vaters... Und jetzt berühre die linke Schulter. Sag: und Sohnes... Sehr schön, sehr schön. Jetzt hör genau zu. Ziehe das Händchen...«

Die Kindergesichter waren konzentriert und tiefernst. Sie verstanden dieses Zeichen nur mühsam. Manchmal weinten sie im Refektorium leise. Dann tröstete Schwester Weronika sie.

»Freude erwartet dich«, sagte sie, »weine nicht, dich erwartet Freude.«

Doch nicht alle Kinder wußten, was Freude ist.

Es war eine schwierige, aber schöne Arbeit.

Schwester Weronika lauschte auch den Einflüsterungen ihrer bäuerlichen Natur. Sie hatte damals die Vision gehabt, doch gleich darauf befand sie sich in der väterlichen Kate, mußte die Strümpfe und Schuhe ihrer älteren Schwester trocknen, Kartoffeln schälen, die Schweine im Stall versorgen. Sie hatte die Gestalt des Herrn Jesus wie lebendig vor sich gesehen, doch ihre Hände waren bis spät am Abend mit Arbeit beschäftigt. Sie blieb auf der Erde, der bösen, feindseligen, sich gegen Gott auflehnenden Erde.

Sie brachte den Kindern das Kreuzeszeichen bei, aber auch neue Vor- und Zunamen sowie eine kurze und komplizierte Vergangenheit, die Lüge war. Durch diese Lüge sollten die Kinder sich mühsam zu der neuen Lebenswahrheit durchschlagen. Unter dem Bild des Erlösers, in Gegenwart Gottes, drillte sie ihnen den großen Betrug ein, verleitete sie sie zur großen Lüge. Die dreijährigen Knirpse, die von sich nichts wußten, außer daß sie Hunger litten, vor Kälte bebten und die Peitsche fürchteten, nahmen die neue Persönlichkeit gefügig an. Der Instinkt befahl ihnen, die neuen Namen, Zeichen und Anschriften ihrem Gedächtnis einzuverleiben. Sie besaßen eine besondere Schläue, die ihnen erlaubte, die Daseinsangst zu vergessen.

»Wie heißt du?« fragte Schwester Weronika.

»Janusz«, antwortete der schwarzhaarige, lockige Junge und lächelte wie ein alter Großhändler, der Kalbshäute aufkauft.

»Und mit Nachnamen?«

»Wiśniewski.«

»Sprich das Gebet.«

Der Junge sprach das Gebet und legte dabei fromm die Hände zusammen. In seinen Augen standen Demut, Nachgiebigkeit und Furcht vor dem verderblichen Irrtum.

Die älteren Kinder trugen schwerere Lasten. Der siebenjährige Artur, ein Junge von gutem Aussehen, aber ungutem Blick, in dem sich das tief verborgene Sentiment der verfluchten Rasse verriet, lehnte die neue Persönlichkeit ab.

»Wie heißt du mit Vornamen?« fragte Schwester Weronika.

»Artur.«

»Sag das nicht. Dein Name ist Władzio. Wiederhole!«

»Artur!«

»Warum bist du so bockig, Władzio? Dein Vater war Tischler, er hieß Gruszka. Du weißt doch noch, Władzio…«

»Er war Zahnarzt. Er hieß Dr. Mieczysław Hirschfeld. Sie wissen das doch ganz genau, Schwester.«

»Ich weiß es. Ich leugne es nicht. Aber du mußt es vergessen. Du heißt Władzio Gruszka. Dein Vater war Tischler.«

»Wir können verabreden, daß er Tischler war, ich weiß, worum es geht. Vergessen Sie das auch nicht, Schwester, ja?«

»Ja, das vergesse ich nicht. Wie heißt du mit Vornamen?«

»Władzio Gruszka, mein Vater ist Tischler.«

Er lächelte spöttisch und hob die Schultern. Sein Blick war herausfordernd. Für einen Moment haßte ihn Schwester Weronika. Immer entzog er sich ihr. Doch das dauerte nur kurz. Sie dachte: Ich lasse ihn bis Kriegsende nicht raus. Wenn ich ihn rauslasse, geht er nur deshalb zugrunde, um mir einen Tort anzutun.

In dieser Hinsicht tat er ihr keinen Tort an. Er überlebte den Krieg, wurde ein untersetzter, kurzsichtiger Mann und nannte sich Władysław Gruszecki. Seine Biographie war raffiniert und elegant komponiert, aber nicht ganz überzeugend. Er gehörte zu den Menschen, die nicht Maß hielten. Vielleicht hatte er sich in seiner Kindheit zu sehr daran gewöhnt, mehrere Existenzen gleichzeitig zu leben, und daran Geschmack gefunden. Er konnte sich von der Vielfalt seiner Existenzen nicht mehr lösen. Władysław Gruszeckis Vater war sowohl Zahnarzt als auch Tischler gewesen. Ein Zahnarzt, der die Tischlerei als Hobby betrieb, so formulierte er das in späteren Jahren. Władysław Gruszeckis genealogischer Stammbaum wies viele seltsame Lücken auf und hatte viele komplizierte Verästelungen. Seine Herkunft war adelig, sie reichte zurück in die Zeiten vor den Teilungen. Seine Vorfahren waren Schwertträger, Richter und Fähnriche gewesen, weil Władysław Gruszecki in seinen Jugendjahren viele Male Sienkiewicz' *Trilogie* gelesen und ihre Figuren liebgewonnen hatte.

Er war ein Pole von echtem Schrot und Korn, trug einen großen Schnurrbart und flocht in seine Rede ganz zufällig und ungezwungen allerlei Wendungen ein, die überzogen waren von der Patina der Vergangenheit. Er sagte »Euer Liebden!« oder »dieweil, mithin, daselbst«, und manchmal kam es sogar vor, daß er »sintemalen« sagte; das war denn doch zuviel, sogar für sehr verständnisvolle Zuhörer.

Er tat nicht nur nichts Schwester Weronika zum Tort, sondern hatte an ihren Lehren solch einen Gefallen gefunden, daß er seine Mentorin an katholischem Eifer übertraf. Sie lag nicht in Kreuzesform auf dem Steinboden der Kirchen – er tat das häufig. Seine Ansichten waren äußerst entschieden, ernsthaft und nachahmenswert. Er hatte einen antideutschen und antisemitischen Komplex und sprach sich für die Freundschaft mit der Sowjetunion aus, weil er die Freundschaft mit dem russischen Volk für die Grundlage einer besseren Zukunft seines geliebten Vaterlandes hielt. Darin stimmte er mit Schwester Weronika nicht überein, für die der Kommunismus sich als Erfindung des Teufels erwiesen hatte, als böser Krieg gegen Gott. Für die Russen empfand Schwester Weronika gemäßigte Abneigung und Mitgefühl. Sie erinnerte sich aus ihrer Kindheit an die Kosakenpatrouillen auf den schlammigen Wegen Kongreßpolens, ebenso an die Einberufung zum zaristischen Militär. Sie mochte die Popen und die orthodoxen Kirchenlieder nicht. Die Hauptstadt ihrer unsterblichen Seele war Rom, Warschau die Hauptstadt ihres Polentums. Władysław Gruszecki dagegen verhielt sich zur orthodoxen Kirche mit der gutmütigen Überlegenheit des eifrigen Katholiken, zum Kommunismus mit der mißtrauischen Furcht eines Freundes der alten Reußen. Vor allem jedoch liebte er sein Polentum, dessen wür-

devolle Vergangenheit und herrliche Zukunft in der Sla-
wenfamilie. Die Deutschen nannte er ›Schwaben‹ und die
Juden ›Jidden‹. Er verkündete, berücksichtigt man seine
Vergangenheit, etwas erstaunliche Diagnosen, nämlich:
Die Jidden richten unser Land zugrunde! Mit Zurückhal-
tung reagierte er auf die Neuerungen in der römischen
Kirche nach dem Vaticanum II. In dieser Sache hatte er
eine Zeitlang – das muß man zugeben – Schwester Weronika zur Bundesgenossin. Auch sie betrachtete mit Angst
und Zögern alle Neuerungen, die sich im Katholizismus
seit dem Pontifikat des guten Papstes Johannes eingenistet
hatten. Doch Schwester Weronika glaubte demütig und
nahm die Veränderungen bald an. Sie sagte, Klügere als sie
hätten über das neue Antlitz der Kirche entschieden, und
befahl ihrer Seele Gehorsam. Nach einiger Zeit fand sie in
der neuen Liturgie die Schönheit und Weisheit wieder,
aber auch eine durchdringende Nähe Gottes, wie sie sie
bisher nicht erfahren hatte. Sie war eine schlichte, bäuerliche Frau und verstand erst jetzt den Sinn und die Bedeutung des Opfers. Das Latein hatte sie früher in eine
geheimnisvolle und hieratische Welt geführt, die sie ein-
schüchterte, zum kraftlosen Spielzeug in Gottes Händen
machte. Jetzt fand sie sich selbst wieder, ihre Gedanken,
Wünsche und Entscheidungen. Aus dem Land der
Beschwörungen trat sie über in das Land der Gebete. In
ihrer Seele verflüchtigte sich der Zauberbann des Uner-
forschlichen und öffnete sich der Bereich des großen Lie-
besgeheimnisses. Schwester Weronikas Glaube näherte
sich in ihren späten Lebensjahren immer mehr dem Herrn
Jesus, der an einem Winterabend dem kleinen Mädchen
erschienen war. Sie besaß keine Gewißheit, ob sie ihn
damals tatsächlich getroffen hatte. Aber er mußte sich ihr

nicht mehr in einer so ungewöhnlichen Vision offenbaren. Sie spürte unaufhörlich seine Gegenwart, obwohl ihre Augen ›gehalten‹ waren und sie nur die gewöhnlichen Dinge sah. In ihren späten Jahren liebte sie Gott und die Menschen sehr.

Deshalb konnte sie sich mit dem aggressiven und intoleranten Glauben, den Władysław Gruszecki in sich trug, nicht abfinden. Er war ein kämpferischer Christ und seine Waffe der Sarkasmus, was Schwester Weronika nie guthieß.

»Ein bißchen mehr Liebe, Władzio«, sagte sie mit schwacher Greisinnenstimme, wenn er sie besuchte und ihr Kuchen aus der Konditorei Blikle, den Duft von Kölnisch Wasser und den kurzsichtigen Blick des Spötters mitbrachte. Seine dunklen, jüdischen Augen strahlten in kühlem, unangenehmem Glanz, sobald er über die Juden sprach. Gewiß litt er schrecklich. Aber nicht nur sein Polentum war unecht. Er kleidete sich mit Eleganz, achtete auf den Schnitt seines dunkelblauen Jacketts mit den goldenen Knöpfen und auf seine aschgrauen Flanellhosen, die aus diesem Nachkommen königlicher Truchsesse und litauischer Mundschenke einen Dauergast englischer Yachtclubs machte. Er rauchte Pfeife. Er trank keinen Alkohol. Er aß nicht Gefilte Fisch. Er ließ keine Sonntagsmesse aus. Er sammelte alte Stiche. Er trug maßgeschneiderte Hemden. Er heiratete nicht. Er war höherer Beamter bei der staatlichen Landwirtschafts-Verwaltung. Er hatte ein landwirtschaftliches Studium absolviert. Er wollte als Intellektueller gelten. Er las zwar auch Kriminalromane, erwähnte das aber nur ungern. Dostojewskij nannte er unseren gemeinsamen Priester und Tolstoj den alten, weisen Grafen.

»Der alte, weise Graf sagt, daß . . .«

»Unser gemeinsamer Priester hat seinerzeit geschrieben, daß . . .«

Am meisten liebte er Sienkiewicz und schämte sich dessen absolut nicht. Hier war er authentisch.

Im Sommer 1968 gab er seiner Freude Ausdruck, daß Polen sich endlich seiner Juden entledige.

»Wir müssen ein Volk einheitlichen, gemeinsamen, heimischen Blutes sein!« sagte er.

Schwester Weronika schob den Kuchenteller weg, faltete die Hände vor ihrer Brust und sprach im Zorn: »Władzio! Ich möchte nicht mehr, daß du zu mir kommst.«

»Warum sagen Sie das, Schwester?«

»Du bist erst etwas über dreißig und redest total verkalkt!«

Das verwirrte ihn. In ihrer Gegenwart gelang ihm sein konservativer Adliger mit den tief verwurzelten nationalen Anschauungen immer recht schlecht. Danach besuchte er sie im grauen Anzug, aber ohne Siegelring und Pfeife. Er benahm sich nun diskreter. Diese Besuche setzten ihm zu, aber er liebte Schwester Weronika auf seine Weise. Sie war sein Brückensteg. Über sie gelangte er zum alten, vergessenen Ufer. Vielleicht besuchte er sie deswegen. In dem kleinen Parlatorium, wo sie beieinander saßen und sich über seine Arbeit und ihre Alltagssorgen mit der ausgelassenen Jugend unterhielten, spürte er wohl die Gegenwart der Vergangenheit. In der dunklen Zimmerecke stand der kleine Artur Hirschfeld, Sohn eines Zahnarztes, und wollte nicht Władzio heißen. Vielleicht sah er sogar das Gesicht seines Vaters, seiner Mutter, seiner älteren Brüder, deren Seelen ihn längst verlassen und ihre Plätze bereitwillig für die Seelen der Husaren, Kosakenführer und Verteidiger der Jasna Góra geräumt hatten. Vielleicht ruhte er sich bei Schwester Weronika aus von den Mühen seines sarmatischen Polentums und antisemitischen Katholizismus, die er schließlich nicht selbst erdacht, sondern nur nachgeahmt hatte, randvoll gefüllt mit unaussprechlicher Angst, versteckten Phobien, unausgeträumten Träumen.

Doch sogar im Parlatorium erlag er manchmal den Einflüssen seiner zwiespältigen Persönlichkeit, so als könnte er sich auch in der Nähe eines Zeugen seiner Kindheit nicht von den Gespenstern frei machen.

Schwester Weronika war sehr alt und krank, als sie zum ersten Mal seine eigene, spöttische Waffe benutzte. Władysław Gruszecki näherte sich der Fünfzig, er brachte weiterhin Kuchen von Blikle und besuchte die Greisin regelmäßig, konnte aber über nichts anderes mehr reden als über die Landwirtschaft, über Einsaat, Ernte, Fruchtwechsel, Stickstoffdünger, Traktoren der Marke *Bison*, Mähdrescher sowie die Rückständigkeit der individuellen Bauernhöfe. Władysław Gruszecki war ein guter Fachmann, denn er hatte sein landwirtschaftliches Studium musterhaft abgeschlossen und sich jahrelang mit Agrarökonomie beschäftigt. Doch gab es keinen Zweifel – mindestens für Schwester Weronika –, daß er das Kind eines jüdischen Zahnarztes aus der großen Stadt war, nie auf dem Acker gearbeitet, mit dem Leben auf dem Lande nie etwas zu tun gehabt hatte und die bäuerliche Lebens- und Denkweise nicht kannte. Schwester Weronika aber war, obgleich sie mehr als ein halbes Jahrhundert im Habit verlebt hatte, eine Bäuerin geblieben, sie reagierte in bäuerlicher Weise auf die Welt, mit jenem unüberwindlichen und hartnäckigen Realismus, mit jener bäuerlichen Härte bei den Abrechnungen, die kein Computer übers Ohr hauen kann. Als er deshalb über die Kurzsichtigkeit der Landwirte herzog, ihren Mangel an ökonomischer Phantasie kritisierte und vor Schwester Weronika sein Programm zur Gesundung der Landwirtschaft entfaltete, das teils die Kolchosen, teils die Farmen zum Vorbild hatte, als wäre Polen eine Kreuzung von Nebraska und der Ostukraine, als er sich erregte und spottete, schimpfte und klagte, unterbrach sie ihn plötzlich mit einer Bewegung ihrer durchsichtigen Greisenhand. Und als er verstummte, sagte sie mit feinem Lächeln: »Ich will dir was sagen, Władzio. Die Landwirtschaft ist keine Beschäftigung für Alttestamentarische.«

Und sofort erschrak sie über ihre Worte, weil sie begriff, daß dies ein Stoß direkt ins Herz war. Nicht nur in sein Herz. Sie verletzte sich selbst mit diesem Spott, dem sie – so hatte sie jahrelang geglaubt – längst entwachsen war. Und doch hatte in ihrer Seele ein Dorn des bäuerlichen Hochmuts diesen dunklen, allgegenwärtigen Menschen gegenüber gesteckt, die da ungebeten einen fremden Feldrain überschreiten.

»Ich bin eine dumme alte Bäuerin!« rief sie aus. »Verzeih mir bitte, Władzio...«

»Was gibt es da zu verzeihen«, entgegnete er kalt und schürzte verächtlich die Lippen. »Eigentlich haben Sie völlig recht, Schwester!«

Wieder saß er steif und fest im sarmatischen Sattel und blickte auf die Pächter herab, die sich rundum drängten. Doch Schwester Weronika, mitgerissen vom Strudel unterschiedlicher Gefühle, von Scham und Zorn, von bäuerlichem Starrsinn und der Süße der Demut, von Liebe zu diesem alternden Unseligen und Sehnsucht nach dem trotzigen kleinen Jungen, der sich nicht beugen und sich nicht verleugnen wollte, nicht einmal angesichts der unausweichlichen Vernichtung – Schwester Weronika rief mit schmerzerfüllter Stimme: »Władzio, hör endlich auf zu provozieren, hör endlich auf, vor mir anzugeben, ich bin nicht ganz Polen, ich bin die alte Weronika, die dich liebhaben möchte wie damals, als du sieben Jahre alt warst! Quäl dich nicht, Władzio. Ich habe nicht mehr viel Zeit zu leben.«

Da brach Gruszecki in Tränen aus. Sie gleichfalls. Sie hielt sein nasses Gesicht in ihren schwachen, durchsichtigen Händen und schluckte ihre bitteren Tränen hinunter.

Eine Viertelstunde lang erlaubte ihnen die Welt, in ihre eigene Haut zurückzukehren.

Doch sollte das erst nach beinahe vierzig Jahren geschehen, jetzt aber zog Schwester Weronika dem kleinen Artur Hirschfeld eine fremde Haut über. Jetzt waren sie Feinde und blickten einander herausfordernd in die Augen. Schwester Weronika sagte und preßte dann die Lippen zusammen: »Wiederhole! Wie heißt du?«

»Władzio Gruszka«, antwortete er und preßte auch die Lippen zusammen.

»Gut, Władzio«, sagte sie und wandte sich ab und schloß die Augen. Sie hoffte, Gott werde ihm seine Frechheit verzeihen. Seiner Wahrheit zum Trotz schuf sie menschliche Biographien. Sie senkte den Kopf und betete still um Durchhaltekraft für sich und die Kinder. Die Kinder schauten neugierig zu.

Władzio Gruszka aber streckte Schwester Weronika hinter ihrem Rücken die Zunge heraus. Ich bin Artur Hirschfeld, dachte er rachsüchtig, und werde nie irgend so ein Gruszka sein, mag passieren, was da will!

7

Der Richter konnte nur schwer einschlafen. Er hörte die langsamen Schläge der Uhr, die nachts die Viertelstunden verkündete. Der Schlaf kam gewöhnlich erst um drei Uhr früh. Im Winter nahm der Richter das ruhig hin, doch im Sommer empfand er die Schlaflosigkeit als grausam. Die Vögel begannen bereits auf den Baumzweigen zu zwitschern, der Himmel im Osten wurde hell, und der Richter sank erst jetzt in den Schlaf, der ihm dieses, noch für ihn bestimmte Stück Welt nahm. Er schlief traumlos, flach, wissend, daß er schlief, auf die morgendlichen Laute horchend, das Geschirrklirren hinter der Wand, das Geräusch der erwachenden Straße, die Rufe der Fuhrleute, die Stimmen der zur Schule eilenden Kinder, das Klingeln der Straßenbahnen, die Atemzüge der Liebenden, das Bellen der Hunde. Im Winter ließ sich das ertragen, denn wenn er dann aufwachte, pochte das blasse Morgenlicht erst leicht an die Fenster. Im Sommer jedoch schlug er die Augen auf in einer Flut von Sonnenlicht, im vollen, reifen Duft der Natur, er hatte folglich das Gefühl, ihm seien kostbare Augenblicke des Lebens gestohlen worden, und davon hatte er, wie er glaubte, nicht mehr viele. Trotzdem schätzte er die schlaflosen Nächte, denn dann umfingen ihn Stille und Einsamkeit, er konnte beliebig mit sich reden, auf seine eigene Weise philosophieren, ja sogar auf seine eigene Weise beten, das heißt Gott herbeirufen, damit Er richte und gerichtet werde. Er lag in seinem breiten Bett, zur Linken die Wand, an der Wand die Tapete mit dem zarten graublauen Muster, die Zeichnung exotischer Blumen und Drachen wie auf den chinesischen Paravents seiner Jugendzeit, zur Rechten den Nachttisch, darauf die Lampe mit dem Schirm, einige Bücher, den Aschenbecher mit dem Zigarrenstummel, Tellerchen, Messer und Apfel. Sein Schlafzimmer war geräumig, vollgestellt, unordentlich, der Kleiderschrank immer halb offen, das Sofa mit dem abgenutzten, fadenscheinigen Bezug, die Stühle aus Bambusgeflecht, der ausgeblichene Teppich und die Deckenlampe in Form eines Körbchens. Doch der Richter liebte dieses Zimmer. Hier fühlte er sich am wohlsten, denn jeder Gegenstand trug den Stempel seiner Einsamkeit. Schloß er abends hinter sich die Tür zum Schlafzimmer, um dort bis zum Morgen zu verweilen, so fand er sich selbst. Vor allem in den Okkupationsjahren war dieses Zimmer seine Festung, als ob ihn jenseits seiner Schwelle das Böse erreichen könnte. Er zog sich langsam aus und verstreute seine Kleidungsstücke auf die Stühle, wie er das ein Leben lang getan hatte, seit er der Kuratel des verständnislosen Hauslehrers entronnen war, der ihn bis zu seinem zwölften Lebensjahr von früh bis abends gedrillt und zu Ordnung, Genauigkeit und vorbildlichen Manieren angehalten hatte. Das war in Podolien gewesen, in einer längst gestorbenen Welt, die er noch als junger Mensch verlassen hatte, um sich von nun an einsam mit dem Schicksal zu messen. Er zog sich langsam aus und freute sich an dem Durcheinander. Dann zog er das lange Nachthemd an, setzte sich auf das weiche Bett und rauchte die Hälfte einer Zigarre. Schließlich legte er sich bequem auf das Laken, faltete die Hände über dem

Federbett, schaute zur Decke empor und dachte nach. Die Uhr verkündete die Viertelstunden der Nacht. Manchmal nahm Gott neben dem Bett des Richters Platz, und sie sprachen miteinander. Hin und wieder kam auch der Teufel. Der war indessen nicht selbstsicher genug, setzte sich deshalb auf das Sofa, und der Richter wandte sich mit dem ganzen Körper dem Zimmer zu, stützte den Kopf in die Hand, blickte dem Teufel in die Augen und verspottete ihn tapfer. Die Nachttischlampe brannte. Dunkelheit duldete der Richter nicht.

An jenem Abend war er völlig allein. Er saß im Bett und schnupperte dem Rauch der Zigarre nach, die langsam im Aschenbecher verlosch. In den schweren Kriegszeiten kosteten die Zigarren ein Vermögen, aber er konnte nicht darauf verzichten. »Auf meine Zigarren und meine Würde werde ich nie verzichten!« pflegte er im Freundeskreis zu sagen. Er saß und genoß den Zigarrenrauch, als plötzlich jenseits der Wand das Telefon klingelte. Es war elf Uhr, ein später Frühlingsabend, die Fenster verdunkelt, auf dem Nachttisch brannte eine Kerze, weil der Strom abgeschaltet war wie so oft in der Okkupationszeit. Das Telefon klingelte kläglich. Der Richter erhob sich. Angst stahl sich in sein Herz. Er ging zur Tür, öffnete sie und befand sich auf dem dunklen Korridor, der sein Schlafzimmer vom Rest der Wohnung trennte. In dem Augenblick, da er den Hörer abnehmen wollte, klingelte das Telefon von neuem. Die Hand des Richters bebte leicht. Durch die geöffnete Tür fiel das flackernde Licht der Kerze in den Korridor. Ein riesenhafter Schatten bewegte sich an der Wand.

»Hallo«, sagte der Richter, »bitte?«

»Herr Richter Romnicki?« ließ sich eine ferne,

raschelnde, wie vom Wind verwehte Stimme vernehmen. »Herr Richter Romnicki?«

»Ja, am Apparat. Wer spricht dort?« rief der Richter.

»Fichtelbaum, Rechtsanwalt Fichtelbaum, erinnern Sie sich?«

»Du lieber Gott!« sagte der Richter leise. »Du lieber Gott!«

Am anderen Ende die raschelnde Stimme, deutlich, wenn auch sehr weit weg, wie aus einer anderen Welt, und so war es wirklich. Am Telefon war der Rechtsanwalt Jerzy Fichtelbaum, ein früherer Bekannter des Richters. Es ging um dessen Tochter namens Joasia. Der Vater wollte das Kind vor der Vernichtung bewahren.

»Ich wende mich an Sie, Herr Richter, an der Neige meines Lebens«, sagte der Rechtsanwalt Fichtelbaum, der Richter aber rief: »Sagen Sie das nicht, so darf man nicht reden! Zur Sache, zur Sache, Herr Rechtsanwalt...«

Sie vereinbarten die Einzelheiten. Der Schatten des Richters bewegte sich an der Wand, er reichte bis zur Decke und sank eilig herab zum Fußboden, um sich erneut zu erheben.

»Meine Nachbarn sind Volksdeutsche«, sagte der Richter etwas leiser, in der Furcht, man könnte es hinter der Wand hören. »Aber es findet sich Rat, Herr Rechtsanwalt. Bei mir ist es ausgeschlossen. Die Deutschen nebenan, und der Hausmeister ist auch ein nichtswürdiger Mensch! Aber es findet sich Rat.«

Der Rechtsanwalt Fichtelbaum drängte mit raschelnder Stimme: »Vielleicht werde ich mich in Zukunft nicht mehr mit Ihnen in Verbindung setzen können, Herr Richter. Ich habe einen vertrauenswürdigen Mann, der sie hinüberbringt. Ich flehe um eine Adresse, ich flehe um eine Adresse! Papiere müssen beschafft werden...«

»Das verstehe ich«, sagte der Richter. »Bitte machen Sie sich darum keine Sorgen mehr. Eine Adresse, sagen Sie? Lassen Sie mich nachdenken, bitte einen Augenblick Geduld, ich muß mich konzentrieren...«

Vollkommene Stille setzte ein, der Schatten des Richters beugte sich an der Wand unter der Last, denn er trug auf seinen Schultern ein Menschenleben. Dann sagte der Richter Namen und Adresse, und der Rechtsanwalt Fichtelbaum schrie plötzlich: »Lebt wohl! Lebt alle wohl!«

Die Verbindung wurde unterbrochen. Der Richter drückte die Gabel, einmal und noch einmal. Dann legte er den Hörer auf, kehrte ins Schlafzimmer zurück und setzte sich auf sein Bett. Die Zigarre qualmte überhaupt nicht mehr.

»Hier«, sagte der Richter laut, als hätte jemand ihn gerufen.

Sooft er Jahre später »Hier!« antwortete und sich von seiner Pritsche erhob, lächelte er in der Erinnerung an diesen Abend. Es war ein zugleich trauriges und sanftes, mitfühlendes und spöttisches Lächeln, denn der Richter dachte dann an den Rechtsanwalt Fichtelbaum, das Nachthemd, die Zigarre und die Kerze auf dem Nachttisch. Der Gefängniswärter murmelte vor sich hin: »Warum so heiter, Romnicki, haben Sie noch nicht genug abgekriegt?«

Er berichtete seinem Vorgesetzten mehrmals, der Verdächtige Romnicki benehme sich beim Appell wie ein Halbidiot.

»Weil er einer ist«, folgerte der Vorgesetzte. »Ein alter

Trottel mit Matsch im Kopf. Der macht's sowieso nicht mehr lange.«

Seine Zellengenossen fragten den Richter, was sein seltsames Lächeln bedeute. Aber er antwortete nicht. Im Alter war er wachsam geworden. Seine Beredsamkeit hatte sich irgendwie verflüchtigt. Und das Vertrauen, das er früher in die Menschen gesetzt hatte, war geschwunden. Er fühlte sich ein wenig verbittert, vom Schicksal betrogen. Vielleicht glaubte er auch hin und wieder, Gott oder die Geschichte hätten ihn getäuscht, aber auch das Gefühl für Gerechtigkeit, das er ein halbes Jahrhundert lang in sich geformt hatte, ohne zu wissen, daß die Zeiten sich ändern würden und mit ihnen die Begriffe. Dadurch war er oft anachronistisch, denn wenn andere sich mit der Wirklichkeit abfanden, blieb er unversöhnlich und warf der Welt Mangel an Würde vor. Die Zigarren erwähnte er nicht. Sooft er morgens und abends, der bindenden Vorschrift entsprechend, mit ruhiger Stimme »Hier!« antwortete, suchte ihn die ständig wache, präzise und immer schmerzlichere Erkenntnis heim, daß die Zigarren zwar unwiederbringlich dahin seien, doch die Ehre nicht.

Auch die Erinnerung war geblieben, die beste Gabe Gottes. Er wehrte sich hartnäckig gegen jeden Versuch, ihm diese Gabe zu rauben. Er wußte noch alles. Bis in die geringsten Einzelheiten. Den Zigarrenduft und das Quietschen der Straßenbahn, die an der Station vor dem Gerichtsgebäude losfuhr, während er sich zur Arbeit begab. Die Farbe des Himmels über den Warschauer Kirchtürmen und die Taubenflügel vor diesem Hintergrund. Die rostroten Flecken ausgeblichenen Stoffs auf den Rücken jüdischer Kaftane. Der Warschauer Regen. Die Winde, die an Novemberabenden über Warschau dahinziehen, wenn die Neonreklamen angeschaltet werden. Das Klappern der Pferdehufe auf der Kierbedź-Brücke und der graue Streifen des Flusses. Die Schlittenglöckchen in den schneereichen Wintern und die aus warmen Pelzkragen blickenden Frauengesichter. Die trockenen Sommertage, wenn sich auf dem weichen Asphalt die Hufeisen der Pferde und die Zickzacklinien der Autoreifen abzeichnen. Die Gesichter der Friseure, Polizisten, Diebe, Verkäufer, Veteranen, Advokaten, Näherinnen, Soldaten, Artisten und Kinder. Die Teufels- und Engelsgesichter. Er erinnerte sich an alles, bis in die kleinsten Einzelheiten. An den Obstladen, wo am Eingang die Saturationspfanne zischte und der Verkäufer hinter den Weintrauben hervorkam, um den Kunden zu begrüßen. Das Rattern der Singer-Nähmaschinen in der Schneiderei von Mitelman auf der Bielańska-Straße. Die Urteile, die er im Namen der Republik gefällt hatte; Basis dieser Republik sollte die Gerechtigkeit sein, er hatte das ernst genommen und sich deshalb ständig mit Gott gestritten, mit den Gesetzen und dem eigenen Gewissen, denn er hatte gewußt, daß er menschliches Schicksal in seinen Händen hielt. Das Tapetenmuster in seinem Schlafzimmer und die Form der Obstmesser. Die schlaflosen Nächte und die langen Nachtgespräche, wenn Gott und der Teufel ihn besuchten, um über Schuld und Sühne zu plaudern, über Erlösung und Verdammung der Seelen. Er erinnerte sich der Wahrheit. Jedes Jahr, jeden Monat, jede Stunde. An jeden Menschen, mit dem er zu tun gehabt, an die Bedeutung der ausgesprochenen Worte, der getanen Taten, der gedachten Gedanken. Er erinnerte sich also an die Wahrheit, und das war sein Panzer, den keine Lüge durchschlagen konnte, um ihn durch diesen Spalt hindurch aus seinem Panzer zu zerren und ihm die Ehre zu nehmen. Er hätte das alles aufschreiben können, zum Verderben der Welt, die ihn umzingelte. Doch er wußte, daß ein wahres Zeugnis allein nicht viel ist, obwohl es mehr bedeutet als tausend falsche Zeugnisse. Deshalb erinnerte er sich an alles, bis in die kleinsten Einzelheiten. Den Vogelflug damals und die Formen der Wolken am Himmel. Die Gedanken längst verstorbener oder zur Vergessenheit verurteilter Menschen. Die Angst und den Mut, die Verleumdungen und die Opfer, aber auch die falsch benannten Dinge und die der Dinge entkleideten Wörter. Die Briefe, Bücher, Vorworte, Predigten, Schreie, Standarten, Gebete, Grabsteine und Kundgebungen. Die Hände der Überbringer guter Nachrichten und die Hände der Denunzianten. Die Köpfe auf den Sockeln und die in der Galgenschlinge. Er erinnerte sich an Zeiten, wo das Böse und die Lüge sich verschämt und heimlich enthüllten, im Kostüm, in der Maske oder im Dunkel, weil die Leute so tun wollten, als ob sie gut wären und der Wahrheit ergeben, oder weil sie es sogar waren. An all das erinnerte er sich genau.

Er starb darum heiter, obwohl er wußte, daß er die Welt des vertrauenswürdigen Zeugnisses beraubte. Er glaubte indessen, es blieben andere übrig, denen er das Zeugnis seiner Erinnerung vermacht hatte. Er starb im Jahre 1956, in einer kleinen Provinzstadt, bei entfernten Verwandten, die ihn unter ihr Dach aufnahmen, nachdem er das Gefängnis verlassen hatte. Menschen, denen Unrecht geschehen ist, finden in diesem Lande immer Aufnahme. Krank und kraftlos saß er gewöhnlich in seinem Zimmer am offenen Fenster. Draußen war der Garten, der nach

Apfel- und Birnenblüten duftete. Von dort kam der Tod zu ihm. Er erschien hinter den Apfelbäumen als graues, flüchtiges Wölkchen und flog durch das offene Fenster in das Zimmer. Der Richter begrüßte den Besuch dankbar und erleichtert. Das geschah an einem frühen Morgen, im Juli, bei schönem Sonnenwetter. Der Morgen war ziemlich kühl, die Stämme der Apfelbäume noch vom Nebel umsponnen, aber die Sonne stand schon am Osthimmel, und der Tag versprach, heiß zu werden. Die ersten Insekten summten, über den Dächern segelten die Schwalben. Der Richter betrachtete den Tod voller Ruhe und Würde, weil er sich an alles erinnerte. Die Erinnerung, des Richters Schutzengel, war bei ihm. In diesem Sinne blieb er privilegiert.

Aber das kann jeder haben.

Sterbend sagte er »Hier!« und lächelte sanft. Seine Kerze erlosch. Doch die Sonne beleuchtete das Gesicht des Richters über lange Stunden, am Morgen und zur Mittagszeit. Erst dann betraten seine Verwandten das Zimmer und sahen, daß der alte Mann nicht mehr lebte.

An jenem Abend jedoch, im Nachthemd auf seinem Bett sitzend, sagte er »Hier!« als wäre er aufgerufen worden und meldete sich bei der Welt, an jenem Abend lebte er noch. Er lebte mehr als irgendwann zuvor, denn nun setzte er sich dem Stich des Bösen, dem Stachel des Schicksals aus, von nun an sollte er mit dem Bösen nicht nur in seinem Gewissen, seinen Gedanken, seinen guten Taten ringen, sondern mit seiner gesamten Existenz. Das hatte er seit langem ersehnt. Um mit seinem Leben für die Erinnerung zu zeugen, wenn das nötig würde. Gott war ihm gnädig und gestattete ihm, das größte Opfer darzubringen. Er war zwar keine Ausnahme, gehörte aber zu der kleinen

Minderheit, die solche Wahlakte vollzog. Es war eine glückliche Nacht im Leben des Richters.

Später sollten viele derartige Nächte folgen. Von dieser Zeit an schlief er gut und litt nicht mehr unter Schlaflosigkeit. Er hörte nicht mehr in flachem Schlummer die Stimmen der Welt, die gleichsam ohne seine Beteiligung existierte. Er schlief fest und kümmerte sich überhaupt nicht um seine zeitweilige Abwesenheit.

8

Als Dr. Adam Korda von den Schwierigkeiten der Frau Hauptmann Gostomska erfuhr, saß er gerade am Verandafenster und las Lukian. Ein junger Mann mit Räuberblick stand auf der Schwelle und teilte dem Doktor mit, er habe eine gewisse Frau Gostomska, die der jüdischen Herkunft verdächtig sei, zur Gestapo gefahren.

»Eine so elegante Dame kann keine Salcia sein«, sagte der Rikscha-Fahrer, nickte zum Abschied und ging. Dr. Korda aber blieb zurück, Lukian in der Hand und Empörung im Herzen.

Doch als klassischer Philologe hatte er sich in Jahren geistiger Betätigung einen Sinn für logische, geschwinde Beobachtung erworben. Es verging kein Augenblick, und schon konnte er sich erinnern, daß er und die Frau Hauptmann einen gemeinsamen Bekannten hatten, nämlich Herrn Pawełek, dem er seinerzeit begegnet war, als dieser gerade die Wohnung der Witwe des Artillerieoffiziers verließ. Sie hatten sich damals nicht nur begrüßt, sondern auch ein paar Bemerkungen über Alltagsdinge ausgetauscht. Dr. Korda wunderte sich nicht, daß Pawełek, selbst Sohn eines Offiziers, der im Kriegsgefangenenlager saß, Frau Gostomska besuchte; schließlich war sie Offizierswitwe und darum höchstwahrscheinlich eine Bekannte von Pawełeks Eltern. Der klassische Philologe verlor keine Zeit. Er ließ den Lukian auf dem Fensterbrett liegen, begab sich flugs in die Stadt und informierte

Pawełek über das Mißgeschick, in das die Frau Hauptmann geraten war. Pawełek nahm das ruhig auf, so ruhig, daß der klassische Philologe zu seinem Lukian zurückkehrte, ohne zu ahnen, in welche Bedrängnis er den jungen Mann gebracht hatte.

Doch Pawełek dachte nicht daran, die Hände in den Schoß zu legen. Er wählte am Telefon eine Nummer und bat um Herrn Filipek. Am anderen Ende der Leitung hörte er eine Maschine dröhnen.

»Filipek«, ließ sich eine männliche Stimme vernehmen. »Was ist denn?«

»Herr Filipek, hier ist Paweł«, sagte Pawełek. »Wir müssen uns sofort treffen.«

»Nicht sofort. Nach Feierabend. Und wo?«

»Auf der Miodowa-Straße, in der Konditorei, ja?«

»Meinetwegen in der Konditorei. Ich bin um vier da.«

Pawełek wartete an dem Marmortischchen unmittelbar neben dem Eingang. Filipek kam pünktlich.

»Herr Filipek, Frau Seidenman ist aufgeflogen«, sagte Pawełek.

»Sag nicht so etwas«, murmelte Filipek. Er trug Eisenbahneruniform, die Mütze hielt er auf den Knien fest.

»Frau Seidenman ist in der Schuch-Allee«, sagte Pawełek.

»Warum gleich in der Schuch-Allee?« fragte der Eisenbahner ungläubig. »Nicht alle werden dorthin gebracht.«

»Sie aber doch«, sagte Pawełek. Er berichtete die Geschehnisse. Der Jude auf der Krucza-Straße, die Rikscha, die Gestapo, Dr. Korda, Pawełek. »Das ist alles, was ich weiß.«

»Sie hat blondes Haar«, sagte Filipek, »und sehr blaue Augen.«

»Aber das war wohl ein Bekannter, vermutlich aus der Zeit vor dem Kriege. Irgendein Jude von vor dem Kriege...«

»Alle Juden sind von vor dem Kriege«, entgegnete der Eisenbahner. »Wir sind auch von vor dem Kriege. Wenn er sie als Frau Seidenman erkannt hat, dann sind sie wohl tatsächlich zur Schuch-Allee gefahren.«

»Überlegen Sie sich was, Herr Filipek«, sagte Pawełek heftig.

»Das tue ich doch gerade. Meinst du, ich überlasse die Frau von Dr. Seidenman ihrem Schicksal? Er hat mir das Leben gerettet. Da sollte ich sie im Stich lassen? Du kennst mich wohl nicht richtig, Pawełek.«

»Ich kenne Sie, deshalb habe ich gleich bei Ihnen angerufen. Ich weiß noch gut, daß Sie überhaupt nicht gehen konnten...«

»Nur auf Krücken.«

»Und dann hat Dr. Seidenman Sie geheilt. Ich weiß noch, wie ich Sie die Treppen vom zweiten Stock heruntergeführt habe und Sie beide Beine nachzogen.«

»Er hat mich geheilt, mich nach Truskawiec geschickt, mir Geld geborgt. Übrigens dein Vater auch. Aber hauptsächlich Dr. Seidenman. Erinnerst du dich noch an sein Begräbnis, Pawełek?«

Pawełek erinnerte sich nicht, weil Dr. Seidenman im Sommer gestorben war, während die Jugend sich in den Ferienorten aufhielt, nickte aber, um den Eisenbahner nicht zu enttäuschen.

»Ich dachte, ich sterbe früher, statt dessen ist er unverhofft abgetreten. Das war ein ungewöhnliches Begräbnis. Hinter dem Sarg ging der Rabbiner und ein bißchen weiter der Pfarrer. Und Menschen in Massen. Ein ganzer Haufen

Polen und Juden. Er hat alle gut behandelt, er war ein ungewöhnlicher Arzt. Und die Frau Doktor ist eine ungewöhnliche Frau.«

Pawełek nickte. Der Eisenbahner stand auf.

»Gut«, sagte er, »und nun hau ab, junger Mann. Ich denke mir schon was aus.«

»Ich bitte Sie sehr, Herr Filipek«, sagte Pawełek mit fester Stimme, aber in seinen Augen stand Angst und Flehen.

»Nicht für dich, sondern für sie. Sie ist es wert. Im übrigen, wer ist es nicht wert, daß man sich für ihn was ausdenkt?«

Eine Stunde später rief der Eisenbahner seinen Freund an.

»Jasio«, sagte er, »ich habe eine dringende Bitte.«

»Komm zu mir«, rief Jasio fröhlich, »du weißt ja, wo ich wohne.«

»Das weiß ich«, antwortete der Eisenbahner. »Ich bin schon unterwegs.«

Und er ging auf die Maria-Konopnicka-Straße in ein modernes Haus, in dem wohlhabende, einflußreiche Deutsche wohnten. An einer Tür mit hübsch graviertem Schild *Johann Müller Dipl. Ing.* klingelte er. Ein Dienstmädchen öffnete ihm, und als er seinen Namen genannt hatte, sagte sie, Herr Direktor Müller erwarte ihn in seinem Arbeitszimmer.

So war es. Er war nicht groß, aber breitschultrig, mit weißem Haar und geröteter Haut. Er hieß Johann Müller und war Deutscher aus Lodz, Kämpfer der PPS, Pawiak-Häftling und Verbannter. Er hatte einst auf den Gendarmeriechef von Radom geschossen. Daneben. Er wanderte in die Katorga. Als er zurückkam, schoß er wieder, diesmal auf einen Ochrana-Agenten. Er und Filipek waren sich schließlich im Gebiet von Krasnojarsk begegnet, wo sie die Taiga rodeten, in den Riesenflüssen Fische fingen, Lieder sangen und auf den großen Völkerkrieg warteten, der Polen die Unabhängigkeit bringen sollte. Sie erlebten diesen Krieg und nahmen an ihm teil.

Zu Johann Müller sagten alle Freunde und Genossen Jasio und spotteten über seine deutsche Herkunft. »Was bist du für ein Deutscher, Jasio!?« riefen sie. »Ich bin Deutscher dem Leibe und Pole der Seele nach«, antwortete Johann Müller fröhlich. Und so war es tatsächlich. Johann Müllers Vater, Johann Müller senior, war Spinnereimeister in Lodz zu Zeiten, da Lodz wuchs und mächtig wurde. Der alte Müller war ein deutscher Arbeiter, und zu jener Zeit lasen die deutschen Arbeiter Marx und gehörten Ferdinand Lassalles Partei an. Der Vater hatte seinen Sohn im sozialistischen Geist erzogen. Das bedeutete damals in Lodz, daß der junge Müller den Kampf gegen das Zarentum und für die polnische Unabhängigkeit aufnahm. Im 19. Jahrhundert war überhaupt alles einfacher. Erst später komplizierte sich die Welt.

»Jasio«, sagte Filipek, »du hast doch Dr. Seidenman gekannt.« – »Richtig«, antwortete der rotbackige Deutsche.

»Frau Seidenman ist bei der Gestapo«, sagte Filipek, »und man muß sie da rausholen.«

»Jesus Maria!« rief Müller. »Bin ich ein Vermittlungsbüro zwischen der Gestapo und den Warschauer Juden? Was kann ich denn heutzutage ausrichten?«

»Jasio«, sagte der Eisenbahner, »du kannst viel. Es ist leichter, als Biernat aus dem Kittchen rauszuholen.«

»Wie lang ist das her!« rief Müller. »Wieviele Jahre sind schon vergangen, seit Biernat im Grab liegt!«

»Man muß Frau Seidenman rausholen«, sagte der Eisenbahner.

»Ausgerechnet sie, ja? Andere nicht? Wäre das irgendeine arme Ryfka von der Nowolipie-Straße, würde niemand einen Finger krümmen! Schau doch, was rundum geschieht, Kazio. Die Leute gehen ohne jede Hoffnung zugrunde. Das ganze jüdische Volk geht zugrunde, und du kommst mir mit dieser einen Frau Seidenman.«

»Alle können wir nicht retten«, sagte Filipek. »Aber Frau Seidenman können wir retten. Und schrei mich nicht an. Ihr seid es doch, die diese armen Juden umbringen...«

»Was denn für ihr? Die Deutschen!« brüllte Müller und setzte dann ruhiger und voller Kummer fort: »Nun gut. Die Deutschen. Da, zünd dir eine an.«

Er schob ihm die Zigarettenpackung hin.

»Wozu hast du dich bei ihnen einschreiben lassen, Jasio?« sagte der Eisenbahner.

»Ich habe mich nicht einschreiben lassen, das weißt du ganz genau. Ich war immer Deutscher. Seit sechzig Jahren. Und die wußten das.«

»Warum dann das Hakenkreuz am Rockaufschlag?«

»Eben darum, dummer Kerl. Alle Deutschen gehören dazu. Ich bin Deutscher, folglich gehöre ich auch dazu. Was hättest du von einem Deutschen, der nicht dazu gehörte?«

»Hol die Frau Seidenman raus, Jasio. Das ist leichter als der Fall Biernat.«

Plötzlich hatten sie beide das Gefühl, vierzig Jahre jünger zu sein. 1904 hatten sie den Genossen Biernat aus dem Gendarmerieposten von Puławy geholt. Johann Müller war mit einem Schlitten vor dem Gendarmerieposten vorgefahren, in Leutnantsuniform, als junger Baron Ostern, der einen gefährlichen Verbrecher zum Verhör abholt. Der Eisenbahner Filipek spielte den Kutscher. Er trug einen Militärmantel, am Kutschbock des Schlittens lehnte ein Karabiner mit aufgepflanztem Seitengewehr. Der junge Baron Ostern ließ den Postenkommandanten still-stehen. Er zeigte die entsprechenden Papiere vor. Draußen herrschte scharfer Frost. Baron Ostern stand am Kachel-ofen und rauchte eine dicke Zigarre. Doch der Komman-dant in Puławy, ein Armenier, war ziemlich mißtrauisch. Ein durchtriebenes Stück, ein kaukasischer Fuchs, eine Ratte aus dem fernen Asien. Er überlegte lange, am Ende gab er dem Baron zwei Begleiter mit und legte Biernat Handschellen an. Im Wald hinter Puławy mußten sie die Begleiter unschädlich machen, den einen mit der Pistole, den anderen mit dem Kolben auf den Kopf. Gefesselt lie-ßen sie sie im tiefen Schnee an der Landstraße liegen. Bier-nat rasselte bis Radom mit seinen Handschellen. Erst dort, in der Schmiede am Ortseingang, wurde er befreit. Dann fuhren sie mit der Bahn nach Warschau. Gaslicht, Schwei-gen, Spannung, Gendarmen auf dem Bahnsteig, entsetzli-che Angst, ob es gelingen würde, in die Stadt durchzu-kommen, oder ob sie beinahe im letzten Augenblick noch eine Niederlage erleiden würden. Aber es gelang. Sie erreichten die Smolna-Straße, wo man sie erwartete.

»Eine schreckliche Kälte damals«, sagte Müller. »Und ich bekam keine Luft an dem Ofen, während sie die Papiere anschauten.«

»Hol die Frau Seidenman raus«, sagte Filipek.

Müller schwieg eine lange Weile, schließlich fragte er: »Wo ist sie genau?«

»Keine Ahnung. In der Schuch-Allee. Du mußt das herausfinden.«

»Ich kenn' das Weib nicht!« murmelte Müller. »Ich kenn' das Weib nicht!«

»Maria Magdalena Gostomska, Offizierswitwe.«

»Einzelheiten, Kazio! Die da sind doch keine kompletten Idioten.«

»Komplette nicht«, stimmte Filipek bereitwillig zu.

9

Zu der Zeit, von der die Rede ist, zählte Wiktor Suchowiak dreiunddreißig Jahre und kam langsam auf den Hund. Das lange Leben, das ihm bestimmt war, sollte sich als verfehlt erweisen, denn Suchowiak hatte in seiner Jugend die Karriere des Berufsbanditen gewählt, was in der Epoche der großen Totalitarismen, die ihn bis ins hohe Alter begleiten sollten, zu einem beklagenswerten Anachronismus werden mußte. Die großen Totalitarismen betreiben selber das Banditentum in der Majestät des Rechts, wobei – zur Verwunderung der individuellen Profis – dieses Verfahren Hand in Hand geht mit dem Fehlen jeglicher Alternative, während doch gerade die Alternative einst das philosophische Fundament des Banditentums gewesen ist. Wiktor Suchowiak arbeitete immer nach dem Grundsatz ›Geld oder Leben!‹, was seinen Kontrahenten die Möglichkeit der Wahl ließ. Die Totalitarismen betreiben den Raub der Ehre, der Freiheit, des Eigentums, ja sogar des Lebens, und lassen weder den Opfern noch sogar den Banditen die geringste Wahlmöglichkeit.

Zu der Zeit, von der die Rede ist, tobte in Europa ein jugendlicher, ungewöhnlich räuberischer und aggressiver Totalitarismus, der unbarmherzig ganze Völker mordete und bei dieser Gelegenheit auf beispiellose Weise beraubte. Später sollte die Welt ein wenig ruhiger werden, weil – mindestens in Europa – nicht mehr Krieg herrschte, deshalb betrieben die Totalitarismen ihr Verfahren diskreter und griffen selten nach dem Leben der Menschen, umso häufiger aber nach ihrer Würde und Freiheit, ohne natürlich den Raub des Eigentums und der Gesundheit zu vernachlässigen, vor allem jedoch des Bewußtseins, das die individuellen Berufsbanditen nie interessiert hatte, weil man es nicht zu Geld machen konnte. Wiktor Suchowiak sollte die Zeiten erleben, da die Totalitarismen unter jeder geographischen Breite und sehr verschiedenen ideologischen Parolen, die im übrigen ausschließlich die Rolle eines Kostüms und einer Dekoration spielten, das Banditentum völlig öffentlich betrieben, am hellichten Tag, in Begleitung von Blasorchestern und Deklamationen, denen es manchmal an lyrischen Tönen nicht fehlte.

Wiktor Suchowiak bediente sich gewöhnlich einer Brechstange, und wenn er unter einem glücklichen Stern wirkte, eines Schlagrings. Gewalt wandte er nur unter außerordentlichen Bedingungen an, wenn Widerstand und Ablehnung die Grenzen seiner Geduld überschritten und den Erfolg seines Vorhabens bedrohten. Er konnte mit Panzerdivisionen und Bataillonen, deren Soldaten mit Maschinengewehren ausgerüstet waren, nicht konkurrieren, auch nicht – zu späteren Zeiten – mit solchen Gewaltinstrumenten wie Hochspannungs-Generatoren, Polarkälte, Napalm, Erpressung ganzer sozialer Gruppen, Zwangsarbeit, Apartheid, Telefonabhören, ja sogar gewöhnlichen Schlagstöcken in der Hand von Polizisten, die auf den Straßen wüten, oder geheimnisvollen Entführungen unbequemer Leute, deren Leichen anschließend in Lehmgruben oder Flüssen versenkt werden, oder die Entführung der Passagiere von Linienflugzeugen, die man nacheinander umbringt, um bei Einzelpersonen, Gesellschaften oder Staaten ein Lösegeld oder politische Konzessionen zu erpressen.

Im Grunde war der erste Totalitarismus, dem Wiktor Suchowiak im Augenblick der Entfesselung des Krieges durch Hitler begegnete, zwar der grausamste, blutigste und raubgierigste, aber auch der dümmste und primitivste, weil ihm die spätere Raffinesse fehlte. Doch so ist es gewöhnlich bei jedem Menschenwerk, wir beginnen mit dem Primitiven, um nachfolgend das Kunstvolle, der Vollkommenheit Nahe zu erreichen.

Wie dem auch sei, Wiktor Suchowiak hatte keine Chancen. Die Wahl, die er im Alter von achtzehn Jahren getroffen hatte, als er sein erstes Opfer beraubte, war idiotisch gewesen. Er hätte voraussehen müssen, daß die Zukunft des Banditentums den legalen Faktoren gehörte, darunter auch der Polizei, und in ihre disziplinierten Reihen eintreten. Doch Wiktor Suchowiak tat das nie. Auch später nicht, als er, ein krimineller Häftling in bereits fortgeschrittenem Alter, ermuntert wurde, bei der Errichtung einer besseren Zukunft auf Seiten von Recht und Ordnung teilzunehmen.

Wiktor Suchowiak war bestimmt kein Mann von Ehre. Einsamkeit und Individualismus an sich bilden noch nicht die menschliche Würde, dazu gehört etwas mehr. Doch war er zweifellos ein Mann von Grundsätzen, die sich aus seinem Handwerk ergaben. Die Politik interessierte ihn nicht, und er besaß keine intellektuellen Aspirationen. Seine Moral war einfach, ähnlich wie seine Bildung, sein Geschmack und seine Lebensweise. Er liebte Geld, Frauen, Karussels, Wodka, kleine Kinder und Sonnenuntergänge. Er liebte weder die Menge, Süßigkeiten, Polizisten, Herbstwetter noch die Gewalt, sofern sie ihm keinen

Nutzen eintrug. Schon im ersten Okkupationsjahr gelangte er zu der Überzeugung, die Welt sei verrückt geworden. Zu dieser Zeit überfiel er manchmal Landsleute, im allgemeinen aber zog er Deutsche vor, nicht aus patriotischen Gründen, sondern aus reiner Kalkulation. Seine Landsleute pflegten arm zu sein. Selbstverständlich war sich Wiktor Suchowiak darüber im klaren, welche Risiken Überfälle auf bewaffnete Deutsche mit sich brachten. Doch gab es betrunkene Deutsche oder weniger achtsame, vor allem wenn sie sich in Begleitung von Frauen befanden.

Zu einem bestimmten Zeitpunkt qualifizierte sich Wiktor Suchowiak um. Das hatte sein Gutes im metaphysischen Bereich, denn Wiktor Suchowiak glaubte an Gott, somit auch an Himmel, Fegefeuer und Hölle. Gegen reichliche Bezahlung schmuggelte er Menschen aus dem Ghetto in den arischen Teil der Stadt. Auf diese Weise verdiente er gut und verrichtete edle Taten.

Als erfahrener und redlicher Mensch, dem man sogar in schwierigen Situationen vertrauen durfte, verfügte er über eine recht zahlreiche Kundschaft. Sein Name wurde berühmt, er genoß Achtung sogar bei den Wachmännern, die er an seinen Verdiensten teilhaben ließ. Zwischen Wiktor Suchowiak und manchen Wachmännern spann sich ein besonderer Faden solidarischer Zusammenarbeit, den selbst die blutgierigsten Deutschen nicht mißbrauchten, weil sie wußten, mit wem sie sich eingelassen hatten, und erkannten, daß der Versuch, Wiktor Suchowiak umzubringen, sie das Leben kosten konnte. Der Bandit war ein Mann von ungeheurer physischer Kraft und großer Kühnheit. Andere Schmuggler lebendiger Ware konnten ihm nicht das Wasser reichen. Sie feilschten verbissen mit den

Wachmännern, mußten aber immer nachgeben, denn es mangelte ihnen an Seelenstärke und Entschiedenheit. Wiktor Suchowiak ließ es nie zum Feilschen kommen. Er zahlte, wieviel er für angemessen hielt und schnitt alles Jammern und Drohen der Wachmänner kurz ab. Er fürchtete sie ganz einfach nicht, und wenn doch, dann fürchteten sie sich noch mehr.

Im zeitigen Frühjahr 1943 hörte der Menschenschmuggel aus dem Ghetto auf, eine einträgliche Beschäftigung zu sein, weil es niemanden mehr durchzuschmuggeln gab. Die große Mehrheit der Juden war umgebracht. Die Übriggebliebenen, arme Schlucker, hatten nichts, um den Schmuggel zu bezahlen, sie hatten infolge ihres Aussehens, ihres Verhaltens und ihrer Unkenntnis der Sprache keine Chancen, auf der arischen Seite zu überleben. Die Handvoll der im Ghetto gebliebenen Juden sollte binnen kurzem im Kampfe sterben, um später in der Legende zu überleben.

Eines der letzten von Wiktor Suchowiaks jüdischen Geschäften war Joasia, die kleine Tochter des Rechtsanwalts Jerzy Fichtelbaum, der vor dem Kriege als hervorragender Verteidiger in Strafprozessen bekannt gewesen war. Nicht alle seine Klienten zeichneten sich durch so unbeugsame Grundsätze aus wie Wiktor Suchowiak, Fichtelbaum konnte also nicht damit rechnen, auf der arischen Seite zu überleben. Er sah fatal aus. Klein, dunkelhaarig, mit dunklem, dichtem Bartwuchs, olivfarbener Haut, einer klassischen jüdischen Nase, vollen Lippen, in den Augen den Ausdruck eines Hirten aus dem Lande Kanaan. Außerdem trug der Rechtsanwalt Jerzy Fichtelbaum nur wenig Geld in der Tasche und viel Verzweiflung im Herzen. Seine Frau war vor Jahresfrist an einer banalen Geschwulst gestorben, in ihrem eigenen Bett, worum sie das gesamte Mietshaus beneidet hatte. Der Rechtsanwalt war mit seinem Töchterchen Joasia, einem vernünftigen und hübschen Kind, zurückgeblieben. Kurz vor Kriegsausbruch geboren, war Joasia ein spätes Kind des Rechtsanwalts, was seine Liebe nur noch steigerte. Sein Sohn Henryk, fast neunzehn Jahre alt, lebte sein eigenes Leben und sollte seinen eigenen Tod sterben, ohne Zusammenhang mit dem Familiendrama, dafür in sehr engem Zusammenhang mit dem Drama seines Volkes und seiner Rasse. Henryk Fichtelbaum entfloh aus dem Ghetto im beginnenden Herbst des Jahres 1942 und hielt sich versteckt, ohne den Kontakt mit seinem Vater und der kleinen Schwester zu pflegen. So entschied der Rechtsanwalt Jerzy Fichtelbaum, er müsse Joasia retten, um sich desto männlicher und ruhiger auf den Tod vorzubereiten. Es war eine Entscheidung, die jeder vernünftige Mensch an Stelle des Rechtsanwalts getroffen hätte und die viele vernünftige Menschen damals trafen.

Wie bereits erwähnt, waren die Nazis zwar die grausamsten Totalitaristen in der Geschichte. Weil sie sich aber dermaßen an die Spitze der Menschheit drängten und nach dem Lorbeer der Erstrangigkeit in der modernen Welt griffen, waren sie noch unerfahren, und es kam bei ihnen zu Versäumnissen. Zum Beispiel funktionierten die Telefonverbindungen zwischen dem Ghetto und der arischen Seite unbeeinträchtigt bis zur endgültigen Vernichtung des jüdischen Stadtteils; infolgedessen konnte der Rechtsanwalt Jerzy Fichtelbaum auf telefonischem Wege bestimmte Einzelheiten für die Rettung Joasias vereinbaren. Die Nazis schnitten nicht nur die Verbindungen nicht ab, sie beschäftigten sich nicht einmal mit dem Abhören, was in späteren Jahren Wiktor Suchowiak – und nicht nur er – im Licht der normalen Erfahrungen der zweiten Hälfte unseres Jahrhunderts nicht begreifen konnte. So jedoch war es, und dank dem konnte Joasia Fichtelbaum bis in unsere Tage überleben.

Eines Abends im Frühling nahm Wiktor Suchowiak sie bei der Hand, streichelte ihr das Haar und sagte: »Jetzt geht der Onkel mit dir spazieren.«

Und der Rechtsanwalt Jerzy Fichtelbaum sagte sehr leise: »Ja, Joasia. Und du mußt dem Onkel gehorchen.«

Das Kind nickte. Der Rechtsanwalt sagte mit etwas heiserer Stimme: »Gehen Sie schon . . .«

»Gut«, antwortete Wiktor Suchowiak. »Sie können ganz ruhig sein.«

»Und dem Kind kein Wort«, sagte der Rechtsanwalt. »Nie ein Wort . . .«

»Ich werde das alles weitergeben, machen Sie sich deshalb keine Sorgen.«

»Los!« rief der Rechtsanwalt plötzlich und drehte sich zur Wand um.

Wiktor Suchowiak ergriff wieder Joasias Händchen, und sie verließen beide die Wohnung. Der Rechtsanwalt Jerzy Fichtelbaum stöhnte, das Gesicht zur Wand gedreht, aber sehr leise, weil er niemandem Kummer bereiten wollte, am wenigsten seinem Töchterchen.

»Der Onkel bittet dich, nicht zu weinen«, sagte Wiktor Suchowiak zu dem Mädchen. »Am besten sag' gar nichts, sondern atme nur.«

Das Kind nickte wieder.

Sie traten auf die leere Straße. Wiktor Suchowiak kannte den Weg. Die Wache war nach dem Tarif für einen ungezielten Schuß bezahlt. Sie gingen vorbei. Aber nicht einmal der Schuß fiel. An diesem Abend waren die Wachmänner zu träge.

Doch nicht alle gaben sich dem Dolce far niente hin. Unweit der Mauer trieb sich auf der arischen Seite ein eleganter junger Mann herum, den man in Szmalcownik-Kreisen als den Schönen Lolo kannte. Er war schlank wie eine Pappel, hell wie ein Frühlingsmorgen, flink wie der Wind und munter wie der Gebirgsfluß Dunajec. Auch hatte er eine glückliche Hand, was Jidden anbetraf, er erkannte sie fehlerlos auf der Straße, und wenn er einmal die Spur aufgenommen hatte, verfolgte er sie hartnäckig. Manchmal versuchte das Wild, Haken zu schlagen, manche Jidden kannten nämlich in der Stadt die Durchgangstore, miteinander verbundene Hinterhöfe und Läden mit Seitenausgang. Doch der Schöne Lolo kannte die Stadt noch besser. Um die Wahrheit zu sagen, die Provinz-Jidden, die sich in Warschau wie in einem fremden Wald verirrten, mochte er nicht, diese gequälten und entsetzten Jidden, die sich, von Lolos erstem, zielsicherem Blick getroffen, auf der Stelle ergaben. Er nahm ihnen alles ab, was sie bei sich trugen, manchmal wirklich kümmerliche Groschen. Doch die kümmerlichen Groschen enttäuschten ihn, dann nahm der Schöne Lolo den Jidden beim Arm und führte ihn zur Polizei oder übergab ihn dem nächsten Gendarmen, und seine letzten, an den Jidden gerichteten Worte klangen bitter und melancholisch.

»Das nächste Mal, du räudiger Jidde, solltest du etwas mehr Bargeld bei dir haben. Aber ein nächstes Mal wird's nicht geben. Adieu!«

Während er ›Adieu!‹ sagte, empfand er etwas wie Solidarität mit Europa, das sein Vaterland war.

Lolo machte das Jagen Spaß. Begegnete er einem Jidden,

der mehr Aufmerksamkeit erforderte, scheu durch die Straßen irrte, aber Entschlossenheit bewies, folgte er ihm Schritt um Schritt und gab ihm zu verstehen, daß er bereits reingefallen sei, verfolgt wurde und nicht mehr weit kommen würde. Der Jidde versuchte dann, raffinierte Haken zu schlagen, um sich von dem Versteck zu entfernen, in dem sich seine Familie aufhielt. Doch unter dem wachsamen Blick des Schönen Lolo konnte das nie gelingen. Denn am Schluß erwischte er den Jidden und brachte ihn mühelos dazu, sein Versteck zu verraten. Dann wurden sie handelseinig. Lolo nahm das Geld, den Schmuck, auch Kleidung verachtete er nicht. Er wußte, der Jidde würde sofort nach seinem Weggang das Versteck wechseln, vielleicht sogar in irgendeinen Keller ziehen oder den Versuch machen, aus der Stadt zu fliehen. Lolo rupfte bei Gelegenheit auch die arischen Wirtsleute des Jidden, die, von Panik ergriffen, seinen Forderungen nachgaben. Aber er tat das nicht oft. Bei den arischen Landsleuten war das Geschäft nie sicher. So ein polnischer Schabbesgoj, der Juden versteckte und ernährte, konnte das um des Verdienstes willen tun, aber auch aus erhabenen und allgemein menschlichen Gründen, und so etwas erfüllte den Schönen Lolo immer mit Unruhe, weil nur der Teufel wissen konnte, ob ein aus so edlem Stoff geformter Pole nicht irgendwo im Untergrund von Lolos Besuch berichtete oder gar selbst bis an die Ohren im Untergrund steckte und dem Schönen Lolo Schwierigkeiten bereiten könnte. Der eine oder andere Szmalcownik starb ja manchmal auf den Warschauer Straßen, von einer Kugel aus dem Untergrund getroffen; das sollte man nicht riskieren. Aus diesen Gründen zeigte sich Lolo auch selten in der Nähe des Ghettos, denn dort gab es einmal viel Konkurrenz, und zum anderen konnte ein unberufenes Auge auf seiner schönen Gosche verweilen.

An diesem Abend ging er gerade spazieren und dachte gar nicht ans Jagen. Der Zufall führte ihn in die Nähe des Krasiński-Platzes, der Zufall ließ ihn Wiktor Suchowiak begegnen, der ziemlich schnell den Bürgersteig der Miodowa-Straße entlangging und ein jüdisches Kind an der Hand führte. Wiktor Suchowiak war ein brünetter, dunkelhaariger Mensch von der Anmut eines versoffenen Zigeuners. Kaum erblickte der Schöne Lolo das sonderbare Paar, da spürte er den Schauer des Jägers. Er näherte sich Suchowiak und sagte: »Wohin eilst du so, Mosiek?«

»Werter Herr, das ist ein Irrtum«, entgegnete Wiktor Suchowiak.

»Du zerrst diese Salcia hinter dir her, daß sie keine Luft mehr kriegt«, fuhr der Schöne Lolo in scherzhaftem Ton fort. »Halt an, wir gehen in diese Toreinfahrt.«

»Werter Herr, was wollen Sie überhaupt?« fragte Wiktor Suchowiak und blickte sich ängstlich in der Runde um. Die Straße war leer. Im Hintergrund nur hörte man das Quietschen der Straßenbahn. Ein kaum erkennbarer violetter Streifen bewegte sich im Dunkel. Der Schöne Lolo schubste Wiktor auf das nächste Haustor zu.

»Wir reden miteinander«, sagte er im Ernst.

»Werter Herr, ich bin kein Jude«, verwahrte sich Wiktor Suchowiak.

»Das wird man sehen«, entgegnete Lolo, »zeig deine Pfeife.«

»Das Kind ...«, wandte Wiktor Suchowiak ein.

»Mach mich nicht mit dem Kind verrückt!« rief Lolo. »Zeig deine Pfeife!«

»Joasia«, sagte Wiktor Suchowiak heiter zu dem kleinen Mädchen, »dreh dich zur Wand und steh still!«

Schweigend gehorchte Joasia dem Onkel. Wiktor Suchowiak knöpfte seinen Mantel auf, beugte den Kopf leicht vor und schlug dann Lolo mit dem Ellbogen heftig gegen den Kiefer. Lolo wankte, schrie auf und lehnte sich an die Wand. Wiktor Suchowiak führte einen kurzen Stoß gegen Lolos Magen, und als dieser sich etwas zusammen-krümmte, rammte er ihm das Knie in den Schritt. Lolo stöhnte und erhielt wieder einen Schlag gegen den Kiefer, dann einen zweiten auf die Nasenwurzel. Ein Blutstrom ergoß sich. Der Schöne Lolo glitt zu Boden. Wiktor Suchowiak beugte sich vor, bemerkte aber Joasias Blick und rief: »Dreh dich um, ich bitte dich.«

Das Kind drehte sich um. Wiktor Suchowiak sagte leise zu Lolo: »Du Miststück, das nächste Mal ziehe ich dir die Haut ab! Jetzt gib her deinen Waisengroschen!«

Der Schöne Lolo blutete heftig, er empfand einen schrecklichen Schmerz, Schwindel im Kopf und Bitterkeit und Entsetzen im Herzen.

»Ich habe nichts«, murmelte er. Ein Fußtritt beförderte ihn mit dem Gesicht auf den Boden. Unter seiner Backe spürte er den Zement und am gesamten Körper die flinken Hände seines Peinigers. Wiktor Suchowiak ertastete Brieftasche und Portemonnaie. Seine Bewegungen blieben ganz ruhig. Sorgfältig zählte er die Geldscheine.

»Wen hast du heute bearbeitet?« fragte er. »Soviel Geld verdiene ich in einem Monat.«

Er sagte nicht die Wahrheit, denn er verdiente mehr, sah aber keinen Grund, den blutenden Räuber in seine

Geschäfte einzuführen. Das Portemonnaie warf er neben Lolos Kopf.

»Da hast du was für die Straßenbahn«, sagte er. »Und mach einen Bogen um mich!«

Er nahm Joasia bei der Hand und sagte: »Der Herr ist krank, er ist im Kopf durcheinander.«

Sie verließen den Hauseingang. Der Schöne Lolo richtete sich mühsam auf. Aber gehen konnte er noch nicht. Er lehnte an der Wand und holte mühsam Atem. Aus seiner Nase floß Blut. Er war voller Schmerzen, gedemütigt und haßerfüllt.

Zwanzig Jahre später sollten sich die beiden Männer erneut treffen. Wiktor Suchowiak hatte gerade als vorzeitig gealterter Mensch, als Auswurf der Gesellschaft und Reaktionär das Gefängnis verlassen. Doch die Staatsmacht, getrieben von der Mission, die menschliche Natur zu reparieren, gab dieses unglückliche Produkt des Kapitalismus nicht verloren. Wiktor Suchowiak wurde einer Fabrik für Baumaterialien zugewiesen, wo er die Bedienung einer Betonmischmaschine übernehmen sollte. Mit Beton – außer mit dem Zellenfußboden – hatte er nie im Leben etwas zu tun gehabt, besaß aber einen findigen Kopf und einen harten Charakter, konnte darum hoffen, irgendwie klar zu kommen. Letzten Endes erwartete er nicht mehr viel vom Leben. Auf die Zuweisung starrend, begab er sich zum Personalleiter des Betriebes. Dieser empfing ihn kühl, wie er das gewöhnlich bei neuen Mitarbeitern mit dunkler, krimineller Vergangenheit tat. Er las die Zuweisung, verzog das Gesicht und legte das Papier auf die Glasplatte seines Schreibtisches. Der Schreibtisch war breit, ein wenig abgenutzt. Auch der Leiter war ein wenig abgenutzt, sein Gesicht gedunsen, das weiche, helle

Haar etwas schütter. Die Sonne schien ins Zimmer, der Tag war sommerlich, der Himmel wolkenlos. Wiktor Suchowiak betrachtete den Leiter und schwieg. Der Leiter fragte: »Haben Sie je beim Beton gearbeitet?«

»Nein«, antwortete Wiktor Suchowiak. »Aber der Mensch kann alles lernen.«

Der Leiter nickte ziemlich skeptisch.

»Was haben Sie da abgesessen?« erkundigte er sich.

»Dort steht es«, antwortete Suchowiak. »Überfall und Körperverletzung.«

»Was hatten Sie davon, Suchowiak. Ist es nicht besser, redlich für die Heimat, für die Gesellschaft zu arbeiten? Ich hoffe, ich täusche mich in Ihnen nicht, Suchowiak. Man schickt mir solche Leute wie Sie, und ich habe dann nur Ärger. Aber Sie haben gute Augen, also stellen wir Sie ein. Für eine Probezeit, versteht sich. Dieser Überfall war wohl das erste Mal, nicht wahr?«

Wiktor Suchowiak lächelte und entgegnete: »Nein, das zweite Mal. Beim ersten Mal habe ich im Kriege einen Szmalcownik auf der Miodowa-Straße in Warschau in die Mangel genommen.«

Der Leiter erblaßte plötzlich, biß sich auf die Lippen und blickte Wiktor wachsam in die Augen.

»Wovon reden Sie?« sagte er ganz leise.

»Von uns«, antwortete Wiktor Suchowiak. »Ich habe dich damals nach Strich und Faden verprügelt!«

»Was reden Sie da!« rief der Leiter. Seine Hände zitterten. »Was geht mich das an? Was bilden Sie sich ein, Suchowiak? Meinen Sie, das Wort eines Kriminellen zählt hier? Ihre Verleumdung würde hier etwas ändern?«

»Ich denke mir gar nichts, aber ich kenne das Leben«, antwortete Wiktor Suchowiak. »Wenn die anfangen, rund um dich nachzugraben, du Miststück, dann kommst du nicht mehr davon. Ob sie mir glauben werden? Bestimmt werden sie mir glauben. In denen steckt verdammt viel Sehnsucht danach, Gerechtigkeit zu üben. Keine Partei hilft dir dann, keine Stellung.«

»Nicht so laut«, knurrte der Leiter. »Was hast du davon, Mensch? Was hast du davon? Bei mir hast du Arbeit, du kannst hier leben wie Gott in Frankreich. Im Falle eines Falles helfe ich dir aus der Klemme... Ich widerspreche! So wahr Gott im Himmel lebt, ich widerspreche!«

»Schwatz nicht so viel, du Mistkerl«, unterbrach ihn Suchowiak, »du weißt wohl selbst nicht, was du schwatzt. Wem willst du widersprechen? Den Kacapy vom Sicherheitsdienst? Da haben schon andere gesungen als du. Aber wer sagt denn, daß ich dort hingehe? Sage ich das?«

»Setz dich!« sagte der Schöne Lolo. »Setz dich, du lausige Hure...«

»Wenn Sie mich auffordern, Herr Leiter, warum dann nicht«, antwortete Wiktor Suchowiak und setzte sich auf den Stuhl vor dem Schreibtisch.

Sie redeten lange. Sogar die Sekretärin fühlte sich beunruhigt. Zweimal stellte sie ein Gespräch durch, und zweimal rief er barsch: »Nicht verbinden! Ich bin beschäftigt!«

Schließlich trennten sie sich. Das kostete den Schönen Lolo eine hübsche Summe. Und zum Abschied klopfte ihm Wiktor Suchowiak auf die Backe. Zärtlich, aber auf männliche Weise, es schmerzte. Im Herzen schmerzte es Lolo. Er blieb in seinem Arbeitszimmer zurück wie vor zwanzig Jahren im Hauseingang auf der Miodowa-Straße, mit dem Gefühl der Ohnmacht, der Erniedrigung und des furchtbaren Hasses.

Wiktor Suchowiak übernahm auf Anraten Lolos eine

besser bezahlte Arbeit in einem anderen Betrieb. Sie sahen einander nie wieder.

Nach einigen Jahren wurde Wiktor Suchowiak Invalide und bezog eine bescheidene Rente. Er litt an Knochentuberkulose und bewegte sich nur mühsam. Er bewohnte ein kleines Zimmer in einem alten und feuchten Haus der Vorstadt. Seine einzige Unterhaltung bestand darin, vom Fenster auf die Straße hinauszuschauen. Doch die war arm an Verkehr. Er betrachtete junge Frauen mit Kindern, Männer, die zur Arbeit oder zur Kneipe eilten, zänkische, neugierige Weiber, die auf dem kleinen Platz schwatzten. Manchmal ging er auch hinaus auf den kleinen Platz, setzte sich auf eine Bank, schwatzte mit den alten Leuten. Doch er fühlte sich immer schlechter und verließ das Haus nur selten.

Abends, wenn er lange nicht einschlafen konnte, weinte er leise. Er wußte nicht warum. Doch das Weinen verschaffte ihm Erleichterung. Wenn er dann spät in der Nacht einschlief, träumte ihm der Krieg und die Okkupation. Die Menschen träumen oft von den besten Zeiten ihres Lebens. Er gehörte nicht zu den Ausnahmen, obgleich kein Freudianer von ihm Nutzen gehabt hätte. Als Wiktor nämlich von einem Schrank träumte, bedeutete das keineswegs, er hätte Lust, eine Frau durchzuziehen, vielmehr saß in diesem Schrank ein Jude und sagte zu Wiktor Suchowiak: ›Ich danke Ihnen für den großen Gefallen‹. Und Wiktor antwortete würdevoll: ›Nicht aus Liebe zu Ihnen habe ich das getan, Herr Pinkus, ich bin vielmehr gut bezahlt worden. Und jetzt sitzen Sie still, denn die Frau, die hier wohnt, ist ängstlich wie Hitlers Arsch!‹

Wer in diesem Land hätte nicht gern in seinen späten

Jahren so süße Träume? Doch nur Wiktor Suchowiak hatte sie und vielleicht noch ein paar andere Leute. Solche Träume meiden im allgemeinen gut ernährte Veteranen. Der kluge, allwissende Morpheus verteilt sie auf verarmte Lehrerinnen in kleinen Städten, alte, emeritierte Richter, Ingenieure, Eisenbahner oder Gärtner und mitunter auch auf Marktfrauen und Banditen aus der Vorkriegszeit. Doch was diese Leute einst getan haben, erfährt man nur, wenn man aufmerksam den Worten lauscht, die sie hin und wieder im Schlaf sprechen.

10

Der Schneider Apolinary Kujawski lebte in einer Fünf-Zimmer-Wohnung, zweiter Stock, Vorderseite, mit Balkon, auf der Marszałkowska-Straße. In den Zimmern standen hohe Kachelöfen, einer davon im Salon, von besonderer Schönheit, verziert mit Rosetten und Gußeisentürchen in Form eines Palasttores. Im Parterre desselben Hauses hatte Kujawski sein etwas dunkles, aber geräumiges ›Atelier‹, das aus drei Zimmern bestand. Im ersten empfing er seine Kunden und nahm Maß, während die Kunden sich im Spiegel betrachteten. Tiefer im ›Atelier‹ arbeiteten seine Gesellen, surrten die Singer-Nähmaschinen von morgens bis abends. Dampf stieg auf in dichten Wolken, wenn die schweren, heißen Bügeleisen das feuchte Leinen auf die Kleidungsstücke preßten.

Der Schneider Kujawski war ein redlicher Mann von geringer Körpergröße, etwas kahlköpfig, kurzsichtig, begabt mit einer Seele nicht ohne romantische Höhenflüge, einem schlichten Geist und kleinen, wohlgeformten Füßen. Er besaß eine Neigung zu erlesener Eleganz, wie ein Mensch sie pflegt, der vor dem Großen Krieg in einem Städtchen des ehemaligen Gouvernements Płock inmitten einer Mehrheit von Alttestamentarischen erzogen worden ist. Er trug dunkle Anzüge und steife Kragen, gemusterte Krawatten und gamslederne Schuhe von gelblicher Farbe, außerdem bunte Westen, grüne oder kirschrote, der Stimmung entsprechend, die in seinem Herzen herrschte. Am Ringfinger der rechten Hand trug er einen Siegelring mit Stein, am kleinen Finger der linken einen Rubinring.

Kujawski war nämlich ein sehr wohlhabender Mann und erfreute sich unter den Offizieren der Wehrmacht, zum Teil auch der deutschen Sicherheitskräfte des Ruhms, der beste Hosenschneider Warschaus zu sein. Sogar aus Lemberg kamen Offiziere zu ihm, um Reit- oder Ausgehhosen zu bestellen.

Kujawski war kein Mann von großem persönlichen Mut, deshalb bemühte er sich nicht, seine Bekanntheit unter dieser einflußreichen Kundschaft zugunsten der nationalen polnischen Interessen zu verwenden. Weil er dennoch Patriot war, sparte er nicht an heimlicher Unterstützung der Widerstandsbewegung. Er unterstützte auch Künstler. Er spendete erhebliche Summen für den Ankauf literarischer Manuskripte, die nach dem Kriege veröffentlicht werden sollten. Er kaufte Ölgemälde von Malern und sammelte sie in seiner geräumigen Wohnung, fest entschlossen, diese Sammlung im freien Polen einem Museum zu übergeben, selbstverständlich mit dem Namen des Spenders auf entsprechenden Schildern oder gar an der Frontseite des Gebäudes.

Kujawski erwarb sein Vermögen dank ungewöhnlicher Umstände und des Rufs, ein redlicher Mann zu sein. In früheren Jahren, als er gleich nach dem Großen Kriege auf Arbeitssuche nach Warschau gezogen war, streifte er zunächst verschiedene Schneiderwerkstätten, ohne irgendwo warm zu werden, weil er radikal christlichen Anschauungen huldigte und bei Juden nicht arbeiten wollte, während das christliche Handwerk seines Fachs mit großen Schwierigkeiten zu kämpfen hatte und an allzuvielen Händen für die Arbeit litt. Kujawski wohnte damals im Souterrain auf der Miodowa-Straße, einsam, klein und gezeichnet von zornigem Stolz infolge seiner Armut. Er verdiente sich etwas, indem er die Anzüge der Herren bügelte, die in demselben Haus wohnten, oder die Kleidung der örtlichen armen Leute flickte. Einer dieser einflußreichen Kunden war in jenen Jahren der Richter Romnicki, ein Original und Weiser, der den kleinen Schneider lieb gewann. Eines Tages, als Kujawski dem Richter seine gestreiften Hosen in die Wohnung im ersten Stock brachte, sagte der Richter: »Herr Kujawski, ich habe eine feste Stelle für Sie.«

»Der Herr Richter belieben zu scherzen«, antwortete der Schneider.

»Fällt mir nicht ein. Haben Sie von Mitelman gehört?«

»Mitelman? Der von der Bielańska-Straße?«

»Ganz recht. Ich lasse bei ihm seit dreißig Jahren arbeiten. Er ist ein großer Künstler der Schere und ein Mensch von untadeligem Charakter. Er ist bereit, auf meine Fürsprache hin, sie zu beschäftigen, lieber Herr Kujawski.«

»Herr Richter, ich bin ein christlicher Schneider.«

»Reden Sie keinen Unsinn, Herr Kujawski. Heftet man auf christliche Weise anders als auf jüdische?«

»Das möchte ich nicht behaupten, aber bei denen herrschen Sitten, die...«

»Herr Kujawski«, unterbrach ihn der Richter, »ich habe Sie für einen vernünftigen Mann gehalten. Mitelman ist bereit, Sie einzustellen. In fester Stellung. Bei ihm arbeiten mehrere Zuschneider und ein Dutzend Hilfskräfte. Eine große Firma. Die beste Kundschaft in ganz Warschau. Was wollen Sie mehr? In einigen Jahren, wenn Sie sich ins Geschirr legen und sparen, können Sie einen eigenen

Betrieb gründen. Ja, und endlich heiraten, Herr Kujawski, denn dafür ist es schon höchste Zeit.«

»Ich werde nie heiraten, Herr Richter.«

»Das ist Ihre Sache. Also, wie steht's?«

Kujawski bat erst einmal um Bedenkzeit und versicherte, er werde gegen Abend die Antwort bringen. Er rang heftig mit sich. Den Juden gegenüber empfand er Abneigung, aber sie waren ihm auch fremd. Er war unter ihnen aufgewachsen, doch in einer gewissen Entfernung. Durch die Andersartigkeit ihrer Sprache, ihrer Sitten, ihres Aussehens weckten sie in ihm Neugier und Angst. In seinem Heimatstädtchen hatten die Juden die große Mehrheit gebildet, doch die Christen hatten sich für etwas Besseres gehalten, vielleicht gerade deshalb, weil sie, die Minderheit, sich von der Welt bevorzugt fühlten. Es handelte sich dabei um eine hierarchisch gegliederte Welt, und jeder kannte darin seinen Platz. Auf dieser Leiter standen die Juden allein dank ihrem Judentum tiefer als die Christen – und Kujawski hatte nicht erforscht, warum. So war es eben seit frühesten Zeiten, sicher seit jenem Tag, an dem die Juden den Herrn Jesus kreuzigten. Gott selbst hatte diese Bräuche auf Erden eingeführt, vielleicht um die Juden für Unglauben, Widerstand und Verrat zu strafen, die sie sich Ihm gegenüber hatten zuschulden kommen lassen.

Kujawski war ein zutiefst gläubiger Mensch, und er glaubte so wie die anderen Leute um ihn herum. Er betete, ging in die Kirche, empfing das allerheiligste Sakrament, vertraute sich der Obhut der Muttergottes an, liebte Polen, das für ihn wahrhaft katholisch war und am Kreuz der Unfreiheit litt wie – ohne vergleichen zu wollen – der Herr Jesus selbst, weshalb es das Recht hatte, sich den ›Christus der Nationen‹ zu nennen; er schätzte weder die orthodoxen und lasterhaften Moskowiter noch die lutherischen und brutalen Deutschen, aber auch nicht die alttestamentarischen und lärmenden Juden, wenn er auch selbstverständlich die Moskowiter anders geringschätzte, weil sie die Verfolger waren, weil es da Sibirien, die Knute, die Kibitka gab, und wieder anders die Deutschen, die ewigen Feinde, die zwar vielleicht mehr konnten, vielleicht sogar besser arbeiteten, Kujawski aber als Slawen verachteten, was er ihnen mit Feindseligkeit und Spott heimzahlte, und wieder anders die Juden, weil sie tiefer standen als er und ihn ständig überlisten und zum besten halten wollten, während er sich einheimisch fühlte und mehr auf der eigenen Scholle als sie alle. Sie waren Hergelaufene, er aber urpolnischen Wurzeln entwachsen, es waren seine Flüsse, Felder, Wälder und Landschaften, in denen sie nur als Wanderer auftraten. Die jüdischen Geschäfte, Häuser, Werkstätten ärgerten Kujawski, weil sie ihm den Raum wegnahmen, in dem er selbst nur mit Mühe Platz fand. Er mußte manchmal die Ellbogen gebrauchen, um im eigenen Haus einen Winkel zu finden, wo er sein müdes Haupt niederlegen konnte.

Kujawski rang schrecklich mit sich, stundenlang, aber abends ging er in den ersten Stock und erklärte dem Richter, er nehme die Arbeit bei Mitelman auf der Bielańska-Straße an.

»Ich bin der Armut müde, Herr Richter«, sagte er, als wollte er rechtfertigen, daß er die Waffen streckte, die polnische Sense in die Ecke stellte und die jüdische Nadel ergriff.

Der Richter Romnicki antwortete: »Gott sei Dank, daß Sie ein wenig Grips im Kopf haben, Herr Kujawski.«

Kujawski war ein Schneider mit Talent, Mitelman aber

ein Meister über alle Meister. Dem Eigentümer der beliebten Firma auf der Bielańska-Straße gefiel der kleine und emsige christliche Mitarbeiter und zwar umso mehr, als Mitelman ein Interesse daran hatte, wenigstens einen einzigen Goj zu beschäftigen, weil ihm das die launenhafte Kundschaft gewogen stimmte. Er schickte Kujawski in die besten Häuser, denn ein christlicher Handwerker in den besten Häusern, sogar in sehr liberalen, fortschrittlichen und feinen, beeinträchtigte nicht eine bestimmte ewige moralische Ordnung, obwohl er auch der europäischen Weltsicht nicht hinreichend entgegenkam. Kujawski verdiente nicht schlecht, machte aber kein Vermögen. Er blieb in seinem Souterrain.

Doch im Jahr 1940 rüstete Mitelman zum Umzug ins Ghetto. An einem windigen und regnerischen Herbstabend erschien er in Kujawskis Souterrain und sagte: »Herr Apolinary, ich gehe ins Ghetto. Bei mir lagert der beste Cheviot von ganz Warschau, das wissen Sie. Ich habe hundertfünfundzwanzig Ballen Bielitzer Rapaport, ich habe auch von Jankowski die Ballen, die wir kurz vor dem Krieg gemeinsam ausgesucht haben. Ich verfüge über eine Werkstatt, die ich Ihnen nicht zu beschreiben brauche. Ich gehe ins Ghetto. Sie sind der einzige Christ in meiner Firma, Sie bewahren mir das auf für bessere Zeiten.«

»Herr Mitelman«, rief der Schneider Kujawski, »wo soll ich Ihnen das aufbewahren? Hier im Souterrain?«

»Sage ich, hier im Souterrain? Das ist doch ein Vermögen. Nehmen Sie etwas Ware, kaufen Sie eine Werkstatt, verdienen Sie, verwahren Sie, bringen Sie mir etwas vom Gewinn ins Ghetto, denn ich vertraue Ihnen wie meinem eigenen Vater. Und wenn der Krieg zu Ende ist, gründen wir gemeinsam ein Geschäft, Mitelman und Kujawski, meinetwegen auch Kujawski und Mitelman oder Kujawski und Compagnon, mir liegt nicht mehr daran, aber besser für Sie wäre doch Kujawski und Mitelman, weil der Name ein bißchen zählt, man kennt mich ein bißchen in der Stadt.«

Und so geschah es. Der Schneider Kujawski nahm das Vermögen des Schneiders Mitelman in Besitz. Sie trafen sich im Gerichtsgebäude auf der Leszno-Straße, solange das möglich war, Kujawski brachte Mitelman Geld, er brachte Lebensmittel, er brachte ein gutes Wort, er brachte sein Mitgefühl, seine Freundschaft, seinen Rat. Mitelman wurde immer schwächer, Kujawski immer stärker, doch freute ihn das ganz und gar nicht, weil er wußte, daß eine furchtbare Ungerechtigkeit vor sich ging, daß die Juden litten, starben, zugrunde gingen, und das war eine alle menschliche Vorstellung überschreitende Strafe für ihre Sünden, selbst wenn sie schlimm gesündigt, nämlich dem Wort des Erlösers keinen Glauben geschenkt hatten. Zudem, wenn die Juden gesündigt hatten, dann bestimmt Mitelman nicht allzuviel, er war ein rechtschaffener, guter, freigebiger, gerechter und frommer Mann, wenn auch auf alttestamentarische Weise, was nicht empfehlenswert ist.

Kujawski war kein Mensch von übermäßig intellektuellem Ehrgeiz und empfand manchmal eine gewisse Abneigung gegenüber seinem eigenen Verstand, er warf ihm manchmal Beschränktheit vor, er pflegte manchmal zu sagen: ›Eigentlich bin ich ein Idiot, aber ist es meine Schuld, daß ich ein Idiot bin? Und wenn ich selbst weiß, daß ich ein Idiot bin, dann bin ich wohl kein solcher Idiot!‹ Kurz, er stellte keine philosophischen Ansprüche, ergründete nicht die Geheimnisse der menschlichen Existenz und ließ der Welt nicht Gerechtigkeit zuteil werden, machte sich aber klar, daß man ringsum die Hölle entfesselt hatte, daß das Böse triumphierte und man sich ihm auf möglichst wirksame Weise entgegenstellen mußte.

Er nähte Hosen für deutsche Offiziere, denn mit oder ohne seinen Hosen – sie hätten doch getan, was sie taten, Reithosen sind schließlich keine Schußwaffen, auch mit nacktem Hintern hätten sie die armen Juden totgeschlagen, auch mit nacktem Hintern die Polen erschossen, und was die russischen Fröste dort irgendwo bei Moskau anbetraf, so nähte er, Kujawski, keine Schaffellmäntel für die deutsche Armee, in seinen Reithosen erfroren ihnen die Hintern, und das nicht nur bei Moskau, sondern sogar bei Warschau, er hatte also keine Gewissensbisse wegen seiner Arbeit für die Deutschen, zumal ihn der romantische und patriotische Ehrgeiz bewegte, bedürftigen, mißhandelten und verfolgten Menschen Hilfe zu leisten.

Im Frühjahr 1942 wurde er plötzlich zum Besitzer eines großen Vermögens, weil der Schneider Mitelman im Ghetto ganz einfach starb und sein einziger Sohn, der Zahnarzt Mieczysław Mitelman, wenige Tage später auf der Rymarska-Straße erschossen wurde. So blieb der Schneider Kujawski mit einem Vermögen zurück, das sich in Jahren dank der Rührigkeit und des Fleißes des jüdischen Zuschneiders und der Schufterei seiner Gesellen angesammelt hatte. Für Kujawski unterlag es keinem Zweifel, daß dieses Vermögen nur zum Teil ihm gehörte, aber er war sich nicht sicher, wem der andere Teil zustand. Bestimmt nicht den Deutschen! Den Juden? Doch wo waren die Juden? Und welche Juden hätten ein Recht auf das Vermögen des Schneiders Mitelman? Vielleicht gehörte das Vermögen dem polnischen Volk? Kujawski stand vor einem Dilemma. Vorläufig jedoch ging der Krieg weiter, Juden und Polen fielen, und das Vermögen in der Hand des Schneiders Kujawski wuchs durch den Bedarf an Reit- und Ausgehhosen für die Wehrmachtoffiziere.

Der Schneider kam zu dem Entschluß, daß seine Sammlung für das künftige Bildermuseum die Namen beider Spender führen sollte, nämlich Apolinary Kujawski und Benjamin Mitelman, er hielt es auch für richtig, einen Lyrikverlag Kujawski und Mitelman zu gründen. In dieser Angelegenheit holte er sich bei Richter Romnicki Rat. Der Richter war von Zeit zu Zeit sein Kunde, doch nicht im früheren Sinne. Er bestellte längst keine Anzüge mehr, sondern verkaufte Kunstwerke, hauptsächlich Bilder, die er in den vergangenen Jahrzehnten zusammengetragen hatte.

Hin und wieder ließ Kujawski auch Herrn Pawełek ein bißchen verdienen, der bei den Transaktionen vermittelte, obgleich der Schneider wußte, daß Herr Pawełek weniger Ahnung in Kunstfragen hatte als er selbst. Denn Kujawski hatte eine angeborene künstlerische Sensibilität, durch seine Hände gingen zahlreiche schöne und wertvolle Gegenstände, er kaufte sogar von den dummen deutschen Offizieren zartes Porzellan, Leuchter, Miniaturen. Er liebte es, die Deutschen zu übertölpeln, und tat das gern, weil er wußte, daß die Gegenstände, die sie ihm zum Kauf anboten, fast immer aus Raubzügen stammten.

Im Grunde fand Kujawski eine gewisse Harmonie in seinem Leben während des Krieges. Von Kunstwerken umgeben zu sein, empfand er als wohltuend. Das Geld machte ihn selbstbewußt. Er verkehrte nun als gern gesehener Gast in sehr kultivierten Häusern. Elegante Damen reichten ihm die Hand zum Kuß und behandelten ihn mit nachsichtiger Sympathie. Dennoch wußte er, daß er sich nicht allzu viel erlauben durfte, weil er trotz allem der Schneider blieb, während diese Leute zur Elite der Nation gehörten, gebildet, belesen, frei, stolz und höflich waren, vor allem aber sehr feinfühlig, klug und schön, sogar in ihrer unangenehmen Armut, sogar wenn sie die letzten Nippes verkauften, eine silberne Obstschale oder ein altes Buch. Deshalb konnte er mit ihnen nicht feilschen. Sie hatten dem Anschein zum Trotz und entgegen allem, was von ihnen vorher und nachher gesagt wurde, einen besonderen Sinn, keinen kaufmännischen, sondern ganz einfach einen ethischen, der ihnen sagte, daß Kujawski sie nie betrügen und nie über ihr Elend spotten würde. Ein geheimnisvoller, paradoxer und dennoch wichtiger Faden der Abhängigkeit verband sie und Kujawski, ein Faden, der sich aus dem uralten Knäuel des Polentums, der polnischen Geschichte und Kultur herleitete, dieser unwiederholbaren Docke polnischen Garns, ein Faden der Abhängigkeit und Gemeinsamkeit, der dem Schneider Achtung und Dankbarkeit dafür gebot, daß er ihnen helfen durfte zu überleben; denn es gab etwas in ihnen, was weder sie noch er zu benennen vermochten, was ihm aber erlaubte, solange Pole zu sein, wie es sie in Polen gab – und keinen Augenblick länger!

So fand Kujawski in seinem Leben eine gesegnete Harmonie. Und nur eine Angelegenheit träufelte Unruhe in sein Herz. Daß nämlich Gott, als hätte er sich abgewandt, Polen einer zu schweren Prüfung aussetzte. Womit denn konnte Polen sich so schwer versündigt haben, als es nach einem Jahrhundert der Unfreiheit und der Leiden am Ende des Großen Krieges wiedergeboren wurde und nur eben zwanzig Jahre überstand? Gewiß, nicht alles in Polen war in Ordnung gewesen, aber war woanders alles in Ordnung gewesen? War es in Ordnung gewesen, daß das mächtige Frankreich sich kaum einen Monat gewehrt und dann schändlich kapituliert hatte und vor Hitler fast auf die Knie sank? War es in Ordnung gewesen, daß die bis ans Ende der Welt reichende Sowjetunion binnen zwei Monaten unter dem deutschen Druck krachend zerplatzte? Und die Sowjetunion hatte doch gemeinsam mit Hitler die Teilung dieses unseligen Polen vorgenommen. Für diese Sünde hatte Gott sie gerecht bestraft, sie waren vor den Deutschen bis vor Moskau geflohen und erst dort zur Besinnung gekommen, um wirkungsvoll Widerstand zu leisten. Was gab es denn an Polen und den Polen, daß sie erneut leiden mußten wie nie zuvor? Warum prüfte Gott Polen und die Polen so grausam?

Solche Fragen bedrückten den Schneider Kujawski, der – wie übrigens viele Leute auf dieser Welt – glaubte, Gott lenke die Geschichte der Menschheit. Er erlebte die Zeit nicht mehr, wo man alle Ereignisse ohne Ausnahme mit Hilfe der wissenschaftlichen Methode des dialektischen Materialismus erklärte, und hätte er sie erlebt, er hätte an diese Methode nicht geglaubt, denn er war ihr zufolge ein Kleinbürger und Blinder aus dem Randgebiet der Klassen, dessen Charakter, Geist und Gewohnheiten von der Schere, der Singer-Nähmaschine und der Fadenspule geformt waren, schlechthin das unbewußte, unvollendete und vom Lauf der Geschichte verpfuschte Produkt der soziologischen Version des menschlichen Schicksals – während doch er selbst, der Schneider Kujawski, sehr genau wußte, daß er seine Seele von Gott erhalten hatte und seinem Gewissen gehorchen mußte, das ebenso einzig und unwiederholbar war wie das Gewissen Benjamin Mitelmans, des Richters Romnicki, des Herrn Pawełek oder sogar des Deutschen Geißler, für den er eine Reithose mit Ledereinsatz auf dem Gesäß nähte. Er mußte seinem Gewissen gehorchen, da es seine einzige Waffe gegen die Unrechtmäßigkeit der Welt bildete; und wenn der dialektische Materialismus dieses Wort nicht kannte, sondern ausschließlich die gesellschaftlichen Bedingungen, dann muß er selbst, ob er will oder nicht, beitragen zu den Unrechtmäßigkeiten, zur Verdorbenheit der Welt, sogar wenn er diese Welt erlösen wollte entgegen dem Gewissen des Schneiders Kujawski und den Absichten Gottes.

Doch er erlebte die Zeiten nicht, die erst dann kommen sollten, als seine sterblichen Überreste schon jahrelang in einem Massengrab lagen unter denen vieler anderer bei einer Straßenexekution im Herbst 1943 Erschossenen. Seine Sammlungen verschlang das Feuer des Aufstands und verwehte der Wind, der über die Brandstätte der Stadt fegte, und seiner Seele widerfuhr die Freude, Gott zu begegnen, aber auch der Seele Benjamin Mitelmans und den Seelen der freundlichen und würdigen Personen, die er mit seinem Ankauf von Kunstwerken unterstützt hatte bis zum Ende oder fast bis zum Ende seiner Tage, überzeugt, er werde einem Museum im unabhängigen Polen eine schöne Gabe darbringen.

Doch sein letzter Lebenstag wurde gewissermaßen zum Spiegelbild und Kürzel seines gesamten Schicksals von Kindheit an. Denn als Junge war er flink und widerborstig gewesen, hatte abends Birnen im Pfarrgarten gestohlen und nie längere Zeit an einer Stelle sitzen können. So war es auch an jenem Morgen, als er unruhig und bedrückt erwachte. Er lief ziellos durch seine Zimmer, trat trotz des Regenwetters auf den Balkon, kehrte in den Salon zurück, um sich kurz darauf im Parterre, in seinem ›Atelier‹ zu zeigen, wo die übliche, alltägliche Arbeit weiterlief, stieg dann wieder die Treppe in den zweiten Stock hinauf und lief durch die Zimmer – irgendwie unvernünftig, innerlich aufgebläht und doch leer, seltsam begierig nach der Welt und ihren immer noch verborgenen Geheimnissen.

Gegen Mittag trat er gewissermaßen in sein Jünglingsalter ein. Er marschierte mit elastischen und munteren Schritten zum Ogród Saski, was manche Passanten verwunderte, weil sie einen kleinen Mann mit dunklem Paletot, gelben Schuhen und einem Spazierstock erblickten, der nach einem lächerlichen Stutzer aus einer Kleinstadt des früheren Gouvernements Płock aussah, mit etwas zu langen, schräg abgeschnittenen Koteletten, nach dem Rasieren zu stark gepuderten Backen, Ringen an den Fingern und lustig-tänzerischen, für die kurzen Beine zu langen Schritten; doch diese Beine wollten sich auf sehr männliche Weise bewegen, mit einer gewissen Grazie, zugleich mit der Sicherheit, die eine schlanke und hohe Silhouette dem Manne gibt. So ging der Schneider Kujawski, schon ein wenig beruhigt, um den Richter zu besuchen, mit ihm Meinungen über die Lage auszutauschen und ihn vielleicht zum Verkauf einer sehr schönen Miniatur aus Holz zu bewegen, die achtundsechzig Menschen- und Tiergestalten auf einem flämischen Jahrmarkt um die Mitte des 17. Jahrhunderts darstellte.

Aber er erreichte nicht sein Ziel, denn auf der Niecała-Straße steckten ihn Gendarmen in die grüne Minna, und als er zu beweisen versuchte, er nähe Hosen für alle deutschen höheren Offiziere, bekam er eins mit dem Kolben über den Rücken, daß es ihm den Atem verschlug, im Kopf schwindelte und er sofort verstummte. So trat er gewissermaßen in sein reifes Alter ein. In der Zelle verhielt er sich schweigsam, er äußerte sich nur, wenn er die Hoffnung hegte, seine Zellengenossen zu trösten oder zu beruhigen. Er wußte bereits, daß ihm bestimmt war, an der Wand eines Warschauer Hauses zu sterben. Er kannte die Prozedur der öffentlichen Erschießungen, die seit einiger Zeit in der Stadt wüteten. Daß er sich vor dem Tode fürchtete, steht fest, aber seine persönliche Würde gestattete ihm nicht, die Angst nach außen zu zeigen.

Die Nacht verbrachte er im Gebet und in Gedanken über die Welt. So begann gewissermaßen sein hohes Alter, das er nicht erlebt hatte, als er noch der Schneider auf der Marszałkowska-Straße gewesen war, denn da zählte er erst vierzig Jahre und hegte große Zukunftshoffnungen. In der letzten Nacht nahm er von allen Hoffnungen Abschied. Er begrüßte das Morgenlicht heiter und ruhig. Dieser ganz gewöhnliche Schneider, der banalste Mensch unter der Sonne, offen gesagt, ziemlich komisch und angeberisch in seiner billigen Eitelkeit, vielleicht gar unklug, dieser Mann, der insgeheim glaubte, gegen Rheumatismus sei es das beste, mit einer Katze im Bett zu schlafen, weil der Rheumatismus nach einiger Zeit in die Katze übergehe und die schmerzenden Glieder restlos verlasse, dieser gewöhnliche, einfache Mensch aus dem früheren Gouvernement Płock, der als Kind die Verse hergesagt hatte: ›Wer bist du denn? Ein kleiner Pole, der weiße Adler die Parole‹, der die Juden nicht besonders mochte, die Moskowiter nicht ertragen konnte, die Deutschen ängstlich verachtete und von anderen Menschen wenig oder gar nichts wußte, dieses christliche Schneiderlein, der mit den Ballen jüdischen Cheviots ein Vermögen gemacht und dann auf naive Weise von einer erhabenen Rolle als Mäzen der Künstler geträumt hatte, erlebte wenige Stunden vor seinem Tod das Wunder der Einweihung. Er sah die bislang verborgenen Dinge nun ganz deutlich, in ihrem vollen Wesen und Sinn, in ihrer Vergänglichkeit. Doch auch dieses Wunder war ein wenig banal wie letztlich alles, was den Schneider Kujawski anbetraf. Es ist allgemein bekannt, daß die große Weisheit am Ende den anständigen Menschen geschenkt und den Schurken genommen wird. Denn was ist diese größte und geheimste Weisheit des Menschen anderes, als das Gute gut zu nennen und das Böse böse? Und genau darin übertraf der gewöhnliche Schneider, dessen Schere einen so großartigen Schnitt hatte, viele spätere Philosophen und Propheten. Doch auch ohne diesen großartigen Schnitt hätte er sie alle übertroffen, weil er in seinem Herzen das Maß der Gerechtigkeit, Güte und Nächstenliebe trug. Als er an der Wand eines Warschauer Hauses starb, starb er sehr würdevoll und schön, nachdem er zuvor seinen Mördern vergeben hatte, weil er wußte, daß auch sie sterben würden und der Tod die Schande nicht von ihnen abwaschen würde. Er vergab allen Menschen und der ganzen Welt, die er für schlecht geordnet und den Absichten Gottes zuwiderhandelnd hielt. Er wollte eine Welt, in der jeder ein freier Mensch sein sollte, ohne Rücksicht auf Rasse, Nationalität, Weltanschauung, Form der Nase, Lebensweise und Schuhgröße. Sogar an die Schuhnummer dachte er damals, weil er nicht mit philosophischen Kategorien operierte, sondern mit dem Reichtum seiner banalen und vielleicht sogar törichten Beobachtungen aus der Perspektive eines Schneiders, der für Hosen Maß nimmt. Doch was nützte es, auch wenn er tiefer blickte als jene prophetischen Erretter und Weltverbesserer, die nach ihm kommen sollten, um die Menschen erneut zu prügeln, ihre Herkunft –

wenn nicht die rassen-, so zweifellos die klassenmäßige – zu erschnüffeln und ihnen Halsbänder umzulegen wie den Bären, damit sie tanzten, was ihnen die siegreiche russische Harmonika in der Europa durchrasenden, mächtigen, zügellosen Gogolschen Troika vorspielte.

Er starb an der Hauswand, und als die Henkersknechte seinen Körper auf den Lastwagen geworfen und weggefahren hatten, tauchte eine Frau ihr Taschentuch in das auf dem Bürgersteig gerinnende Blut und nahm es mit als Siegel menschlichen Märtyrertums.

So ging er in das Pantheon der Nationalhelden ein, obwohl er das nie gewünscht hatte und ihm im letzten Augenblick nicht einmal der Gedanke durch den Kopf geschossen war, er sei ein Held. In diesem letzten Augenblick wußte er, daß er ein ordentlicher Mensch war, der der Welt, den Nächsten Gutes wünschte, aber auch Polen, das er auf seine hinterwäldlerische Weise sein ganzes Leben lang geliebt hatte. Doch er wußte nicht, daß er ein Held werden würde, und hätte er es gewußt, so hätte er den entschiedenen Wunsch geäußert, man möge ihn streichen. Hinterher war es bereits zu spät! Seinen Freiheitsidealen widersprechend und sein schlichtes Schneiderleben verspottend, erhob man seinen Tod als Beispiel und Vorbild zu den Altären. Aber nie wurde definitiv geklärt, worin eigentlich dieses Beispiel bestand. Immerhin war er mit der Absicht in die Stadt gegangen, einen Spazierweg durch den Ogród Saski zu machen. Sollten diese Spazierwege ein Beispiel sein? Oder vielleicht die Methode, mit der er die Schere führte? Oder seine Liebe zu falschen Wappenringen? Das wurde nie geklärt. Nur sein Tod sollte zählen, als hätte der Tod, abgetrennt von dem Leben, das ihm vorausgegangen ist, irgendeine Bedeutung.

11

Parteigenosse Stuckler, ich wäre nicht hergekommen, um mich mit Ihnen um irgendeine Jüdin zu streiten.«

»Das ist ein zuverlässiger Informant«, antwortete Stuckler. »Er hat jahrelang bei Warschauer Juden verkehrt und kennt sie gut...«

»Vielleicht kennt er die Juden, Parteigenosse Stuckler, doch diese Person gehört zum Kreis meiner alten Freunde.«

Stuckler strich sich die Schläfenhaare glatt. Er richtete seinen ruhigen, ein wenig müden Blick auf Müller.

»Auch falls es eine Offizierswitwe ist«, sagte er weich, »was passiert Schlimmes, wenn wir sie festhalten?«

»Ich bin nicht wegen einer polnischen Offizierswitwe gekommen, sondern wegen meiner guten Bekannten«, sagte Müller mit Nachdruck. »Gegen diese Frau liegt nichts vor. Sie ist durch einen Irrtum hierhergeraten.«

»Das kann ich nicht ausschließen«, antwortete Stuckler und hob den Telefonhörer ab.

Mit leiser Stimme gab er den Auftrag, Maria Magdalena Gostomska herzubringen. Er legte den Hörer auf und wandte sich an Müller.

»Parteigenosse Müller«, sagte er. »Ich bewundere Sie. Ich bin erst ein paar Monate in dieser Stadt und fühle mich schon erschöpft. Es bedarf eines besonderen Charakters, um sich an die polnische Umgebung zu gewöhnen.«

»So viele Jahre«, entgegnete Müller, »fast mein ganzes

Leben habe ich hier verbracht. Die Polen sind nicht die schlechtesten. Unter uns gesagt, sind manche von ihnen jetzt etwas enttäuscht.«

»Enttäuscht?« wiederholte Stuckler gedehnt.

»Es gab hier viele, die jahrzehntelang auf uns gezählt haben. Sie fühlten sich uns näher als den Moskowitern. Man nennt die Russen hier oft Moskowiter. Nun ja, ich habe mit Politik nichts zu tun, aber eine zu große Strenge ihnen gegenüber scheint mir nicht richtig. Besonders jetzt, angesichts der Kriegsereignisse.«

»Es sind Slawen«, sagte Stuckler.

Müller räusperte sich. Wie wird sie sich verhalten? dachte er. Ist sie geistesgegenwärtig genug, um unser gemeinsames Spiel zu verstehen? Er spürte Feuchtigkeit im Genick. Ich spiele mit hohem Einsatz, dachte er. Und sie mit dem höchsten. Wenn sie nur spielen kann, wie es nötig ist.

Stuckler lächelte blaß.

»Eine entsetzliche Stadt«, sagte er. »Eine wilde Stadt. In einer Woche fahre ich in Urlaub.«

»Wohin?« fragte Müller. Seine Zunge war steif.

»Nach Hause«, antwortete Stuckler. »Ich komme aus Saalfeld in Thüringen.«

»Eine sehr schöne Gegend«, sagte Müller.

Stuckler nickte und schloß die Augen.

Ich muß heftig aufspringen. Viel reden, laut. Mit einem Schrei des Erstaunens und der Freude auf sie zugehen. Und wenn sie nicht deutsch kann? In dieser Situation kann ich sie nicht auf polnisch anreden ...

»Ich reite gern«, sagte Stuckler. »Ich mache Ausflüge zu Pferde. Das beruhigt sehr.«

»Hier auch?«

»Leider sehr selten. Ich kann mir nicht viel Freizeit und Vergnügungen erlauben.«

»Der Dienst«, meinte Müller mit einem Seufzer. »Im Grunde ist das hier auch Front.«

»Ja. Das ist die Front.«

Wird man sie zusammen mit einem Dolmetscher hereinführen? Ich habe einen Fehler gemacht, ich habe nicht aus ihm herausgefragt, ob sie deutsch kann. Wenn ich sie polnisch anrede, wecke ich Verdacht. Ich weiß zu wenig von dieser Frau.

»Aber jetzt werde ich mich erholen«, sagte Stuckler. »Vielleicht sogar ein paar Heilbäder. Wissen Sie, Parteigenosse Müller, daß es bei uns in Saalfeld zahlreiche Mineralquellen gibt?«

»Davon habe ich noch nicht gehört«, antwortete Müller. »Wirken die auch bei Magenerkrankungen?«

Ich werde aufspringen und ausrufen, ich fühlte mich gekränkt. Warum haben Sie sich nicht auf mich berufen, gnädige Frau?

»Das auch«, entgegnete Stuckler, »hauptsächlich aber kräftigen sie den Organismus. Ich fühle mich in letzter Zeit so erschöpft. Ob das die Nerven sind?«

»Verwunderlich wäre es nicht, Parteigenosse Stuckler.«

Die Tür ging auf, und Müller empfand eine ohnmachtsähnliche Schwäche. Ins Zimmer trat eine gut aussehende Blondine in grauem Straßenkostüm, elegant, schlank, mit blasser Hautfarbe und riesengroßen blauen Augen. Hinter ihr tauchte ein dicklicher ss-Mann auf. Müller erhob sich.

»Sich nicht auf den alten Johann Müller zu berufen, liebe gnädige Frau, ist wirklich kaum zu begreifen!«

Jesus Christus, betete er, Jesus Christus!

»Ich wußte, es ist ein Irrtum, Herr Müller«, antwortete

sie ruhig und flüssig auf deutsch. »Ich wollte Sie nicht beunruhigen.«

»Liebe Frau Gostomska!« rief er aus.

Er blickte ihr nicht in die Augen, sondern etwas höher, über ihren Kopf hinweg, immer noch in der Furcht, etwas Entsetzliches könne passieren.

Stuckler saß reglos hinter seinem Schreibtisch. Plötzlich fragte er: »Sie heißen Gostomska? Witwe eines polnischen Offiziers?«

»Natürlich«, antwortete sie.

»Irrtümer kommen vor«, sagte Stuckler. »Aber wir berichtigen unsere Irrtümer.«

Auf der Straße hakte er sie unter. Sie gingen schnell und im Gleichschritt. Der grauhaarige, rotbackige, untersetzte Mann und die größere, schlanke, hübsche Frau.

»Ich verstehe überhaupt nichts«, sagte sie. »Mir ist ganz schwach.«

»Wir können polnisch reden«, entgegnete er. »Auf der Koszykowa-Straße ist eine Konditorei, da gehen wir hin.«

Sie sahen aus wie ein seltsames Paar auf einem seltsamen, viel zu schnellen Spaziergang. Er erzählte ihr, auf welche Weise er zu Stuckler gekommen war.

»Mein Gott«, seufzte Irma Seidenman. »An Herrn Filipek erinnere ich mich kaum.«

Es kam ihr vor, als ginge sie untergehakt mit ihrem Mann, Dr. Ignacy Seidenman, denn schließlich hatte er sie aus dem Käfig bei der Gestapo geholt. Müller spürte, wie ihre Hand die seine berührte.

»Ich danke Ihnen«, sagte sie leise, und er hatte ein sehr angenehmes Gefühl. »Diesen Tag werde ich nie vergessen. Und nie, nie mehr im Leben werde ich die Schuch-Allee betreten.«

Vielleicht hatte sie sich geirrt, als sie, in dem Käfig sitzend, ihr Dasein als Erinnerung an die Welt, nur als Erinnerung an die Welt überdachte. Wenn das Leben nur das Vergangene ist, hatte sie das Recht anzunehmen, sie würde nie wieder die Schuch-Allee betreten und dieser Apriltag würde für immer tief in ihrem Bewußtsein haften bleiben. Doch ist das Leben auch das noch nicht Geschehene. Es ist mühselige Vorwärtsbewegung bis zum Ende des Weges. Im Laufe der nächsten fünfundzwanzig Jahre betrat sie täglich die Schuch-Allee, ja sogar das Gebäude, in dessen Kellern sich die Käfige befanden. Und sie dachte fast nie an jenen Apriltag, an jene im Käfig verbrachte Nacht, als sie nur wegen des idiotischen Zigarettenetuis mit den Buchstaben I.s. auf den Tod wartete. Sie betrat täglich das Gebäude des Ministeriums, in dem sie eine wichtige Stellung bekleidete, und dachte nicht einmal daran, daß sich in diesem Gebäude das Museum der Märtyrer befand, und wenn die Umstände sie daran erinnerten, spürte sie Unwillen. Ihr Leben war das Geschehene, aber eigentlich nicht nur das endgültig Geschehene, sondern auch das noch nicht ganz Geschehene, das sich im Zustand des Geschehens Befindende. Daran dachte sie. Nur das zog ihre Aufmerksamkeit auf sich. Sie hatte oft quälende Träume, doch nicht vom Krieg und von der Okkupation, nicht einmal von Dr. Ignacy Seidenman, der noch irgendwo in ihrem Gedächtnis, im hintersten Kämmerchen ihrer Erinnerung existierte, aber nicht mehr als ihr Mann, sondern als Zeichen und Symbol einer längst unter der Asche vergrabenen Vergangenheit, als Zeichen des Guten und Wertvollen, das einst ihr Leben erfüllt hatte, um später unter dem Druck all dessen, was da langsam geschah, im Schatten zu versinken, in Leiden, Erwartung,

Bitterkeit. Doch dieses Leiden und diese Erwartung waren der Sinn des Ganzen, sie erfüllten Irma Seidenmans Geist völlig, weil sie eine tätige, ehrgeizige, kluge Frau war, weil sie mit eigenen Händen die Wirklichkeit formen, mit den Fingerspitzen ihre Rauheiten, aber auch ihre Glätte fühlen wollte, an der es gleichfalls nicht fehlte, vor allem in den Augenblicken, wenn schließlich doch etwas geschah, um dem Ungeschehenen Platz zu machen.

Manchmal wunderte sie sich, weil in ihr ein besonderes Instrument steckte, das wie eine Geige mit Rissen falsch widerhallte. Vielleicht, dachte sie nach vielen Jahren als sehr alte Frau, vielleicht hat diese Geige während des Krieges Risse bekommen, während jener im Käfig auf der Schuch-Allee verbrachten Nacht, oder noch früher, im Sommer 1938, während ich beim Morgengrauen durch das Telefon erfuhr, daß mein Mann, Dr. Ignacy Seidenman, gerade gestorben sei. Irgendetwas an diesem Instrument klang falsch, und Irma wußte das, weil sie einen sehr musikalischen Sinn für ihre Existenz besaß. Wenn sie ihr graues, gleichsam ein wenig angeschmutztes Haar – bei hellen Blondinen kommt das im Alter oft vor – kämmte und dabei in ihrem hübschen, sonnigen Zimmer auf der Allée de la Motte-Picquet saß oder irgendwo die Zeitungen durchsah, auf der Terrasse eines Cafés an der Avenue Bosquet, wo sie fast jeden Tag einen citron pressé trank, eine einsame alte Jüdin auf dem Pariser Pflaster, wenn das geschah, dreißig Jahre nach dem Tage, als Stuckler ihr erlaubt hatte, an der Seite des alten Müller das Gestapo-Gebäude zu verlassen, dann erinnerte sie sich weder an Stuckler noch an den vergitterten Käfig, sondern an ihr nicht sehr großes Arbeitszimmer mit dem Schreibtisch von der Farbe dunklen Honigs, mit den zwei Telefonen, der Topfpalme unter dem Fenster, dem Teppich, den mit Skai bezogenen Sesseln, an dieses Arbeitszimmer erinnerte sie sich sehr gut, an das Gesicht ihrer Sekretärin, Frau Stefa, besonders aber an die Gesichter der drei dickfelligen und spöttischen Männer, die damals im April des Jahres 1968 erschienen, um sie aus ihrem Zimmer zu entfernen. Und als alte Frau auf dem Pariser Pflaster erinnerte sie sich überhaupt nicht daran oder wollte sich nicht daran erinnern, daß sie im Kriege in demselben Gebäude hartnäckig wiederholt hatte: ›Ich heiße Maria Magdalena Gostomska und nicht Seidenman! Ich bin die Witwe eines polnischen Offiziers und keine Jüdin!‹ Sie erinnerte sich an dieses Ereignis nicht, wohl aber an ein anderes im selben Gebäude, vielleicht sogar auf demselben Stock, das konnte sie nicht mehr rekonstruieren, wohl aber das andere Ereignis, als sie zu diesen drei Spöttern und Unnachgiebigen bitter gesagt hatte, sie werde nicht mit ihnen sprechen, sondern mit ihren eigenen Vorgesetzten, mit Menschen, die für dieses Land verantwortlich seien und ganz bestimmt ihre Lage, ihre Haltung verstünden, ohne Rücksicht auf die idiotische Tatsache, daß sie Gostomska-Seidenman heiße, Irma Gostomska-Seidenman. Die drei schüttelten die Köpfe, einer sagte: »Gut, gut! Warum Zeit verlieren...« Sie nahm ihre Handtasche, aber als sie nach der Mappe mit den noch nicht durchgesehenen Papieren griff, was sie beim Verlassen ihres Büros gewöhnlich tat, um daheim noch ein bißchen zu arbeiten, sagte einer der Männer mit Nachdruck, sie solle die Akten dalassen, es bestehe kein Grund, sie mitzunehmen. »Es ist vorbei«, sagte er. Und hatte recht. Es war vorbei. Später aber, nach Jahren, wurde ihr bewußt, daß dieses inwendige Instrument in ihr zerstört war, sie hörte in sich einen falschen

Ton, denn Stuckler erschien wie ein kaum greifbarer Schatten, Stuckler war ein Phantom, ein Symbol, ein Ereignis, während jene drei, die damals kamen und ihr nicht erlaubten, die Mappe mitzunehmen, und auch Frau Stefa, die ihr Gesicht zum Fenster drehte, als Irma in Begleitung der drei Männer durch das Sekretariat ging, die Wirklichkeit waren, das endgültig geschehene, aber doch heftig innerhalb einer Sekunde brutal und unwürdig abgeschnittene Leben. Und nur daran erinnerte sie sich. Nicht an Stuckler, Müller, Herrn Filipek und Pawełek, nicht an Dr. Adam Korda, nur an die Männer in ihrem Arbeitszimmer, an Frau Stefas dem Fenster zugewandte Silhouette, aber auch an die gedunsenen, aufgeschwemmten und unfreundlichen Gesichter ihrer späteren Gesprächspartner, an die Hände der Zöllner auf ihrem Gepäck, ihren Papieren, Büchern, Notizen, nur daran erinnerte sie sich, während sie in ihrem Zimmer an der Allée de la Motte-Picquet in den Spiegel schaute, eine alte Frau und einsame Jüdin auf dem Pariser Pflaster, die Polen in der Kehle spürte wie einen Tampon oder Knochen. Manchmal sagte sie sich: ›Ich bin ungerecht. Das war mein Vaterland, also bin ich ungerecht!‹ Aber gleich darauf schluckte sie mühsam ihren citron pressé und fuhr erleichtert fort: ›Warum soll ich gerecht sein, da ich doch eine alte Frau bin, der man Unrecht getan und alles genommen hat, nur weil sie Irma Seidenman heißt?‹ Und sie wollte nicht mehr gerecht sein. Jeder hat das Recht, ungerecht zu sein, wenn Gott das Unglück über ihn hat kommen lassen.

Doch während sie in Richtung Koszykowa-Straße ging, gestützt auf Johann Müllers Arm, wußte sie noch nicht, daß sie im Laufe der kommenden fünfundzwanzig Jahre täglich die Schwelle des Gebäudes auf der Schuch-Allee überschreiten und später dieses Gebäude auf ebenso lächerliche wie klägliche Weise verlassen würde, weil dort, wo ihr Judentum sie für immer hätte festhalten sollen, ihr Judentum zum Entlassungsgrund wurde, so wie jetzt ihr Polentum zum Entlassungsgrund geworden war und später zum Grund für das Festhalten geworden wäre. Während sie nun an Johann Müllers Arm ging, wußte sie noch nicht, daß sie in dreißig Jahren, ihr schmutzig-graues Haar in dem Zimmer an der Allée de la Motte-Picquet kämmend, eine tragische Gestalt sein würde, aber ganz anders tragisch als jetzt, an der Ecke der Koszykowa-Straße, wo sie wie durch ein Wunder dem Tod im Gestapo-Gebäude auf der Schuch-Allee entgangen war. Sie wußte nichts von dem allem und kannte ihre Gedanken, Gefühle, Träume nicht, die erst später kommen sollten, in einer gänzlich anderen Welt ohne jede Beziehungen zu der sie beide, Irma und Müller, umgebenden Wirklichkeit, während sie in die kleine Konditorei traten, sich an ein Tischchen setzten und bei einer großen, brünetten Kellnerin Kuchen bestellten, die Herr Müller mit ›Gnädige Frau‹ anredete, weil sie bis vor kurzem die Frau eines berühmten Schriftstellers und selbst eine in Europa bekannte Pianistin gewesen war, in Kürze aber zur Leiche einer namenlosen, unter den Trümmern begrabenen Frau werden sollte.

»Ich kriege nichts herunter«, sagte Irma Seidenman und schob das Tellerchen mit dem Kuchen von sich. »Erst jetzt fühle ich mich schwach.«

»Ich bin wirklich dumm«, sagte Müller. »Ich biete Ihnen Kuchen an, dabei haben Sie seit zwei Tagen nichts gegessen.«

»Ich habe keinen Hunger«, entgegnete sie. »Ich bin irgendwie... überfüllt. Ich kann das nicht ausdrücken.«

»Die Nerven«, sagte Müller. »Morgen wird alles gut. Sie müssen sich hinlegen und alles überschlafen . . .«

»Ausgeschlossen, ich kann nicht einschlafen. Ich möchte jetzt nicht allein sein . . .«

»Möchten Sie sich vielleicht zu Freunden oder Bekannten begeben?«

»Nein, nein. Ach, ich weiß nicht. Ich bin völlig durcheinander.«

»Ich benachrichtige Filipek, daß alles in Ordnung ist.«

»Bitte, ich kenne ihn kaum. Aber natürlich. Ich möchte ihm von ganzem Herzen danken.«

Plötzlich brach sie in Tränen aus. Sie senkte den Kopf, die Tränen liefen ihr über die Backen. Müller sagte leise:

»Weinen Sie nur, weinen Sie nur.«

Die dunkelhaarige Pianistin trat herzu und strich Irma mitfühlend über den Kopf wie einem kleinen Mädchen.

»Tränen müssen sein«, sagte sie. »Aber ich bringe Ihnen etwas Zuverlässiges.«

Irma Seidenman hob ihre blauen, nassen Augen.

»Zuverlässiges?« fragte sie. »Mein Gott!«

Sie zog ihr Taschentuch und wischte sich das Gesicht ab. Dann schnaubte sie sich laut die Nase, als wäre sie nicht die elegante und kultivierte Witwe eines Arztes oder gar eines Artillerieoffiziers. Die Kellnerin stellte ein Gläschen mit einer braunen Flüssigkeit vor Irma hin und sagte:

»Trinken Sie das.«

Irma Seidenman trank es aus.

»Furchtbar stark!« rief sie und lächelte. Die Kellnerin nickte.

»Sehen Sie. Das sind meine ›Gestapotropfen‹.«

»Ich würde sie gern auch kosten«, sagte Müller, »und hoffe, Sie verweigern sie mir nicht, gnädige Frau.«

»Versteht sich«, sagte die Kellnerin.

Die Zeit verging. Müller telefonierte mit dem Eisenbahner Filipek und informierte ihn über Frau Gostomskas Ergehen und den Erfolg der ganzen Angelegenheit. Dann kehrte er zu dem Tischchen zurück und trank noch ein Gläschen ›Gestapotropfen‹. Er lauschte Irma Seidenman, die von ihrem Aufenthalt in dem Käfig auf der Schuch-Allee berichtete. Die Zeit verging. Schon waren sie einander nicht mehr fremd. Wäre ich zwanzig Jahre jünger und wären die Zeiten anders, würde ich mich in diese Frau verlieben, dachte Müller. Jetzt genügt es, daß sie gerettet ist. Plötzlich lachte er laut auf. Irma Seidenman warf ihm einen verwunderten Blick zu.

»Ich habe mir gerade überlegt«, sagte er, »wie außergewöhnlich das alles ist. Mein Leben ist außergewöhnlich. Stört Sie mein Parteiabzeichen am Rockaufschlag nicht?«

»Ich weiß doch, wer Sie sind«, entgegnete sie.

»Das ist aber keine Maskerade, gnädige Frau. Das ist die Wahrheit. Ich bin ein Deutscher, ein echter Johann Müller. Verstehen Sie das?«

»Ich verstehe«, antwortete sie ruhig. »Es gibt unterschiedliche Deutsche. Das weiß jeder, ich bitte Sie . . .«

»Heute weiß das jeder, doch wenn der Krieg weitergeht, wenn diese ganze Schweinerei weitergeht, werden die Polen vergessen, daß es unterschiedliche Deutsche gibt. Und wer bin ich dann? Was wird dann aus mir?«

»Sie sprechen nicht im Ernst«, antwortete Irma Seidenman. »Hunderte von Menschen hier kennen Sie. Bitte fürchten Sie sich nicht.«

Müller zog leicht die Brauen zusammen.

»Ich fürchte mich vor nichts, gnädige Frau. Angst? Nein, Angst ist das nicht! Ich denke an meine Zugehörigkeit, wenn ich das so nennen darf. Wo gehöre ich hin? Hier oder dort? Es geht nicht um mich, denn ich weiß, ich gehöre hierher. Aber werden es die Leute nach dem Kriege, im unabhängigen Polen auch für selbstverständlich halten, daß ich hierher gehöre? Werden die Polen nach allem, was jetzt zwischen Deutschen und Polen geschieht, der Meinung sein, daß ich trotz allem hierher gehöre?«

»Aber selbstverständlich«, sagte Irma Seidenman, obgleich sie plötzlich Unsicherheit empfand oder eher Angst vor dem Unrecht, das diesem Mann widerfahren könnte.

»Ich bitte Sie«, sagte Müller, »der Marschall nannte mich ›mein dicker Hansio‹, er sagte ›Hansio‹ zu mir. Wissen Sie, daß ich den Marschall vor über vierzig Jahren kennengelernt, daß ich seine geheimen Flugblätter von Lodz nach Warschau geschafft habe? Der Marschall sagte: ›Hansio soll fahren. Der führt jeden Moskowiter an der Nase herum‹. Mein Gott, wie lange liegt das zurück!«

»Und Sie haben die Moskowiter an der Nase herumgeführt?« fragte sie. »So wie heute den Stuckler?«

Er fuhr sich mit der Hand über das gerötete Gesicht, und es verfinsterte sich.

»Die ganze Nacht habe ich nur überlegt«, sagte er, »wie ich an Stuckler herangehen soll ... Vielleicht kommt Ihnen das seltsam vor, aber es ging mit ihm ganz einfach! So war das bei den Moskowitern nicht ... Stuckler ist Deutscher. Und über die Deutschen kann ich in ganz Warschau am meisten sagen. Da kommt zu ihm der Parteigenosse Müller, Direktor einer großen Reparaturwerkstatt, Angehöriger des Rüstungskommandos. Er kommt zu ihm und erzählt, irgendein Jidde habe eine Bekannte von ihm unter dem Verdacht jüdischer Herkunft von der Straße weggeholt. Stuckler ist Deutscher, und die Deutschen sind gradlinig. Wenn Sie gestatten, gnädige Frau, sage ich sogar noch mehr. Die Deutschen sind flach wie ein Brett! Ohne Phantasie, ohne Heuchelei, ohne Unaufrichtigkeit. Man hat Stuckler befohlen, die Juden auszurotten, also tut er's. Falls man ihm befehlen sollte, die Juden zu mögen, wird er Ihnen, gnädige Frau, die Hand küssen und Sie mit dem besten französischen Kognak bewirten. Disziplin, Genauigkeit, Redlichkeit bei jeder Arbeit. Bei der verbrecherischen leider auch! Was hat er sich wohl gedacht, als ich zu ihm kam und erzählte, meine Bekannte, die Frau Hauptmann Gostomska und so weiter und so weiter? Gedacht hat er, da sei ein Irrtum unterlaufen, man muß diese Frau entlassen und diesem Spitzel ordentlich eins in die Fresse hauen.«

Irma Seidenman lauschte mit leicht geneigtem Kopf, nun schon ganz ruhig, mit Müllers Worten beschäftigt, als erzählte er ihr von irgendwem, von einer interessanten, aber ihr gänzlich fremden Angelegenheit, die Irma Seidenman überhaupt nicht betraf.

»Ja«, fuhr Müller fort, »die ganze Nacht habe ich mir überlegt, wie ich das Spiel mit ihm anfangen sollte. Eines schien mir sicher, ich mußte mit Verve spielen, ohne jedes Zögern, ohne eine Sekunde der Besinnung. Ich hatte nur Angst, ob Sie das verstehen und sich entsprechend verhalten würden. Aber er ist Deutscher. Mit einem Deutschen wäre es auch gelungen, wenn sich Schwierigkeiten eingestellt hätten. Nicht so mit einem Moskowiter, gnädige Frau, nicht mit einem Moskowiter. Das wäre ein völlig anderer Fall gewesen. Elegant, schlanke Taille wie bei einem heiratsfähigen Fräulein, geleckt, höflich, gelenkig, fix, sanft. ›Wie freue ich mich, lieber Iwan Iwanowitsch, daß Sie geruhen, mich zu besuchen!‹ Das wäre der Anfang gewesen, gnädige Frau. Ein Kognak, klar. Ich rede, daß dies und jenes... Er hört höflich zu. Er lächelt, er hat zarte Hände, Frauenhände. Er bewegt sie auf der Tischplatte, und auf dem Schreibtisch kein einziges Papierchen, kein einziges Dokument, absolut nichts. Ich rede, er hört zu. Ich bin fertig, er schweigt. Er lächelt und schweigt. Was ein Deutscher in diesem Augenblick denkt, weiß ich genau! Der zögert, weil ja ein Protokoll gemacht worden ist in Ihrer Sache, eine Mappe, ein Akt im Regal liegt, andererseits sagt Direktor Müller, da sei ein Irrtum passiert, einen Irrtum muß man reparieren, die Deutschen begehen keine Irrtümer, das ist nicht ihr Stil. Was ein Deutscher denkt, weiß ich genau. Aber was ein Moskowiter gedacht hätte, weiß ich nicht. Niemand weiß das, auch ein anderer Moskowiter nicht. Also Schweigen. Und ich fange wieder von vorn an. Er hört höflich zu. Er betrachtet seine Fingernägel. ›Lieber Iwan Iwanowitsch, wir plaudern so angenehm.‹ Schließlich sagt er zu mir: ›Moment mal, Iwan Iwanowitsch, gleich zeigen wir Ihnen diese Seidenman!‹ Und wieder bietet er mir Kognak an. Dann tritt eine Frau ein, vielleicht sogar auch eine Blondine, vielleicht sogar blauäugig, aber keineswegs Sie, sondern eine ganz andere Person. Er schaut sie an. Ich spiele meinen kurzen Auftritt, er aber lächelt. Dann sagt er zu dieser Frau: ›Danke, Niura, gehen Sie wieder in Ihr Zimmer.‹ An mich aber wendet er sich mit trauriger Miene, Besorgnis in den Augen, fast muß er weinen. ›Warum denn, lieber Iwan Iwanowitsch, diese gegenseitige Unannehmlichkeit! Wegen einer Hebräerin? Überdenken Sie das, Iwan Iwanowitsch, sonst werden wir ärgerlich...‹ Und wenn ich dann etwas murmle, ist er plötzlich überhaupt nicht mehr elegant, weibisch, weich, sondern in ihm bricht die Bestie, der Tiger hervor, er holt aus einer Schublade die Knute, er knallt mit der Knute über meinem Nacken, schlägt zu oder auch nicht, schreit aber fürchterlich, verwendet mit Vergnügen die vulgärsten Ausdrücke, schüttet mir den Kognak ins Gesicht, seine Augen sind dunkel und schmal wie Schlitze, er schwingt immer noch die Knute und droht mit der Kibitka und mit Sibirien, ›ich lasse dich in Ketten legen, du Hurensohn! du krepierst in der Verbannung, du Hurensohn!‹, nach einer Weile aber sitzt er wieder hinter seinem Schreibtisch, ein sanftes, warmes Lächeln, er schenkt wieder Kognak ein und streicht über meine Hand, ›geben wir das dem Vergessen anheim, Iwan Iwanowitsch, ich bitte Sie nur innig, nie wieder, nie wieder...‹ Und zum Schluß, während er mich zur Tür begleitet, sagt er noch mit melancholischem Gesichtsausdruck: ›Ich liebe die Menschen, Iwan Iwanowitsch, und mein Herz blutet, sobald ihnen Unrecht geschieht, glauben Sie mir das. Doch dies ist ein höheres Gebot, ein höheres Gebot. Ich suche sozusagen die philosophischen Begründungen und kann sie wahrlich oft nicht finden. Wenn Sie einmal bei mir vorbeikommen, könnten wir über diese Probleme plaudern, ich brauche eine freundschaftliche Seele, die Gesellschaft eines vernünftigen Menschen, der vielerlei durchdacht hat...‹ Ja, etwa so, wenn nicht schlimmer, wäre unsere Angelegenheit bei einem Moskowiter ausgegangen, gnädige Frau.«

Irma Seidenman hörte diese Geschichte von ferne. Jetzt, wo die Zeit verging, war sie wieder dem Käfig auf der Schuch-Allee näher, der Nacht der großen Abrechnung und Erwartung. Darum gewiß sagte sie, als Müller geendet hatte: »Aber sie sind doch anders, unvergleichlich anders. Am meisten fürchte ich die Gestapo.«

»Dem läßt sich schwer widersprechen, gnädige Frau«, entgegnete Müller. Er wollte noch etwas hinzufügen, verstummte jedoch. Eine Flut unangenehmer Gedanken erfaßte ihn und riß ihn mit sich. Es waren schmerzliche Gedanken, weil er wie nie zuvor seine Verbindung mit den Deutschen, sein Deutschtum spürte. Dessen Gewicht bedrückte ihn. Uns fehlt die Prise Wahnwitz, dachte er, wir sind zu nüchtern. Vielleicht bin ich deshalb fortgegangen, hierher, unter die Polen, weil in mir immer diese Prise Wahnwitz war, ein Galopp der Phantasie, der keinem echten Deutschen widerfährt. Vom Wahnwitz berührt, hört er auf, Deutscher zu sein, sagt er sich los von seinem Blut und seinem Boden. Besser sein auf jedem Gebiet, unerreichbar sein, das ist deutscher Ehrgeiz. Am schönsten komponieren, am produktivsten arbeiten, am klügsten philosophieren, am meisten besitzen, am effektivsten totschlagen! Nun ja, dachte er voller Bitterkeit und Schmerz, aber gerade das ist der echte Wahnwitz. Kein Wahnwitz ist die Mutwilligkeit der Gedanken und Taten, das Leben als Tanz oder als Lied. Im nüchternen Ehrgeiz, im unermüdlichen Streben nach der Erstrangigkeit, in allem steckt der deutsche Wahn. Diese Frau hat recht. Es gibt nichts Grausameres. Keine Moskauer Vorstellung kommt dieser geradlinigen, ehrlichen Leidenschaft zu führen gleich, die den deutschen Geist geprägt hat. Sie hat recht. Die Heuchelei des Moskowiters ist schrecklich und zerstörerisch, aber sie ist nie vollkommen, stets kann man einen Riß finden, einen Sprung, durch den ein klein wenig von der einfachen Menschenseele sickert. Wenn die Geschichte den Deutschen einst die Pflicht zur Verstellung auferlegt, werden sie die vollkommensten Scheinheiligen unter der Sonne sein. Mein Gott, was muß ein Deutscher wie ich leiden, ein unvollendeter, ganz und gar nicht auf deutsche Weise organisierter Deutscher mit einem Fehler im Herzen, der dies alles durch die Brille slawischer Erfahrung sieht, so ein Deutscher, angesteckt von der gesegneten Krankheit des Polentums, die gerade deshalb so schön ist, weil sie unvollkommen, unvollendet, ungewiß, suchend, unordentlich, launenhaft, ungebändigt ist, genau wie ein Verrückter, den ein Engel an der Hand führt.

»Gewiß haben Sie recht«, sagte er zu Irma Seidenman, die im übrigen mit ihren Gedanken ganz woanders war und seine Stimme überhaupt nicht vernahm, »gewiß haben Sie recht, denn bei einem Moskowiter fehlt die Perfektion, immer erreicht er etwas nicht, immer vernachlässigt er etwas, deshalb erweist sich sein Streben nach der ungeteilten Macht über den Menschen am Ende als unfruchtbar. Das Schlimme nur ist, daß ihr hier immer zwischen Hammer und Amboß sein werdet.«

Über das Tischchen gebeugt, plötzlich seltsam gealtert und besorgt, machte er sich bewußt, daß er ein Großteil seines Lebens einer Sache gewidmet hatte, die aussichtslos war. Nicht seine eigene Zukunft bedrückte ihn, sondern die Zukunft des Landes, mit dem er alle Hoffnungen seiner Jugendzeit und seines reifen Alters verbunden hatte. Sein eigenes Schicksal erschien ihm plötzlich der Beachtung nicht wert. Und er irrte sich nicht. Die Vorsehung sollte sich ihm gegenüber als recht gnädig erweisen. Im Herbst 1944 befand er sich in den Ruinen der Stadt. Immer lauter vernahm er das Dröhnen russischer Geschütze auf dem anderen Weichselufer und fürchtete sich unbeschreiblich vor jenen, die wieder wie vor dreißig Jahren mit heuchlerischem Lächeln zu ihm sagen würden: ›Nun ja, Iwan Iwanowitsch, da sind wir zurückgekehrt in unser altes Haus...‹ Er glaubte keinen Augenblick lang an die Umformung der russischen Seele, an den russischen Kommunismus, an die revolutionäre Gestalt Rußlands. Der Kommunismus war für ihn fremd, ja sogar abstoßend, denn erstens fehlte ihm – so dachte er als Sozialist – jeder Zusammenhang mit der Arbeiterbewegung, wie er sie aus seiner Jugend kannte, liebte und verehrte, und zweitens war dieser Kommunismus vom russischen Geist infiziert, er war vor allem Rußland, das tyrannische, düstere und ungebändigte Rußland mit seinem asiatischen Verhältnis zum Menschen, seinem untertänigen Verhältnis zur Welt, seiner geheimnisvollen Melancholie und Grausamkeit.

Müller verließ Warschau und Polen, nicht weil er sich als Deutscher mit dem Deutschen Reich Adolf Hitlers verbunden fühlte, sondern getrieben von der blinden Angst vor den Moskowitern, Sibirien, der Knute, der Unfreiheit. Er durchlebte und durchlitt noch viel – ein alter, aller Illusionen beraubter Mann, ein in fremde Landschaften geworfener Schiffbrüchiger ohne Vaterland. In Lodz ließ er die Gräber seiner deutschen Eltern, aber auch seiner polnischen und jüdischen Genossen zurück. Er war umso einsamer, als er keine Gemeinschaft mit anderen Deutschen fand, die in dieser Völkerwanderung ihr Heim verließen und sich schließlich in Bayern ansiedelten. Die Völkerwanderung ergab sich aus der neuen, die Staatsgrenzen wie Möbel in einer Wohnung verschiebenden Einteilung Europas. Diese Menschen hielten sich für Vertriebene aus ihrer Heimat, sie fühlten sich weiter als Deutsche, was Müller bis zum Ende seiner Tage nicht akzeptierte, weil er sich selbst weiterhin zum Teil als Deutscher und zum Teil als Pole fühlte. Seine deutschen Landsleute bemitleidete er manchmal, vergab ihnen aber nicht und hielt sie nicht für Opfer des geschichtlichen Ablaufs, sondern für Menschen, die für Hitler und das ganze Unheil, das im Gefolge des Krieges über Europa hereingebrochen, mitverantwortlich waren. Er lebte einsam, nach den ersten Notjahren ohne materielle Sorgen, aber schweigsam und unverstanden, mit dem Kopf immer Polen zugewandt, dessen neue Leiden ihn mit Kummer erfüllten. Er fühlte sich ratlos und vom Lauf der Geschehnisse verhöhnt, ein Wrack, das fern seinem Heimathafen auf einer Sandbank festsitzt. Die Polen, mit denen er nach dem Kriege in Berührung kam, kannten ihn nicht und verhielten sich deshalb weder offenherzig noch gar freundschaftlich. Es kamen Nächte, in denen Müller sich innig wünschte, zu seinem Deutschtum zurückzukehren, in ihm Trost und Linderung zu finden. Dann versammelte er in seiner Vorstellung emsig alle polnischen Unzulänglichkeiten und Fehler, Sünden und Dummheiten. Er hätte eine lange Liste aufstellen können – wie jeder Mensch, der dieses Polen tief im Herzen liebt. Und gerade darum fühlte er sich, seinem eigenen Wollen entgegen, immer intensiver als polnischer Patriot, weil er die polnischen Schwächen kannte, all diese polnischen Unvollkommenheiten, Zerrissenheiten, Idiotismen, Verworrenheiten, diese polnischen Snobismen und Schwindeleien, die Fremdenfeindschaft, die Hirngespinste und Mythen. Er kannte sie besser als die echten Polen, weil seinen Geist stets eine ganz dünne Scheidewand von Polen getrennt hatte, ein aus den Genen der deutschen Tradition seines Vaters und Großvaters gewobenes Spinnennetz. Er zählte die polnischen Sünden auf, um sich, wie er glaubte, vom Polentum zu entfernen, um es sich zu ver-

148

leiden, um zwischen sich und Polen einen unüberwindlichen Abgrund zu graben, um sich desto leichter auf dem genetischen Boden des Deutschtums wiederzufinden. Doch verwarf er bald diese Prozedur, weil er merkte, daß sie fruchtlos war. Je kritischer Müller Polen gegenüber wurde, desto heftiger sehnte er sich nach ihm, desto stärker liebte er es. Seine Liebe wurde noch von dem Gedanken gesteigert, daß er nicht mehr wie früher an den polnischen Erfahrungen teilhaben konnte, daß er, während Polen litt, sorglose Spaziergänge in der herrlichen Alpenlandschaft unternahm, daß ihm nichts fehlte, daß er seinen Durst mit vorzüglichem Bier stillte und seinen Hunger mit vorzüglichen Gerichten, daß er in einem angenehmen, bequemen Haus wohnte und vor allem frei war, Herr seiner Taten und Gedanken, daß er tat, was er wollte, und niemand ihm in den Topf guckte und erst recht nicht ins Herz oder in den Kopf, denn in Deutschland war eine so anständige, vielfältige, redliche Demokratie entstanden, wie sie nur in Deutschland möglich war. So ließ auch die deutsche Demokratie Müller keine Ruhe, denn wiederum fand er in ihr die Tyrannei der Perfektion, ohne welche die Deutschen nicht leben können. Wie vor Jahren in der Konditorei auf der Koszykowa-Straße suchte ihn wieder der Gedanke heim, das Deutschtum bestehe gerade darin, alles zur Perfektion zu treiben, um in allem wenn nicht Vollkommenheit, so doch das Streben nach Vollkommenheit zu beweisen. Er fühlte sich wieder unwohl, ihm fehlte das Unvollendete, Unklare, Ungewisse der Dinge und Gedanken, durch die die Schwäche der menschlichen Natur hindurchscheint, ihr ewiges Suchen nach dem Unbenennbaren und Unaussprechbaren.

Als er schon sehr alt und krank war, dachte er, auf der

Terrasse seines Hauses in den Alpen sitzend, nicht ohne bissige Befriedigung: Die Deutschen sind schon wieder ganz und gar Deutsche, sie haben im Westen ihren Amerikanismus zur Perfektion gebracht und im Osten ihren Sowjetismus. Der alte Müller schüttelte den Kopf über sein eigenes krüppeliges Schicksal und sah, als er zum Sterben kam, die Stadt Lodz, die Piotrkowska-Straße, darauf einen sozialistischen Umzug, darin den jungen Johann Müller inmitten polnischer, jüdischer und deutscher Genossen, wie sie mannhaft mit dem Ruf ›Es lebe Polen!‹ auf die berittenen Kosaken zugingen, die am Straßenrand versammelt waren, bereit zur Attacke, die Säbel und Knuten schon über die Pferdenacken erhoben.

12

Es klingelte an der Eingangstür, Pawełek schaute auf die Uhr. Kurz vor neun. Seine Mutter warf einen scheuen Blick zu ihrem Sohn hinüber, der, die Hand auf einem Buch, am Tisch saß und der Stille nach dem Verstummen der Klingel lauschte, der Abendstille in einer leeren, mit schwarzen Rollos und roten Portieren verdunkelten, von der Welt abgetrennten Wohnung. Nur die Standuhr der Firma Gustav Becker, in der hinter Glas die vergoldeten Gewichte und Ketten glänzten, tickte leise in der Zimmerecke. Über dem Tisch glühte bläulich die in eine Metallkrone gefaßte Gaslampe. Pawełeks Finger bewegten sich auf dem Buch, seine Augen wandten sich wieder der Uhr zu, deren Mechanismus innen erbebte, um kurz darauf mit neun gleichmäßigen Schlägen die Stunde anzuzeigen.

»Es ist doch Polizeistunde«, sagte die Mutter flüsternd.

Beide erhoben sich und schauten sich an.

»Ich mache auf«, sagte sie, eine hübsche Frau mit feinen, ausdrucksvollen, einer alten Kamee ähnlichen Zügen. Jetzt stieg in ihr die Angst hoch, die sie lähmte, sobald die Türklingel ertönte oder Schritte im Treppenhaus oder auf deutsch gesprochene Worte zu hören waren. Ihr Mann, Offizier im September-Feldzug, saß in einem Kriegsgefangenen-Lager. Jeden Tag betrachtete sie ihren Sohn, und Entsetzen bemächtigte sich ihrer beim Anblick seiner immer männlicheren, schlanken Silhouette. Sie wünschte, er bliebe ein Kind, und weil das unmöglich war, wünschte sie ihm ein geringes, aber sichtbares Gebrechen, vielleicht ein verkürztes Bein oder schiefe Schultern, am meisten gefreut aber hätte sie sich, wenn er für einige Zeit ein Zwerg geworden wäre. Doch er war kein Zwerg, sondern ein kräftiger und gut gewachsener junger Mann. Demnächst würde er neunzehn Jahre alt werden. Er redete wenig mit seiner Mutter und hielt sich selten daheim auf. Er ließ sich mit großen, gut gewachsenen, jungen Männern ein – und sie war überzeugt, ihr Pawełek führe etwas im Schilde, betreibe irgendein Spiel gegen sie und riskiere sein Leben, sie bebte vor Sorge, Liebe und Haß. Sie warf sich ihre frühere Unbesonnenheit und Redseligkeit vor, die vielen polnischen Märchen und Legenden, mit denen sie ihrem Kind vor Jahren den Kopf vollgestopft hatte. Sie warf sich die Gedichte und Gebete vor, die Lieder und Erinnerungen, Mickiewicz und Grottger, Piłsudski und Pfarrer Skorupka. Sie verwünschte die Schlachten von Grunwald, Byczyna, Pskow, das Massaker in Praga und Napoleon, das Erlenwäldchen bei Grochów und Małgoszcz, die Böschungen der Zitadelle und die Zehn vom Pawiak, die Magdeburger Festung und das Wunder an der Weichsel, vor allem aber nahm sie ihrem Mann übel, daß er seit langem fehlte, sich hinter dem Stacheldraht des Offizierslagers aufhielt und trotzdem ständig im Haus herumgeisterte, mit Pawełeks Händen tätig war, wenn er an den Ketten der Gewichte die Uhr aufzog, die Bücher aus dem Regal nahm und las, und zweifellos Pawełek nachts im Traum erschien, um unaufhörlich zu ihm von den polnischen Pflichten zu sprechen. Dieser abwesende Mann kam nachts auch zu ihr, aber auf andere Weise, ohne Uniform, Säbel und Vierecksmütze, meistens übrigens völlig nackt, ein bißchen heftig, nach Tabak und Kölnisch Wasser duftend wie vor über zwanzig Jahren, als sie zum ersten Mal sein Kavalleristengewicht auf sich gespürt hatte, damals gleich nach dem Krieg, das Gewicht des jungen Soldaten, der den Krieg gewonnen und seine Frau errungen hatte. Nachts empfing sie diesen Mann schamlos und gierig, sie wünschte in ihren Träumen, seine Anwesenheit zu verlängern, am Tage jedoch mochte sie ihn überhaupt nicht leiden, sondern fürchtete seinen aufrührerischen Geist, der Pawełek in Versuchung führte, ihn auf die andere Seite, auf das andere, das gefährliche Ufer zog, wo sich ähnliche Männer sammelten, während sie auf ihrem Ufer in Einsamkeit und Angst zitterte.

Pawełek verließ das Zimmer und entschwand ihren Augen. Sie vernahm seine Schritte im dunklen Korridor, dann das Knirschen des Riegels, das Klirren der Kette, schließlich das Knacken der geöffneten Tür. Das ist das Ende, dachte sie, die Gestapo kommt, um Pawełek zu holen. Sie stand unbeweglich, eine hübsche, reife Frau mit hellem Haar über der Stirn, weit geöffneten blauen Augen, schlanken, in ängstlicher Geste verflochtenen Fingern. Sie hörte ihr Blut in den Schläfen pulsieren und dachte, diese Probe würde sie nicht überleben, Gott dürfe sie nicht so streng strafen und von ihr verlangen, weiter am Leben zu bleiben.

Sie vernahm im Korridor eine fremde, männliche Stimme, die heiter und ungezwungen polnisch sprach. Auf der Schwelle erschien Pawełek, hinter ihm aber ein kleines Mädchen an der Hand eines großen, dunklen Mannes, dessen Gesicht vom Laster gezeichnet war. Du bist eine Idiotin, Elżbieta, sagte sie sich, du bist ein dummes Weib, Elżbieta! Erst jetzt fiel ihr ein, daß heute oder vielleicht

morgen oder übermorgen in ihrem Haus Joasia Fichtelbaum eintreffen sollte, die kleine Schwester von Henio
Fichtelbaum, Pawełeks bestem Schulfreund, diesem lau-
nenhaften Henio, einem etwas zu selbstsicheren, auf seine
sehr guten Noten eingebildeten Jungen. Ihr abwesender
Mann hatte ihn nie gemocht, weil ihr abwesender Mann
sich im Ganzen den Juden gegenüber recht ablehnend verhielt, natürlich weit entfernt von allen gewaltsamen
Methoden; schließlich hatte er die Unabhängigkeits-Tra-
dition und eine europäische Erziehung hinter sich, er war
ein echter Gentleman mit der leichten, dem 19. Jahrhundert entstammenden Patina des Fortschritts und des Libe-
ralismus, der die Welt in einen Planeten allgemeiner Bruderschaft verwandeln wollte, darum war er weit entfernt
von allen gewaltsamen Methoden, sprach aber von den
Juden mit einer gewissen Geringschätzung und herrschaft-
lichen Nachsicht, doch ohne Wärme, eher sarkastisch.
Das war nun Henios Schwesterchen, Tochter des Rechtsanwalts Jerzy Fichtelbaum, des bekannten Advokaten,
eines Menschen von großer Liebenswürdigkeit und Kultur. Sie hatte gern mit ihm gesprochen, wenn sie sich bei
Elternabenden in der Schule begegneten. Einmal hatte sie
ihn zufällig beim Sonntagsspaziergang getroffen und auf
der Łazienki-Terrasse mit ihm Kaffee getrunken. Die Jungen ritten auf Ponies, und sie trank Kaffee mit dem Rechtsanwalt und seiner Frau, an deren Gesicht sie sich überhaupt nicht erinnerte, denn sie war eine zu große Dame
gewesen, um sich an die Frau eines jüdischen Advokaten
zu erinnern. Sie sprach über Pawełeks Freundschaft zu
Henio, die Henio in ihren Augen ein wenig adelte und
würdiger machte. Und wie freute sie sich, wie warm
wurde ihr ums Herz, als der Richter Romnicki, den sie in

Gedanken ›unseren Marc Aurel von der Miodowa-Straße‹ nannte, weil sie aus ihren jungen Jahren Latein konnte, um die antike Geschichte wußte und den Richter für einen Philosophen und Staatsbürger mit wahrhaft römischen Tugenden hielt, wie war sie erfreut darüber, daß der Richter sich in einer diskreten und schönen, antiken und zugleich modernen Angelegenheit an sie wandte und sie inständig bat, für einen Tag oder zwei ein jüdisches Kind aufzunehmen, die kleine Tochter des ihr gut bekannten Rechtsanwalts Jerzy Fichtelbaum. Sie ging sofort darauf ein, handelte es sich doch um eine christliche, polnische und menschliche Tat von hohem Rang, verbunden mit einem gewissen Risiko, das dem Leben einen weihevollen Glanz verlieh. Sie tat das nicht aus Eitelkeit, denn niemand legt aus Eitelkeit seinen Kopf unter das Beil, sondern aus einem Bedürfnis ihres Herzens, das gut, feinfühlig und sensibel für Unrecht war. Nachts fragte sie ihren abwesenden Mann, ob sie richtig gehandelt habe, er antwortete zustimmend und fügte hinzu, die Frau eines polnischen, in deutscher Kriegsgefangenschaft weilenden Offiziers dürfe nicht anders handeln. Nun erschien auf ihrer Schwelle dieses aus dem Abgrund des grausamen Meeres der Gewalt und des Verbrechens an Land gezogene Kind. Es war ein hübsches vierjähriges Mädchen mit krausen Haaren und großen dunklen Augen. Es stand im Licht der Gaslampe und lauschte den letzten Schlägen der Uhr, die die neunte Stunde anzeigte. Gerade wurden in der ganzen Stadt die Haustüren geschlossen, und die Frau blickte, von einem schnellen Gedanken bewegt, unruhig zu dem großen Ankömmling hinüber. Der aber nickte leicht und sagte: »Ja, gnädige Frau, die Zustellung ist erledigt.«

»Treten Sie ein«, rief Pawełek, »Sie haben da wohl Blut am Mantel!«

»Der Mantel ist aus Wachstuch«, antwortete der Mann, »das gibt keinen Fleck.«

Pawełeks Mutter faßte Joasia bei der Hand.

»Wie zart sie ist«, sagte sie. »Und sicher sehr hungrig.«

»Das weiß ich nicht«, entgegnete der Mann. »Wenn Sie gestatten, zünde ich mir eine an.«

Er zog ein schweres Zigarettenetui aus Metall hervor, entnahm ihm eine Zigarette, steckte sie zwischen die Lippen und zündete sie an.

»O Gott«, sagte Pawełeks Mutter, »es ist schon Polizeistunde...«

»Mich stört die Polizeistunde nicht«, sagte er. »Aber ich gehe gleich.«

»Ach nein!« rief sie. »Setzen Sie sich doch.«

Er setzte sich im Mantel hin, seine Mütze legte er auf die Knie.

»Wegen Joasia können Sie beruhigt sein«, sagte sie. »Ich kümmere mich um alles.«

»Das betrifft mich nicht mehr«, sagte der Mann. »Was weiter mit dem Mädchen wird, weiß ich nicht. Ich habe meinen Auftrag erledigt.«

»Aber natürlich«, antwortete sie mit einem Übermaß an Eifer, das ihr alsbald unangemessen schien. Sie blickte diesem Menschen ins Gesicht und wollte es behalten, empfand dabei aber etwas wie Unbehagen, Angst und Beschämung. Sie sagte sich, sie müsse dieses Gesicht behalten, weil es einem tapferen Menschen gehörte, der manches riskierte, um Verfolgten zu helfen. Gleichzeitig aber empfand sie das Bedürfnis, das Porträt eines Mannes festzuhalten, der in dieses leere Haus gekommen war, wo sie in Einsamkeit und Sehnsucht atmete. Pawełek war ja kein Mann, er würde nie einer sein, sondern immer ihr Kind, ihr großes Kind, das einmal eigene Kinder haben, aber weiter ihr Kind bleiben würde.

Das Gesicht des Mannes kam ihr bläulich vor, vielleicht wegen der dunklen Bartstoppeln auf den Backen und wegen des Lichts der Gaslampe. Er hob den Kopf, sie blickten sich in die Augen. Ich sollte ihn nicht anschauen, dachte sie erschrocken und wandte sich dem Kind zu.

»Ich mache dir gleich etwas zu essen, Joasia.«

Joasia nickte. Pawełek sagte: »Sie ist Henio ein bißchen ähnlich, nicht wahr?«

»Aber Henio war nicht so hübsch«, entgegnete seine Mutter.

»Mutter, benutze doch nicht die Vergangenheit!« rief er.

Sie seufzte traurig. »Er hat doch monatelang kein Lebenszeichen gegeben...«

»Wenn es sich um den Bruder der Kleinen handelt«, sagte der Mann, »dann ist er nicht auf der anderen Seite der Mauer.«

»Er versteckt sich irgendwo auf dem Land«, rief Pawełek. »Er ist stark und intelligent. Außerdem...«

Er brach ab, weil er unruhig war. Schon lange hatte er nicht mehr an Henio gedacht. Henio war im Spätherbst plötzlich verschwunden. Sie hatten sich eines Tages auf der Koszykowa-Straße getrennt, vor dem Gebäude der Stadtbücherei. Pawełek hatte Henio etwas Geld mitgebracht. Henio hatte fröhlich gesagt: »Ich habe beschlossen, heute auf die Pauke zu hauen!«

»Mach keinen Unsinn«, antwortete Pawełek. »Geh

zurück zu Flisowski. Es gibt nichts Schlimmeres, als sich ziellos in der Stadt herumzutreiben.«

»Warum denn ziellos?!« rief Henio Fichtelbaum. »Ich gehe in eine Konditorei, vielleicht lerne ich dort ein schönes Fräulein kennen, das mich mit nach Hause nimmt, ich heirate sie nach dem Kriege, und wir fahren nach Venezuela.«

»Bitte, Henio«, sagte Pawełek mit einem bißchen Zorn in der Stimme. »Du bist doch ein erwachsener Mensch. Bei Flisowski hast du einigermaßen erträgliche Bedingungen.«

»Laß mich in Ruhe!« schrie Henio. »Du hast gut reden. Was denn für Bedingungen, zum Teufel?! Ich hocke auf dem Dachboden wie eine Fledermaus, der Alte kommt zweimal täglich und läßt mir Essen da, er ist stocktaub, ich kann kein einziges Wort mit ihm wechseln. Kannst du dir das überhaupt vorstellen, solch ein Eingeschlossensein auf dem Dachboden, das kleine Fenster, durch das man nur ein Stück Himmel sieht, immer dasselbe?! Keinen einzigen Zweig, kein einziges Gesicht. Dort kraspeln bei Nacht die Mäuse, Pawełek. Nur die Mäuse. Und gehen kann ich überhaupt nicht. Drei Schritte nach links, kehrt, drei Schritte nach rechts, kehrt! Aber still, auf den Zehenspitzen, damit mich niemand hört.«

»Henio!« sagte Pawełek mit Nachdruck wie zu einem kleinen Kind. »Dort bist du sicher. Weißt du, wieviel Mühe es gekostet hat, dieses großartige Versteck zu finden? Ich habe Flisowski ein Loch in den Bauch geredet, damit er dich für einige Zeit aufnimmt. Im übrigen suche ich jetzt ...«

»Ach, red' nicht soviel!« unterbrach ihn Henio ärgerlich, und um seine Lippen spielte der Ausdruck von

Ablehnung und Verachtung. »Ich weiß, du tust, was du kannst. Aber du läufst in der Stadt herum, du triffst Menschen, du fährst Straßenbahn oder Rikscha, allein oder mit einem Fräulein, und legst ihr die Hand aufs Knie. Ich hab' das alles satt, zum Teufel!«

»Ich lege ihr nicht die Hand aufs Knie!« schrie Pawełek, weil Henio eine in seinem Herzen eiternde Wunde berührt hatte. »Und daß du bei Flisowski hockst, ist nicht meine Schuld. Vor einer Woche bist du zum Friseur gelaufen. Warum läufst du zum Friseur? Das ist doch . . .«

»Bin ich etwa ein Gorilla«, sagte Henio zornig und grollend. »Soll ich wie ein behaarter Affe aussehen, nur weil du mich auf diesem Dachboden eingesperrt hast?«

»Ich habe dich eingesperrt? Ich?«

Henio Fichtelbaum winkte ab.

»Einverstanden, nicht du! Aber ich muß mir von Zeit zu Zeit Bewegung verschaffen, aufatmen, Leute sehen. Du verstehst das nicht, Pawełek, aber es ist eine Lust, ich sag's dir, eine wahre Lust, die Koszykowa-Straße entlangzuschlendern, ohne Ziel, nur zu schlendern.«

»Das darfst du nicht tun«, sagte Pawełek hart.

»Ich weiß! Ich bin gefügig wie ein Lämmchen. So hast du mich noch nie kommandiert, Führer! Ich gehorche. Aber von Zeit zu Zeit, sagen wir zwei- bis dreimal im Monat, muß ich herunter von diesem verdammten Dachboden.«

»Unter einer Bedingung: nur in meiner Begleitung . . .«

»Bist du verrückt?! Ich werde dich nicht gefährden!«

»Das weiß ich«, antwortete Pawełek. »Aber laß uns festlegen: Wenn du rausgehst, folge ich dir in einiger Entfernung, beobachte . . .«

»Sei kein Lord Lister, Pawełek! Willst du mich verfolgen! Zu welchem Zweck? Du könntest mir ja doch nicht helfen.«

»Aber ich wüßte, was mit dir ist, wo du bist... Vielleicht kann ich dann doch etwas erreichen.«

»Wir haben kein Lösegeld mehr, Pawełek.«

»Moneten kann man immer auftreiben. Und vergiß nicht, nie wieder zum Friseur! Dort kommen allerlei Leute hin, du bist eingeschlossen, unbeweglich mit diesem verdammten Laken um den Hals.«

»Weißt du, dieser Friseur hat jüdische Witze erzählt. Ich habe gebrüllt vor Lachen.«

»Anscheinend bist du dir über den Ernst der Situation nicht im klaren!«

»Wahrscheinlich«, antwortete Henio. »Aber immerhin ist es meine Situation, beachte das bitte.«

Pawełek wollte es nicht zu einer neuen Spannung kommen lassen, folglich lächelte er gezwungen. »Gut, Henio. Ich bitte dich, geh jetzt zurück zu Flisowski. Übermorgen komme ich dorthin. Dann besprechen wir die Einzelheiten deiner Ausflüge.«

Sie gaben sich die Hand. Pawełek betrat die Bibliothek, Henio ging auf die Marszałkowska-Straße zu. Dort hatte Pawełek ihn zum letzten Mal gesehen. Denn als er am vereinbarten Tage zu dem alten Flisowski kam, stellte sich heraus, daß Henio Fichtelbaum gar nicht auf den Dachboden zurückgekehrt war. Dem alten Uhrmacher Flisowski paßte diese Wendung der Dinge gut in den Kram.

»Herr Kryński«, sagte er zu Pawełek, »sagen Sie Ihrem Freund, er soll sich hier nicht mehr blicken lassen. Ich habe genug eigene Sorgen und möchte das Kriegsende erleben, wie immer es sein mag.«

»Herr Flisowski«, rief Pawełek, »das geht nicht! Wir hatten verabredet...«

»Reden Sie nur, reden Sie!« unterbrach ihn der alte Uhrmacher. »Ich hab's gesagt, basta! Wenn Sie einen älteren Menschen haben, einen ruhigen älteren Menschen, der still dort oben hockt, keinen Tango-Milongo pfeift, nicht zehnmal täglich auf meine Zimmerdecke klopft, damit ich ihn zum Klo rauslasse, mir nicht ins Ohr brüllt, die Aussicht von seinem Fenster sei häßlich, wenn Sie einen gesetzten, älteren Herrn haben, kann ich ihn sogar für länger nehmen. Aber Ihren Freund da nie wieder, so wahr Gott im Himmel ist!«

Von diesem Spätherbsttag an blieb Henio Fichtelbaum verschwunden, und Pawełek ging nur mit der Erinnerung an ihn, mit dem Schatten seines Freundes um. Er glaubte, Henio sei getötet worden, obgleich er im geheimsten Kämmerlein seines Herzens die Hoffnung hegte, Henio halte sich irgendwo sicher versteckt und denke an seinen Freund Pawełek. Doch die Hoffnung wurde im Lauf des Winters immer schwächer und schmolz im Frühling vollends dahin. Als jetzt seine Mutter behauptete, Henio sei nicht so hübsch gewesen wie seine kleine Schwester, protestierte Pawełek. Henio ist irgendwo, dachte er, Henio lebt. Auf diese Weise verscheuchte er die Dämonen.

Ein paar Tage später klingelt in diesem Zimmer das Telefon. Pawełek nimmt den Hörer ab, während sein Blick auf dem goldenen Zifferblatt der Uhr ruht, und denkt: Gerade sieben Uhr früh, ein schöner Apriltag beginnt.

»Hallo!« sagt er und mustert die schwarzen Uhrzeiger.

»Ich bin's«, vernimmt er eine leise, ferne Stimme.

»Henio! Um Gottes willen! Wie geht's dir?«

Tränen laufen über Pawełeks Gesicht, als wäre er kein neunzehnjähriger Mann, sondern ein kleiner Junge im Samtanzug und mit Spitzenkragen unter dem Kinn.

»Ich möchte dich sehen«, vernimmt er die ferne Stimme.

»Selbstverständlich, Henio! Hör zu, das ist wichtig. Joasia ist gesund, alles in Ordnung, sie läßt dich grüßen.«

Eine lange Weile hört er das monotone Rauschen der Leitungen. Er ruft unruhig: »Henio! Hörst du mich?«

»Ja. Ich grüße sie auch. Ich möchte dich sehen.«

»Wo bist du?«

»In der Stadt.«

Wieder trennt sie eine lange Stille, dann sagt Henio: »Ich kehre dorthin zurück!«

»Wo bist du jetzt? Wir müssen uns sehen.«

»Ja. Um neun an der Ecke Książęca-Straße und Plac Trzech Krzyży, gut?«

»Um neun? Sehr gut. Also, Henio ...«

In diesem Moment hört Pawełek ein Knacken, die Verbindung ist unterbrochen. Er ruft noch ungeduldig: »Henio, hörst du mich?! Henio!« erhält aber keine Antwort mehr.

Das aber wird erst ein paar Tage später erfolgen. Das Telefon wird klingeln, sieben auf der Uhr, draußen vor dem Fenster heller Morgen. Das steht noch in den Sternen. Genauso stand in den Sternen, daß Pawełek jetzt zu dem Mann im Wachstuchmantel sagte: »Ruhen Sie sich aus, wir machen etwas zu essen.«

»Nicht nötig«, entgegnete jener. »Gebt dem Kind was. Ich bin nicht hungrig. Ich gehe gleich.«

»Es ist gefährlich«, sagte die Mutter. »Die schießen ohne Warnung.«

»Glauben Sie das nicht, gnädige Frau. Da könnten sie ja

hre eigenen Leute totschießen. Die kontrollieren immer
lie Papiere.«

»Haben Sie denn einen Passierschein?« fragte sie.

»Ich habe alles Nötige«, antwortete er und lachte auf.
Noch nie hatte sie ein solches Lachen gehört. Grausamkeit
und Drohung schwangen darin mit. Wieder blickte sie
lem Mann in die Augen und glaubte, seine Gedanken
esen zu können. Sie spürte, wie ihre Backen warm wur-
len, jetzt fürchtete sie sich vor beiden, vor dem Mann und
vor Pawełek. Sie fürchtete, Pawełek könne ihren seltsamen
Zustand bemerken, diese besondere Erregung und die
Angst. Doch Pawełek nahm das Kind bei der Hand und
sagte: »Joasia und ich gehen in die Küche, wir machen uns
etwas Herrliches zu essen...«

»Ach, warum«, sagte die Frau sinnlos und setzte sich
plötzlich dem hochgewachsenen Fremden gegenüber an
len Tisch. Sie hatte keine Kraft, vor seinem Blick zu
liehen. Er streckte ihr die Hand mit dem Zigarettenetui
entgegen.

»Rauchen Sie?«

Sie verneinte mit einer Kopfbewegung. Jetzt schaute er
sich im Zimmer um. Er betrachtete die Kredenz, die Kon-
sole, das Porzellan hinter der Scheibe, die Fotografien in
len Rähmchen und dann die dunkelroten Portieren an den
Fenstern, die Sesselbezüge, die Samtdecke auf dem Tisch.
Seine Augen waren leer und ohne Neugierde, doch sie
lachte, während er die Schmuckkacheln am Ofen und den
Stuck an der Decke betrachtete, als ob er mich auszieht, als
ob sein Blick über meine Brüste, meinen Bauch, meine
nackten Schultern gleitet. Was geht mit dir vor, Elżbieta,
lachte sie, er ist ein Ungeheuer, ein brutales, gewalttätiges
Ungeheuer! Und sie irrte sich nicht. Er war brutal und

gewalttätig, manche hielten ihn für ein Ungeheuer. Aber gerade solch einen wollte sie, auf solch einen wartete sie, über sich selbst entrüstet und entsetzt. Sie schwiegen. Selbst wenn er für lange Lebensjahre bei ihr geblieben wäre, hätten sie einander nichts zu sagen gehabt. Sie wären ein Mann und eine Frau gewesen, ein Mann und eine Frau in jedem Augenblick – und sonst nichts! Aber er blieb nicht. Er hatte seine dunklen Aufträge zu erledigen, ganz am Rand der Welt, wo es keine Menschen mehr gab, sondern nur noch Bestien und Geister. Er drückte die Zigarette aus, erhob sich groß und mächtig, mit dem Blutfleck am Wachstuchmantel.

»Ich gehe jetzt«, sagte er und verzog die Lippen zu einem Lächeln. »Grüßen Sie das Kind, gnädige Frau. Und Ihren Sohn bitte auch.«

»Möchten Sie vielleicht...«, setzte sie an.

Er schüttelte den Kopf. »Zu wenig Zeit, gnädige Frau. Immer zu wenig Zeit!«

Er setzte die Mütze auf und zog den Schirm tief in die Stirn. Sein Gesicht veränderte sich dabei, er sah nun sanfter aus, als milderte der Schatten des Schirms seine Übeltaten.

Sie brachte ihn zur Tür. An der Schwelle sagte sie: »Es gibt kein Licht im Treppenhaus.«

»Ich komme schon zurecht«, entgegnete er.

Sie reichte ihm die Hand. Er hob sie zum Mund und küßte sie. Als sie die Tür hinter ihm geschlossen hatte, lehnte sie sich an den Rahmen und atmete schnell und heftig. Sie spürte auf dem Handrücken die Feuchtigkeit seiner Lippen, und das ließ sie erbeben. Sie hörte, wie sich seine Schritte auf der Treppe entfernten. Ich hasse ihn, dachte sie. Ein Ungeheuer. Ich bin gedemütigt.

Noch dreißig Jahre später, als alte Frau, hatte sie ihren Haß nicht abgelegt. An das Gesicht des Mannes erinnerte sie sich nicht mehr, wohl aber an sich selbst. Noch nach dreißig Jahren empfand sie die Demütigung. Sooft sie später derart wuchtigen Männern mit schlichten Manieren und einem selbstsicheren Benehmen begegnete, das aus physischer Stärke, Einflußreichtum, Witz oder ganz banaler Dummheit resultierte, sooft sie später Plebejern begegnete, die eine gleichgültige Überlegenheit an den Tag legten oder denen gegenüber sie sich unsicher fühlte infolge ihrer Zartheit, Weiblichkeit, Schwäche oder dank der Geschichte, die sie von der Straße in den Graben geschubst hatte, während jene in der Mitte entlanggingen in ihren Wachstuch-, Leder-, Nylonmänteln, mit Schirmmützen, Hüten oder ohne Kopfbedeckung, wenn sie ihre irgendwie knorrigen, ungehobelten Gesichter sah, wenn sie bemerkte, wie sie beim Rauchen die Zigaretten zwischen Daumen und Zeigefinger hielten, die brennende Spitze nach innen, sooft sie ihre unter dem Gewicht der großen Körper wankenden Schritte vernahm oder den durchdringenden, scharfen Geruch ihrer Haut roch, diesen Geruch von Schweiß, Tabak und Unrecht, immer erinnerte sie sich an den Abend, als sie die Tochter des Rechtsanwalts Fichtelbaum unter ihr Dach aufnahm. Und dann empfand sie Demütigung. Sie verstand nicht, warum ausgerechnet Demütigung. Die Aufnahme eines jüdischen Kindes unter sein eigenes Dach war doch damals, im Frühling des Jahres 1943, eine schöne und anerkennenswerte Tat. Warum also empfand sie Demütigung? Was war an jenem Abend geschehen, daß er noch nach vielen Jahren so bitter und widerwärtig in ihr emportauchte?

Sie saß am Tisch, betrachtete die Uhrzeiger, horchte, was Pawełek in der Küche zu dem Kind sagte, und versuchte, an ihren abwesenden Mann zu denken, der seit über drei Jahren in deutscher Gefangenschaft saß, unter Hunderten von ähnlichen Offizieren, die ihre Frauen einst verlassen hatten, um dieses Land zu verteidigen, ein nicht zu verteidigendes, der Erniedrigung, dem Verbrechen und der Vernichtung anheimgegebenes Land. Warum, dachte sie, um welcher Schuld willen?

Sie legte die Hand auf die Brust. Unter dem Kleid fühlte sie die wohlbekannte Form, die ihr stets fremd und unerfreulich erschienen war und eigentlich nicht ihr, sondern dem Mann gehörte. Sie war verwaist. Sie fühlte sich wie tot. Warum bin ich tot, dachte sie, ich habe doch nichts Böses getan?

Dieser Gedanke ernüchterte ihre religiöse Seele ein wenig. Mach dich nicht lächerlich, Elżbieta, sagte sie zu sich, der Tod ist keine Strafe für die Sünden, sondern eine Belohnung, der Übergang ins ewige Leben. Mach dich nicht lächerlich!

Das verschaffte ihr Erleichterung. Sie wollte sich nicht für lächerlich halten. Eher war sie traurig und enttäuscht. Sie saß dort noch eine Weile und betrachtete die Uhr. Es ging ihr durch den Kopf, dieser Mann könne auf der Straße den Deutschen in die Hände laufen und verraten, wohin er das jüdische Kind gebracht hatte. Wieder packte sie die Angst, doch das dauerte nur einen Augenblick, weil sie wußte, dieser Mann würde den Deutschen nicht in die Hände laufen, solche wie er liefen den Deutschen nicht in die Hände, und wenn, dann würde er jedenfalls kein Wort sagen. Sie vertraute ihm, haßte ihn und war gedemütigt.

Dann stand sie auf, ging in die Küche und fand erstaunlicherweise ihre Freude und Ruhe wieder. Zärtlich zog sie das kleine jüdische Kind aus und badete es, während sie dazu heitere Melodien aus ihrer Jugend summte.

13

Um fünf Uhr früh, noch bei Morgengrauen, Nebel und Frühlingskühle fuhr er mit der Straßenbahn über die Kierbedź-Brücke. Die Straßenbahn dröhnte. Dicht gedrängt standen die Fahrgäste, unausgeschlafen und mißmutig. Über ihnen schwebte der scharfe, durchdringende Geruch von Angst und Hoffnungslosigkeit. Dieser Geruch blieb. Er blieb in den O-Bussen, Straßenbahnen und Bussen der Marke Chausson, Berliet, Ikarus, San, aber auch in den Eisenbahnabteilen. Die Angst der Menschen veränderte sich, ihre Hoffnungslosigkeit, Erschöpfung, ihre Träume und Sehnsüchte, doch der Geruch blieb.

Die Straßenbahn dröhnte auf der Brücke. Unten floß der Fluß. Über die Sandbänke auf dem rechten Ufer ging ein einsamer Mann mit der Angel in der Hand auf den Steindamm zu. Der letzte, der die Hoffnung noch nicht aufgegeben hatte.

Der Eisenbahner Filipek hatte einen weiten Weg zur Arbeit. Er wohnte in Wola und fuhr täglich zum Lokomotivschuppen in Praga. Zweimal täglich durchquerte er die Stadt. Morgens und nachmittags oder nachmittags und spät abends. Er arbeitete nicht gern in der zweiten Schicht. Die Rückwege beunruhigten ihn stets. Selbstverständlich hatte er einen Passierschein, traute ihm aber nur bedingt. Filipek wußte, was Ausweispapiere wert sind. Als junger Mensch, noch im Jahre 1905, hatte er bei der Technik der

Revolutionären Fraktion gearbeitet. Er war in der Lage gewesen, auf raffinierteste Art Papiere zu fälschen, die sowohl die Tore der Zitadelle als auch des Pawiak öffneten. Das waren idyllische Zeiten gewesen, das 20. Jahrhundert hatte gerade begonnen, die Menschen kannten seinen Rhythmus noch nicht. Es mußte noch viel Wasser die Flüsse der Welt hinunterfließen, bis die Augen durchblickten, die Ohren richtig hörten und die Lippen es aussprachen. Im Jahr 1943 traute der Eisenbahner Filipek keinen Ausweispapieren, nicht einmal, wenn sie den Stempel ›Ostbahn‹ trugen. Auch der Gendarm drehte den Passierschein mit dem Ausdruck des Mißtrauens hin und her. Doch war er ein deutscher Gendarm. Das Hakenkreuz weckte in ihm Respekt und ein Gefühl von gemäßigter Hochherzigkeit. Aber man konnte mit einer einzigen unachtsamen Bewegung die Harmonie seiner Seele zerstören und gewalttätige Leidenschaften in ihm freisetzen. Ein einziges Wort, auch ein ganz unschuldiges, konnte im Ohr des Gendarmen wie eine Herausforderung klingen. Dann hörte der Passierschein auf zu existieren. Und einen Augenblick später existierte auch der Mensch nicht mehr.

Das Wasser in den Flüssen floß weiter, aber es tauchten Polizisten neuen Typs auf. Die faßten die Ausweise mit zwei Fingern an, unwillig, spöttisch, manchmal mit Ekel, und mußten sie gar nicht erst lesen. Sie wußten von vornherein alles, ohne Ausweise. Kein Durchgang, bitte auseinandergehen, kein Eintritt, kein Ausgang, was geschrieben ist, ist geschrieben, was gesagt ist, ist gesagt. Die Polizisten neuen Typs mußten keine Ausweise lesen. Nur ihre Instruktionen lasen sie aufmerksam und konzentriert. Ihr Gehirn arbeitete dann mühselig, der Schweiß lief ihnen über das Gesicht, selbst der unempfindlichste Mensch war bewegt beim Anblick dieser Disziplin, dieses guten Willens der Polizisten neuen Typs, sie halfen sich mit den Lippen, sogar mit der Zungenspitze, sie stiegen mit unbeschreiblicher Mühe auf die intellektuellen Himalaya-Gipfel der Instruktionen, um sich ihren tiefgründigen politischen, gesellschaftlichen, kulturellen, sittlichen Inhalt anzueignen, sich ihn für alle Ewigkeit anzueignen, bis zum nächsten Tag, wenn eine neue Instruktion herauskam, ein neuer Mount Everest des Beamteneifers und des Willens, die Welt umzugestalten. Deshalb unterzogen sie sich erneut der Mühe, trichterten sich das geheime und den Profanen unzugängliche Wissen ein und droschen sich mit der Faust vor die Stirn, um später den Nächsten mit dem Schlagstock zu dreschen, maßvoll übrigens und methodisch, ohne bösen Willen, ohne Blutgier, auf sozusagen administrative und pädagogische Weise, nicht um ihm das Leben zu nehmen, sondern um seine Vernunft wachzurütteln, im sehr weit verstandenen Interesse des Staates, entsprechend dem Wortlaut der Instruktion, die man sich vorgestern gemerkt hatte, gemerkt zwischen dem Schutzschild aus Kunststoff und dem Farbfernseher, im Licht des Feuerzeugs, im grünlichen Schein, den die elektronische Uhr ausstrahlt und der dem Schein frischer Grabhügel des 19. Jahrhunderts ähnelt.

Da er auch den zuverlässigsten Passierscheinen nicht vertraute, womit er der Geschichte vorauseilte, bemühte sich der Eisenbahner Filipek, in der ersten Schicht zu arbeiten. Er hatte dabei noch ein geheimes, aber erhabenes und von seinem Mut zeugendes Ziel. Filipek steckte bis über beide Ohren in der Konspiration. Er arbeitete abends in einer Geheimdruckerei, weil er sich mit den verschiedenen Typen der Druckmaschinen und Einrichtungen genau auskannte und aus einem hausfraulichen Wischlappen ein erstaunliches Gerät machen konnte, das der Untergrundorganisation diente und nützte.

Viele Jahre später versuchten allerlei Leute, die Fähigkeiten des Eisenbahners Filipek nachzumachen. Dreißigjährige Mädchen, die in der Tracht peruanischer Bauersfrauen durch die Warschauer Straßen liefen, und dreißigjährige Burschen in Jeans, mit den Bärten alter Männer und der Phantasie kleiner Kinder ahmten den Eisenbahner Filipek auf pathetische, aber ungeschickte, manchmal richtig komische Weise nach, denn um aus einem Wischlappen eine Druckerei zu machen, muß man nicht nur sachgerecht eine Schraube einziehen, sondern auch verstehen, was echte, grausame Unfreiheit ist, man muß die Moskauer Knute und die Verliese von Schlüsselburg kennengelernt haben, die deutschen Käfige in der Schuch-Allee und die KZ-Baracken, Sibirien, die Verschickung, die Etappenstationen, den Pawiak, Auschwitz, die Straßenexekutionen, Katyń, den Schnee von Workuta und die kasachischen Steppen, Moabit und die Forts von Posen, das Krakauer Montelupi-Gefängnis, Dachau, Sachsenhausen, die Ufer des Jenissej und des Irtisch, die Mauern des Warschauer Ghettos, Palmiry und Treblinka, man muß das alles mit Leib und Seele kennengelernt, mit eigener Haut erfahren haben, in den Knochen tragen, im Herzen herumschleppen, man muß es schmecken, wie der Eisenbahner Filipek es geschmeckt hat, die Jahre der wachen, nicht verschlafenen Nächte, wo jeder Laut ein Daherstampfen des Todes zu sein schien, jedes Geräusch ein Windhauch vor dem Fenster der Gefängniszelle, jedes Flüstern das Gebet eines Verschickten oder der Abschied auf der Schwelle zur Gaskammer. Um aus einem

Wischlappen eine Druckerei zu machen, genügt es nicht zu leiden infolge von Erniedrigungen, Heuchelei, Lügen, Schlagstöcken, Arresten, Verleumdungen, Bannandrohungen, infolge der Straffreiheit der Starken und der Wehrlosigkeit der Schwachen, des Hochmuts des Staates und der Demütigung der Staatsbürger. Das ist zu wenig, um aus dem Wischlappen die Druckerei eines wahrhaft freien Menschen zu machen. Auf einem solchen Wischlappen kann man schreien, fluchen, fordern, drohen, schluchzen und höhnen, aber es ist unmöglich, ruhig von der Welt und der Menschenwürde zu sprechen. Wird das Maß der Leiden nicht voll, bleiben die Wunschträume unerfüllt.

Der Eisenbahner Filipek fuhr wie seit vielen Jahren Tag für Tag zur Arbeit, doch an diesem Morgen in sehr guter Stimmung. Nachts war ihm ein weiterer Wischlappen gelungen, und am Nachmittag zuvor hatte er von Jasio Müller die Nachricht erhalten, daß Frau Seidenman gerettet sei. Jasio Müller hatte sich wie immer als absolut zuverlässig erwiesen. Filipek schaute durch das Fenster der Straßenbahn, er sah die Kuppel der russischen Kirche an der Zygmuntowska-Straße und empfand Rührung, weil ihn Erinnerungen aus früheren Zeiten überkamen, als er gegen die zaristische Unterdrückung gekämpft hatte. Jetzt aber standen auf dem Bürgersteig vor der russischen Kirche Gendarmen in Wachstuchmänteln, auf dem Kopf tiefe Helme mit Hakenkreuzen, um den Bauch Ledergürtel mit silbernen Koppelschlössern und der Inschrift *Gott mit uns*.

Ist Gott wirklich mit ihnen? fragte sich Filipek. Seine gute Stimmung verging. Wo ist die Muttergottes vom Jasna Góra, vom Spitzen Tor, von Piekary, Kobryń und den vielen nahen und fernen Städten, wenn im Laufe des

Lebens eines einzelnen Menschen an der Ecke der Zygmuntowska- und Targowa-Straße der Hauptstadt dieses Landes, das einst von Meer zu Meer reichte, Danzig und Kudak beherrschte, Glogau und Smolensk, wenn vor den Augen eines einzelnen Menschen, eines schnurrbärtigen, hageren Eisenbahners mit verarbeiteten Händen und hellem Kopf, wenn zu Lebzeiten dieses einzelnen Menschen, im Bereich seiner lebendigen Erinnerung, in seiner hilflosen Gegenwart voll verzweifelter Erniedrigung an der Ecke dieser beiden Straßen ein berittener Steppenkosak stand, ein preußischer Offizier mit Monokel im Auge und dem Eisernen Kreuz auf der Brust, ein wachsamer Rotarmist in lockerer Feldbluse und mit der Maschinenpistole über der Schulter, wenn an dieser gewöhnlichen, dabei heiligen, weil einzigartigen und unwiederholbaren Stelle unter den Augen eines einzelnen Menschen, zu seinen Lebzeiten, im Lauf von dreißig Jahren hier abwechselnd ein Kosak und ein Preuße, ein Nazi und ein Rotarmist Wache standen, wo war dann die Muttergottes der fernen und nahen Städte, die Königin dieser Nation?! Oder hatte die Nation Schuld auf sich geladen? War sie nicht reif genug für Europa, für Asien, für sich selbst?

War dieses Land nur Durchmarschgelände für fremde Heere, Hinterland der Front, Vorfeld? Letzte Schanze des lateinischen Europa, die Stirn der Steppe zugekehrt, aber gleichzeitig Abwehrschanze angesichts der germanischen Lawine? Eingeklemmter Rand der freien Welt zwischen den Tyranneien? Schmaler Streifen der Hoffnung, der preußischen Hochmut von russischer Rückständigkeit trennte? Eigenständiger kleiner Fluß zwischen Grausamkeit und Heuchelei, Bestialität und Hinterlist, Verachtung und Neid, Hoffart und Schmeichelei, Gebrüll und Gemurmel? Grenzrain, der die Schamlosigkeit des offenen Verbrechens vom Zynismus des geheimen Verbrechens trennt? Nur ein Streifen, ein Rain, ein Rand? Und sonst nichts?

Pawełek, dachte der Eisenbahner Filipek, ich beneide dich. Du wirst noch andere Zeiten erleben. Dann wird Polen nicht mehr der Nagel in der Zange sein. Es wird wieder unabhängig sein und außerdem besser als das Polen vor gar nicht langer Zeit, nämlich ohne die blaue Polizei, die Sanacja, das Hurrageschrei, ohne die Kleinlichkeit, die Einbildung, das Elend der Bauern und die Aufstände der Arbeiter, die Großmachtansprüche, die Ghettobänke in den Hörsälen, die Streiks von Rzeszów, die Toten von Semperit, die Haldenschächte der Armen, ohne hungernde Intellektuelle und sich als Herren aufspielende Oberste, ohne hinterwäldlerischen Klerus, Brześć und Bereza, Antisemitismus, ukrainische Unruhen, ohne den Geruch von Sauerkraut und Hering, ohne obdachlose Landstreicher, hochnäsige Hausbesitzer, ohne kaminlose Katen und mit Brettern vernagelte Dörfer, ohne bankrotte Theater, teure Bücher, billige Dirnen, Würdenträger-Limousinen und das Lager der Nationalen Vereinigung. Ich beneide dich, Pawełek. Du wirst das Polen der gläsernen Häuser haben, unser PPS-Polen der Arbeiter und Bauern, ganz ohne Diktatur, denn Diktatur, das ist Bolschewismus, Grausamkeit, Atheismus und Ende der Demokratie, du wirst es endlich haben, lieber Pawełek, das freie, gerechte und demokratische Polen für alle Polen, Juden, Ukrainer, sogar für die Deutschen, daß sie der Teufel hole, sogar auch für sie. Ich werde es nicht erleben, Pawełek, weil sie mich schließlich erwischen werden! Wie lange kann man Haken schlagen, konspirieren und den

Schuften, die das polnische Land zertreten haben, Streiche spielen? Ich habe dir oft erzählt, Pawełek, daß ich mein Leben lang Streiche gespielt habe. Unter Nikolai und Stolypin und dann unter v. Beseler selbstverständlich auch! Rate mal, Pawełek, wann ich nicht im Kittchen gesessen habe. Im Pawiak habe ich gesessen noch vor der Revolution 1905. Im Gebiet von Krasnojar habe ich die Taiga gerodet. Warum denn nicht! Unter Kaiser Wilhelm kam ich nach Tschenstochau in dieselbe Polizeizelle, in der ich schon unter den Moskowitern gesessen hatte. So ein polnisches Wundertier bin ich eben, so ein PPS-Mann. Selbstverständlich habe ich darum auch im freien Vaterland gesessen. Warum denn nicht? Im Untersuchungsgefängnis auf der Daniłowiczowska-Straße habe ich gesessen, weil ich bei der Demonstration am 1. Mai die Kommunisten verteidigte. Man muß die Kommunisten bekämpfen, Pawełek, das ist gefährliches, heimtückisches Gesindel, aber nie mit dem Schlagstock, nie mit dem Schlagstock! Als die Polizei ihnen mit dem Schlagstock Vaterlandsliebe beibringen wollte, habe ich mich hart widersetzt. Und sie haben mich selbstverständlich eingesperrt, für eine gewisse Zeit. Im Jahre 1938 habe ich auch gesessen. Warum denn nicht?! Wegen PPS-Agitation gegen die Wahlen, die sich die Herren Obristen auf dem Hintern der Arbeiter leisten wollten. Ich habe gesessen, klar. Du mußt zugeben, Pawełek, daß ein derartiges Leben nicht im Bett endet. Noch eine Weile, und die Nazis packen mich beim Kragen. Mit ihnen ist nicht zu spaßen. An die Wand oder ins Lager, zum sicheren Tod. Das freie, das gerechte Polen werde ich nicht erleben, Pawełek. Du aber bestimmt, denn...

Filipek unterbrach seinen inneren Monolog, weil er sich

vor dem Lokomotivschuppen befand. Er war ein Mensch besonderen Zuschnitts, ein Sozialdemokrat von altem Schrot und Korn. Deshalb hielt er die Politik und den Kampf für die Interessen der Arbeiterschaft getrennt von der Berufsarbeit; bei den Lokomotiven dachte er nur an die Lokomotiven, bei den Kesseln nur an die Kessel, es wäre ihm nie in den Sinn gekommen, man könne das Schweißgerät irgendwo liegen lassen und eine Kundgebung zugunsten der Aussaat von Mais veranstalten oder zu Ehren eines Mädchens, das sich auf die Eisenbahngleise gelegt hat, um so seine pazifistischen Neigungen zu demonstrieren. Für Filipek war der Parteiagitator, der einen Schraubenschlüssel nicht einstellen konnte, vor allem ein Pfuscher, Pfuschern gehorchte er nicht und schätzte sie nicht, weil sie die Würde eines Arbeitsmenschen beeinträchtigten. Wenn der Eisenbahner etwas auf der Welt aus ganzer Seele haßte, dann Pfuscherei, Schund und Ausschuß und demzufolge auch die kleinen Kläffer und Demagogen, die die Arbeiter verachteten, Arbeit für nichts hielten, die Mühe des Arbeiters hintansetzten und sich dabei unablässig mit den Federn eines Fürsprechers der Arbeiter schmückten. Gerade das verleidete ihm die Kommunisten am meisten. Das Schicksal mancher von ihnen entsetzte ihn, ihre ideologischen Streitigkeiten, die mit Todesurteilen endeten, erfüllten ihn mit Abscheu, weil er an andere Sitten und Maßstäbe gewöhnt war. Seine Genossen achteten sich gegenseitig, nicht nur der Kampf verband sie, sondern auch persönliche Freundschaft. Wenn sie sich stritten, sparten sie nicht an scharfen Worten und Vorwürfen, doch keinem von ihnen kam es in den Sinn, dem politischen Gegner Häscher auf den Hals zu schicken. Aber nicht solche Dinge spielten die wichtigste

Rolle in den Überzeugungen des Eisenbahners Filipek. Wie jeder Arbeiter, der seine Zugehörigkeit zur Arbeiterklasse tief empfindet und auf die Würde des Arbeiters stolz ist, dachte Filipek praktisch. Vor allem war er ein redlicher Mann der Arbeit. Nur die Arbeit entschied über die Achtung, die er den Menschen entgegenbrachte. Die Fachgerechtigkeit, Genauigkeit, Anständigkeit der Arbeit. Der kluge, redliche Geist, der die Hand des Arbeiters, seine Finger, die Kraft seiner Muskeln lenkt. Die Ehre der Hand, die Ethik der Hand. Das entschied über Filipeks Urteile. Die Kommunisten vor dem Kriege dagegen waren durchaus keine Arbeiter, sondern Reisende der sozialen Revolution. Sie waren nicht von Beruf Arbeiter, ihr Beruf war der Kommunismus, die Parteilichkeit, die Agitation, das Schüren der Empörung. Filipek sah die Kommunisten nicht an der Maschine, mit Arbeit beschäftigt, die Hände schmierig und ölig. Das waren keine Arbeiter, denn ihr einziges Interessengebiet war das Bewußtsein, der Zorn, die Illusionen und die Ängste der Menschen. Das waren keine Arbeiter, sondern Geisterbeschwörer, restlos ergeben der Magie der Worte, Gesten, Rufe. Er mochte sie deshalb nicht und achtete sie nicht, obwohl er zugab, daß dieser und jener mutig war und bereit, für seine Idee große Opfer zu bringen.

Sobald Filipek sich im Lokomotivschuppen befand, dachte er nur noch an die Arbeit. Die Stunden bis zum Mittagessen arbeitete er, so gut er eben konnte. Er wußte, die Lokomotive, die er reparierte, würde womöglich deutsche Waffen und Munition an die Front bringen, und dann wäre es schön, wenn der Kessel in die Luft flöge oder die Pumpe der Schlag träfe, aber es könnte ja auch sein, daß die Lokomotive einen Zug zöge, in dessen Waggons Tausende von Unschuldigen säßen und Menschen, die Filipeks Herzen nahe standen, darum mußte jede Kleinigkeit solide ausgeführt, jede Schraube richtig angezogen sein.

Wenige Jahre später arbeitete sich Filipek mit Brechstange und Spitzhacke im Schweiße seines Angesichts wie ein Höhlenmensch, bei einer Schüssel Suppe und einem Kanten Brot, mit Fieber in den Augen und Hoffnung im Herzen durch die Trümmer Warschaus. Die Deutschen hatten ihn nicht umgebracht, obwohl sie ihn kurz vor dem Aufstand geschnappt hatten und er die Hölle des KZ durchmachen mußte. Schon im Mai 1945 war er wieder in seiner Heimatstadt. Ausgemergelt, ein alter Mann in gestreifter Häftlingskleidung. Husten quälte ihn, er litt an Schwindelanfällen und hörte immer schlechter. Doch schon im Herbst griff er zum Spaten, dann zur Spitzhacke. Nie im Leben hatte er so schwer und aufopferungsvoll gearbeitet. Kommunismus hin oder her, Stalin hin oder her, Hauptsache es gab wieder Polen. So redete er. Im Jahr 1946 nahm er am Umzug zum 1. Mai teil und weinte, als er die vielen roten und weiß-roten Fahnen sah. In seinem schwachen Körper schlug damals ein glückliches Herz. Tags darauf begegnete er Pawełek in der Ruinenschlucht der Krucza-Straße, und sie fielen sich in die Arme.

»Wir haben Polen wieder, Pawełek!« rief der Eisenbahner Filipek.

»Ja, wir haben Polen«, antwortete Pawełek.

Sie erinnerten sich ihrer Toten. Es waren mehr als die Lebenden.

»Fräulein Monisia ist also im Aufstand umgekommen«, murmelte Filipek. »Was war sie für ein hübsches Mädchen. Du bist jung, Pawełek, bald wirst du dich in ein anderes Mädchen verlieben. Ärgere dich nicht, daß der

Alte so etwas redet, ich habe das Leben kennengelernt, ich habe viel gesehen, es kommt, wie ich's sage.«

Er verfiel in prophetische Stimmung und sprach feierlich von den gläsernen Häusern. Pawełek hörte respektvoll zu, weil er den alten Filipek schätzte, aber ohne besondere Begeisterung, weil der Geist der PPS nicht sein Geist war; er hielt sich von der Politik fern, sie erfüllte ihn mit einer Art Widerwillen, er sah in Warschau und in Polen sonderbare Dinge, die weder gläserne Häuser noch PPS-Glückseligkeiten prophezeiten. Doch er schwieg. Was war dem erschöpften Arbeiter geblieben außer seinen Illusionen?

Der gesunde Menschenverstand. Er hörte schlecht, sah aber teuflisch scharf. Sein Enthusiasmus war abgebröckelt. Wieder wurde agitiert. Nichts als agitiert. Überall agitiert. Man versuchte, Filipek zu überzeugen, er sei gestern erst vom Baum gestiegen, die Welt tauche auf aus dem Nichts und die Geschichte zähle von heute an. Die Geschichte ist älter als ihr, antwortete er, und ich war schon vor euch hier...

Als Pawełek drei Jahre später, im Winter des Jahres 1948 den erkrankten Filipek besuchte, erwähnte der Eisenbahner die gläsernen Häuser nicht mehr. Blaß und abgemagert lag er im Bett, rauchte in einer hölzernen Spitze die billigsten Zigaretten, trank Pflaumenkompott aus einem Weckglas und sagte: »Schweinerei, Pawełek. Ich habe nie behauptet, die polnische Sache sei mit Schweinemist besudelt – jetzt behaupte ich's. Alles versaut, Pawełek. Sogar ihren eigenen Gomułka haben sie bespuckt. Was für Menschen, was für Menschen! Wenn die Kommune was anfaßt, versaut sie es sofort. Das habe ich früher nicht gedacht. Sie waren nie, wie sich's gehört, das wußte ich, aber solche Sachen, solche Sachen...«

Pawełek schwieg. Er betrachtete das abgemagerte Gesicht des alten Filipek und nahm wieder Abschied von einer vergehenden Welt, die nie wiederkommen sollte. Filipek war wohl der letzte Mensch jener Welt, Schiffbrüchiger mehrerer Kriege und Revolutionen, Häftling unter Kaisern und Despoten, Opfer der grausigen Scherze der Geschichte, vielleicht auch einer spöttischen Anekdote, die Gott der Welt erzählt und die Polen heißt.

Dem Sarg des Eisenbahners Filipek folgten wenige. Die Übriggebliebenen aus seiner weiteren Familie, Pawełek mit seiner Mutter, die schöne Frau Gostomska und drei alte Arbeiter. Waren nur so wenige übriggeblieben im Arbeiterstaat Polen? Filipek lag im Sarg und wußte nichts mehr. Vielleicht jedoch wußte er erst jetzt alles, während er sein ganzes Leben lang gemeint hatte, er würde nach dem Tode nichts mehr wissen, weil er nicht an Gott glaubte, sondern an den Sozialismus, das aber ganz fest und eisern bis ans Ende.

An diesem Apriltag, als er mit der Straßenbahn über die Kierbedź-Brücke nach Hause fuhr, hatte er es noch weit bis zum Tode. Ihm stand noch eine Handvoll Leiden und eine Prise Illusionen bevor.

14

Der Rechtsanwalt Fichtelbaum vernahm Lärm auf dem Hof und begriff, daß der erwartete Zeitpunkt gekommen war. Es wunderte ihn, daß er weder Angst noch Bedrückung empfand. Sein Seelenzustand war ganz anders, als er sich das im Lauf der vergangenen Monate vorgestellt hatte. Sobald er die Augen schloß und auf jenen Moment hinlauschte, der unweigerlich kommen mußte, hatte er das äußerst unangenehme Gefühl eines Falles in die Tiefe, in Dunkelheit und unbeschreibliche Kälte gehabt. Als versänke er in ein unendliches Weltall, von dem er als gebildeter und belesener Mensch wußte, daß ihm jedes Licht und jede Wärme fehlt. Ein eisiger Stollen ohne Ende, und darin, immer schneller und schneller hinabfallend zur Unendlichkeit der Rechtsanwalt Jerzy Fichtelbaum, der ganz einsam dahingleitet wie ein flügelloser Vogel oder ein Insekt, nur durch die Schwerkraft, immer weiter und immer schneller, bis ihm der Atem vergeht in der unablässig dichter werdenden Dunkelheit, Kälte und Leere. Das war ein sehr unangenehmes Gefühl, und er wünschte, es möge nicht lange dauern, doch dauerte es jeden Tag länger, um schließlich zur entsetzlichen Qual zu werden, die den Rechtsanwalt nicht einmal im Schlaf verließ.

Aber nun stellte sich heraus, daß er, während unten der Lärm ertönte, der ohne Zweifel das Heraufdringen jenes dunklen Weltalls zum zweiten Stock des Mietshauses, zu dem leeren Zimmer und dem wartenden Rechtsanwalt Fichtelbaum verkündete, alles sehr natürlich und ruhig aufnahm. Er empfand keine Qual, ihm geschah etwas Seltsames, das zweifellos von außen kommen mußte, nicht aus ihm selbst, sondern eher gerade aus diesem Lärm, der langsam die Treppen hinaufdrang, das Weltall, das die Türen der verlassenen Wohnungen laut öffnete und schloß, die Stühle und Schränke umwarf, die Tische wegschob. Der Rechtsanwalt lauschte aufmerksam und fand darin einen Rhythmus, das Ticken einer riesengroßen Uhr, die seine eigene Zeit abmaß wie nie zuvor eine andere Uhr.

Man muß die Tür schließen, dachte der Rechtsanwalt Fichtelbaum, erinnerte sich aber sogleich, daß das Schloß kaputt war, der Schlüssel verloren, der Riegel abgerissen. Die Tür zum Treppenhaus war angelehnt, der Rechtsanwalt stand mitten im Zimmer und sah den Streifen Licht, der durch den Spalt auf den Fußboden fiel, und genau durch diesen Spalt drang das Echo des schwerfälligen Weltalls herein.

Nun gut, dachte der Rechtsanwalt, dann werde ich zuerst die Stiefel sehen.

Er beschloß, sich zu setzen. Er nahm den an der Wand stehenden Holzstuhl, stellte ihn in die Nähe der leicht geöffneten Tür und setzte sich. Der Stuhl knarrte, und der Rechtsanwalt erschrak. Doch beruhigte er sich schnell wieder. Ich muß mich nicht mehr fürchten, dachte er, das habe ich schon hinter mir.

Er saß reglos, weil er trotzdem nicht wollte, daß der Stuhl knarrte. Er vernahm den Lärm ein Stockwerk tiefer. Er wußte, es würde nicht lange dauern, denn in der Wohnung unten befand sich seit einigen Tagen niemand mehr.

Er saß also reglos.

»Setz den Hut auf«, sagte eine Stimme.

Der Rechtsanwalt Fichtelbaum fuhr zusammen.

»Setz den Hut auf. Ein frommer Jude hat einen Hut auf dem Kopf«, sagte die Stimme.

Ich bin nicht mehr ganz bei Sinnen, dachte der Rechtsanwalt. Was ist das für eine Stimme? Höre ich die Stimme Gottes?

Aber es war noch nicht Gott, sondern der Vater des Rechtsanwaltes Fichtelbaum, Herr Maurycy Fichtelbaum, gestorben zu Beginn des 20. Jahrhunderts. Er sprach jetzt aus dem 19. Jahrhundert, als er noch lebte. Der Rechtsanwalt Fichtelbaum erblickte seinen Vater in einem hübschen, geräumigen Zimmer, dessen Fenster auf den Garten hinausgingen. Hinter dem Garten erstreckten sich Gerstenfelder, am Horizont sah man die dunkle Linie des Waldes. Maurycy Fichtelbaum stand nicht weit vom Fenster, mit dem schönen schwarzen Bart, der ihm auf die Brust herabhing, und dem grauen Hut auf dem Kopf. Er war ein sehr gut aussehender Mann, trug einen Gehrock aus dunklem Tuch und dunkle Hosen. Der dicke silberne Anhänger seiner Taschenuhr blinkte in Höhe seiner Taille, und dicht unter dem Bart baumelte an einem Kettchen die Brille.

»Setz den Hut auf«, sagte Maurycy Fichtelbaum zu seinem Sohn. »Wenigstens das kannst du vor dem Tode für mich tun.«

Und er nahm seinen Hut vom Kopf und reichte ihn seinem Sohn.

»Und du, Vater?« fragte der Rechtsanwalt Fichtelbaum sehr leise. »Jetzt bist du ohne Hut.«

»Ich brauche ihn nicht mehr«, entgegnete sein Vater.

Der Rechtsanwalt Fichtelbaum erinnerte sich, daß sein Vater diesen Hut im 19. Jahrhundert in Wien gekauft hatte, wohin er sich mit dem Rabbiner Majzels zu einer Konferenz jüdischer Wohltätigkeits-Gesellschaften begeben hatte. Nach Haus zurückgekehrt, hatte Maurycy Fichtelbaum seinem kleinen Sohn den Hut gezeigt, und der Rechtsanwalt erinnerte sich, daß sich auf dem ledernen Schweißband das Zeichen einer berühmten Hutfirma von der Kärntnerstraße befunden hatte. Er konnte sich jedoch an den Namen der Firma nicht erinnern, sondern erkannte nur aus der großen Entfernung, die ihn vom 19. Jahrhundert trennte, die ovale Inschrift auf dem Schweißband, die den ›K. u. K. Hoflieferanten‹ anzeigte.

Der Rechtsanwalt Jerzy Fichtelbaum zuckte mit den Achseln.

Was haben die schon dem Kaiser für Hüte geliefert, dachte er skeptisch, wo doch der Kaiser immer in Militäruniform ging. Er ist vermutlich in Uniform schlafen gegangen.

Gerade in diesem Augenblick verbreiterte sich der Spalt, und auf der Türschwelle erschien ein Stiefel. Im selben Augenblick geschah ein kleines, aber nützliches Wunder. Der Rechtsanwalt Jerzy Fichtelbaum hob die Augen und erblickte auf dem Pistolenlauf den lieben, heiteren Sonnenschein, der durch die zum Garten, zum Gerstenfeld und zum fernen Wald hinausschauenden Fenster in das große Zimmer fiel. Am Fenster stand sein Vater, mit dem Hut der kaiserlichen Hoflieferanten, dem Uhranhänger in Taillenhöhe und der am Kettchen baumelnden Brille unter dem breiten, dunklen Bart. Der Vater hielt den Rechtsanwalt bei der Hand, und der Rechtsanwalt hatte auch einen Hut auf dem Kopf und einen schwarzen, schönen Bart, der ihm auf die Brust hinabhing, obwohl er noch ein kleiner Junge war.

15

Er stand am Verandafenster und schaute wachsam auf die Straße hinaus. Er war nicht groß, fast kahlköpfig, zart. Seine Gestalt kontrastierte mit seinen Gesichtszügen, die wie kräftig gemeißelt wirkten, als hätte Gott zornig und ungeduldig gearbeitet. Es war ein bäuerliches Gesicht aus alten Gemälden von Kotsis oder Chełmoński, wo Kraft sich mit Stumpfsinn verbindet. Er stand am Verandafenster, schaute wachsam auf die Straße vor dem Haus und spürte einen Schmerz im Herzen. So lange, so unglaublich lange war es ihm gelungen, fern vom Fluß der Ereignisse am trockenen Ufer zu bleiben. Er war nicht feige, sondern einfach weniger interessiert. Erst nach Jahren sollte sich herausstellen, daß alle ohne Ausnahme interessiert gewesen waren. In Wirklichkeit gehörte er zu der zahlreichen Gruppe von Menschen, die den Verlust der Unabhängigkeit mit Bedauern hinnahmen, die Okkupanten mit Abscheu beobachteten, die entfesselte Grausamkeit der Welt voller Angst erfuhren, aber ihre eigene Existenz am Rande ansiedelten, beschäftigt mit den Sorgen des Alltags oder – wie er – mit dem inneren Leben, das sich desto weiter entfernt abspielte, je böser und unmenschlicher die gewöhnlichen Ereignisse wurden. In der Vergangenheit hatte er unter Schatten gelebt, in Freundschaft und Versöhnlichkeit. Er war nicht nur von Beruf und Neigung klassischer Philologe. Latein und Griechisch hatten aus ihm einen Menschen gemacht, der

186

nicht in dieser Welt lebte. Damals war das noch möglich gewesen. Er lebte einsam, umgeben von der angenehmen, kultivierten Gesellschaft der Klassiker. Er unternahm Spaziergänge mit Thukydides, Tacitus oder Xenophon unter dem Arm. Er aß mit Sophokles und Seneca. Lebendige Menschen erkannte er mühsam, Kontakt mit ihnen pflegte er nur der Form halber, weil sie zwar für das Leben notwendig, aber uninteressant und lautstark waren. Er genoß den Ruf des Zerstreuten. Es kreisten Anekdoten über ihn, die er nicht einmal kannte, weil er für seine Umgebung keinen Partner bedeutete, sondern nur einen Gesprächsgegenstand.

Er stammte aus einem Dorf bei Kielce, wo seine Eltern und Vorfahren für ein Dach über dem Kopf und ein Stück Brot Lohnarbeit angenommen hatten. An seine Mutter erinnerte er sich überhaupt nicht, an seinen Vater ohne Liebe als an einen Menschen mit furchtbaren Zornesausbrüchen, einer Wut, die aus dem Unglück resultierte. Im Alter von zehn Jahren hatte er Vater und Geschwister verlassen und war in die Welt einsamer Armut hinausgezogen. Doch hegte er im Herzen Haß gegen Armut und Erniedrigung, gegen das idyllische Dorf, die Weiden und Haselsträucher, die Schollen umgepflügter Erde, die Rauchfahnen über den Feuerstätten, die Bäuerlichkeit, die Schimpfwörter, die allgemeine Verhöhnung. Aus solchen wie er entwickelten sich Empörer oder einsame, in sich konzentrierte Einzelgänger. Vor ihm lag die Wahl: soziale Revolution oder Flucht aus der schlecht eingerichteten Welt. Über Leute wie ihn hatten die Positivisten ihre Poeme geschrieben. Auch Żeromski. Er arbeitete auf dem Bau, am Brunnen, bei den Pferden. Er hungerte und litt. Und lernte mit bäuerlicher Hartnäckigkeit. Für Holzhakker- und Wasserträgerdienste wohnte er in Schlafstellen und Kammern. Für Geschirrwäscher- und Aufwischerdienste aß er in den Garküchen. Er beendete das humanistische Gymnasium mit Auszeichnung, wurde zu kostenlosem Studium zugelassen. Sein Golgatha dauerte zwanzig Jahre lang, denn zu allem Übel mußte er den Großen Krieg und das Jahr 1920 in Armut überstehen. Erst später kam er auf die Beine, lebte aber stets in Armut, stolz und einsam, Doktor der Philosophie, klassischer Philologe, Sohn landloser Knechte, der sich durch eigene Kraft, Entschiedenheit und Charakterstärke nicht nur über seinen Stand, sondern über Millionen anderer, unter einem glücklicheren Stern geborener Menschen hinaufgearbeitet hatte. Er verdankte alles sich selbst und brauchte nichts von der Welt. Er gab sich mit seiner bescheidenen Existenz zufrieden, bestritt seinen Lebensunterhalt durch gelegentlichen Unterricht in Latein und Griechisch, griff auch nach anderen Beschäftigungen, weil er keine Arbeit scheute, er hatte jede in jungen Jahren kennengelernt. Die Welt, die ihm gegeben war, mochte er nicht. Darum verließ er Welt, Menschen und sichtbare Gegenstände und begab sich in die warmen, sonnigen Länder der Antike.

Als der Krieg ausbrach, hatte er keine Angst vor der Zukunft. Einsame Menschen, die in einer Welt der Phantasie leben, kennen die Ängste ihrer Nächsten nicht. Krieg und Okkupation machten Dr. Adam Korda nicht ärmer, sie nahmen ihm auch nicht das Privileg der Spaziergänge mit Cicero. Aber er war kein kalter und mitleidloser Phantast. Die Leiden anderer weckten in ihm Mitgefühl. Doch alles, was um ihn geschah, war nicht seine Sache. Er studierte nicht wie so viele andere die Richtung von Hitlers Panzervorstößen, weil ihn das Problem der Anabasis und des Gallischen Krieges ungleich mehr fesselte. Vielleicht fühlte er sich zu Zeiten der Okkupation sogar ein wenig sicherer in der Welt des Trugs und der Unwirklichkeit, alles ringsum war ja unwirklich und von der akzeptierten Norm weit entfernt.

Man sprach von seinen furchtbaren und zugleich komischen Abenteuern. Er geriet in eine Razzia und bemerkte sie nicht. Forderte ein Gendarm seine Papiere, so konnte er lange nicht begreifen, was dieser Mensch von ihm wollte, bis der Gendarm schließlich, vermutlich gelangweilt oder aus weichem Herzen, mit der Hand abwinkte und ihn gehen ließ.

»Wie sind Sie aus dieser Razzia herausgekommen, Herr Doktor?« fragte ein Bekannter, Zeuge des Geschehnisses.

»Aus welcher Razzia? Ach ja, diese Geschichte. Ich weiß nicht, wirklich. Ich war in Gedanken.«

Er mied die Menschen und zwangsläufig auch den Krieg, den sie entfesselt hatten. Ihn interessierten die hieratischen, stolzen und ohne einen Blutstropfen aus dem Stein gehauenen Kriege der Antike. Darin fand er eine moralische Ordnung, die es im realen Leben nicht gab. Deshalb kümmerte er sich nicht um das reale Leben.

Seine Nachbarin hinter der Wand mochte er gern. Eine sehr schöne, ruhige Frau und Offizierswitwe. Von seinen Besuchen bei entfernten Verwandten, nahe Lublin brachte er manchmal Gläser voll Marmelade und Flaschen voll Obstsaft mit. Hin und wieder erlaubte er sich, Frau Gostomska ein Glas Marmelade zu schenken. Sie dankte mit bezauberndem Lächeln und revanchierte sich mit einem kleinen Päckchen Tee, was keine geringe Geste darstellte. Manchmal suchte er Frau Gostomska auf, sie verfügte über großen weiblichen Zauber und interessierte sich für die Antike. Nie war er bisher einer so stillen, wortkargen, konzentrierten Person begegnet. Er dankte dem Schicksal, weil es ihn mit Frau Gostomska in Berührung gebracht hatte. Plötzlich aber stellte sich heraus, daß sie in Schwierigkeiten geraten war. Man hatte sie jüdischer Herkunft verdächtigt und bei der Gestapo festgehalten. Ihr drohte der Tod.

Zum ersten Mal stieß Dr. Korda unmittelbar mit der Todesgefahr zusammen. Noch gestern hatte Frau Gostomska seinen Gruß mit einem Lächeln erwidert, und morgen würde sie, von der Gestapo zu Tode gequält, nicht mehr leben. Frau Gostomska verließ sich auf Dr. Kordas Hilfe. Sie übermittelte ihm eine Nachricht. Er blieb nicht untätig, sondern wurde sofort aktiv. Doch große Hoffnungen machte er sich nicht. Was konnte dieser junge Mann, Herr Paweł Kryński, der einzige gemeinsame Bekannte, schon tun? Was konnte er tun, wenn der Wahrheit entsprach, was die Leute über die Gestapo und die Schuch-Allee erzählten? Und sie erzählten keine aus den Fingern gesogenen Geschichten, denn es fand ein grausamer Krieg statt, Dr. Korda hatte von Torturen, Exekutionen und Konzentrationslagern gehört. Saß sein Bekannter, der klassische Philologe Dr. Antoni Kamiński nicht in Auschwitz? Dr. Korda schickte regelmäßig Lebensmittelpäckchen ins Lager. Er versagte sich vieles, um die Päckchen für den klassischen Philologen Kamiński absenden zu können. Was konnte der junge Mann tun, um Frau Gostomska zu retten? Dr. Korda suchte in seiner Erinnerung fieberhaft nach Menschen, die behilflich sein könnten. Doch er hatte wenig Bekannte und keine Freunde. Zum ersten Mal im Leben belastete ihn seine Einsamkeit, die Lebensweise eines Sonderlings. Es hing soviel von anderen Menschen ab, ohne deren Gefälligkeit und Bemühung Frau Gostomska unrettbar verloren wäre. Sie ist bestimmt keine Jüdin. Ein geradezu lächerlicher Verdacht. Ohne die sehr hellen Haare sähe Frau Gostomska wie eine Diana aus. Hat das eine Bedeutung für die Menschen von der Schuch-Allee? Jüdin oder Nichtjüdin? Es ging doch nicht nur um die Juden!

Er stand am Verandafenster und schaute wachsam auf die Straße hinaus. Das war ein guter Beobachtungspunkt. Falls Frau Gostomska zurückkehrte, würde er sie bestimmt bemerken. Er stand dort in Pumphosen und Schnürschuhen, nicht groß, fast kahlköpfig, reglos, eine schmerzliche Unruhe im Herzen. Er fühlte sich ratlos und schwach. Jetzt dachte er nicht an den Gallischen Krieg, sondern an den draußen vor dem Fenster. Als der Abend herabsank, schaltete er das Licht nicht ein. Er schob sich einen Stuhl nahe ans Fenster, setzte sich und schaute in die Dunkelheit. Erst um Mitternacht begriff er, daß Frau Gostomskas Rückkehr zu dieser Stunde nicht mehr möglich war. Da zog er das Verdunkelungsrollo und die Gardinen vor und ging zu Bett. Gegen Morgen schlief er ein, wachte aber beinahe sofort wieder auf und bezog erneut den Posten am Fenster. Er hatte einen vollen Tag des Wartens vor sich. Und eine riesengroße Einsamkeit, denn die antiken Geister verließen ihn. Zeitweilig schlummerte er ein, die Stirn auf das Fensterbrett gelegt. Erstarrt wachte er auf. Hatte er Frau Gostomskas Rückkehr übersehen? Er horchte angespannt auf Laute jenseits der Wand. Dort herrschte Stille.

Die Stunden schlichen auf Zehenspitzen hinter seinem Rücken vorbei. Es war ein Frühlingstag voller Sonne und Vogelgezwitscher. Am frühen Nachmittag spürte

Dr. Korda, daß er etwas tun mußte und nicht länger reglos bleiben konnte. Er hatte seit vielen Stunden nichts gegessen, aß aber immer wenig, er maß den Mahlzeiten keine Bedeutung zu und hatte darum auch keinen Hunger. Essen ist etwas Barbarisches! pflegte er oft zu sagen. Insofern war er durchaus nicht antik, sondern blieb ein Nachfahre landloser Bauern aus den Świętokrzysker Bergen, die sich mit irgendetwas begnügten, mit Kartoffeln oder einer dünnen Suppe.

Er verließ seinen Beobachtungspunkt und begab sich nach draußen. Auf dem Bürgersteig vor dem Haus ging er hin und her. Was hätte er sonst auch tun können? Er spürte in sich eine bisher unbekannte Inhaltslosigkeit, eine angeschwollene Leere. Plötzlich beschloß er, eine Zigarette zu rauchen. Unerhört, dachte er fieberhaft, unerhört! Doch schon ging er auf die Bude hinter der Straßenecke zu, die sich an die Hausmauer kauerte.

»Bitte eine Schachtel Zigaretten«, sagte er.

»Welche?« fragte der Verkäufer.

»Weiß ich nicht. Bitte billige Zigaretten.«

Es war die Marke *Haudegen*. Er öffnete die Schachtel, roch daran, schob das Mundstück zwischen die Lippen. Da fiel ihm ein, daß er keine Streichhölzer hatte. Er kehrte zu dem Verkäufer zurück. Endlich steckte er sich die Zigarette an. Er sog den Rauch ein. Husten überkam ihn. Unerhört, dachte er, unerhört! Aber er rauchte weiter. Er ging auf dem Bürgersteig hin und her, ein kleiner Mann in Pumphosen, im Jackett mit ausgelegtem Hemdkragen, in Schnürschuhen bis zum Knöchel, und rauchte wie ein Dampfer. Er spürte schon nicht mehr die Last der Leere in der Brust, sondern einen scharfen, stechenden Schmerz. Jetzt quälte ihn der Husten. Er begab sich zurück in seine

Wohnung. Den Zigarettenstummel warf er ins Klosett und spülte nach. Wieder stand er am Fenster. Der Tag verlosch. Sie lebt nicht mehr, dachte Korda. Ein schrecklicher Gedanke. Doch jeder Augenblick gab ihm mehr Gewißheit, daß Frau Gostomska nicht mehr lebte. Schließlich resignierte er, trat tiefer ins Zimmer und setzte sich an den Tisch. Was geht mit mir vor, dachte er, es ist doch nur ein einziger Mensch. Nur ein einziger Mensch. Viele Jahre später, in einer ganz anderen, veränderten, unreifen und gemäßigt grausamen Welt rang er weiter in diesem Dikkicht. Von der Antike waren Trümmer übriggeblieben, erst dadurch war die Antike endgültig zerstört. Nur ein einziger Mensch, dachte er damals, nur ein einziger. Ihn entsetzte die Welt, die da plötzlich auftauchte, wie Minerva aus Jupiters Kopf entsprang, groß und allgegenwärtig, in der Wüste von Ruinen und Brandschutt. Er sah sich beraubt und zum Narren gehalten. Diese Welt bot eine Mühelosigkeit an, die Dr. Korda nie angeboten worden war. Alles, was er mit unbeschreiblicher Mühe, unter von den Dichtern beschriebenen Entsagungen errungen hatte, befand sich nun in erreichbarer Nähe für jedermann. Hirt und Barbar stürmten die Akropolis, zu der Dr. Korda einsam, im Schweiße seines Angesichts und in Erniedrigung, mit ungeheurer Anstrengung emporgestiegen war. Er spürte keinen Neid, nur Enttäuschung und Angst. Er fürchtete die Vielzahl. Was galt die Welt, wenn sie nicht erkauft war durch das Opfer des einsamen Menschen, eine Welt, in der jeder alles oder nichts hat, genausoviel und genau dasselbe, ohne Unterscheidung? Nur ein einziger Mensch, wiederholte er, nur ein einziger. Wo leuchten denn für alle dieselben Sterne? fragte er sich. Wo wehen ohne mich meine Winde? Wer außer mir blickt meinem

Tod ins Auge? Wer hat meine Götter gesehen, meine Ängste durchlebt, meine Träume geträumt, meinen Hunger erfahren, mein Lachen gelacht und meine Tränen geweint?

Erst da zerfiel die Antike zu Trümmern. Ein einziger Mensch. Nur ein einziger Mensch.

Die erste Ladung Dynamit wurde in jenem Augenblick unter einer dorischen Säule gezündet, als Dr. Korda sich an den Tisch setzte und sich sagte, daß Frau Gostomska bestimmt nicht mehr am Leben sei. Ein Mensch war getötet worden. Es blieb nur noch die Menschheit. Ist das möglich? stellte er sich die Frage. Er wollte sich mit dem Tod des Menschen nicht abfinden, stand auf und trat wieder ans Fenster. Die Götter hatten ihn damals nicht verlassen, denn im herabsinkenden Grau, im gefilterten Glanz der letzten Strahlen der Sonne, die hinter den Dächern rauchte, erblickte er die bekannte Gestalt. Frau Gostomska ging den Bürgersteig entlang. Sie wirkte ein bißchen abgespannt, aber elegant und schön wie immer. Er wollte ihr sofort entgegenlaufen, doch eine Überlegung hielt ihn zurück. Das wäre nicht höflich, sagte er sich, Frau Gostomska braucht Einsamkeit und Konzentration. Ich werde hinter der Wand wachen. Fröhlichkeit überkam ihn. Er summte ganz leise vor sich hin. Er spürte Hunger, ging in die Küche, aß Brot, trank Milch. Dann entdeckte er in seiner Tasche die Schachtel Zigaretten und warf sie in den Mülleimer.

16

Ich gehe zurück, Paweł«, sagte Henio.

Zum ersten Mal sagte er nicht Pawełek, sondern Paweł. Und Paweł antwortete mit einer gewissen Kühle: »Wohin, Henryk?«

»Dorthin.«

Henryk wies auf die dunkle Wolke über den Ghettoruinen, die sich in seinen Augen spiegelte.

Sie standen an der Wand eines Mietshauses der Książęca-Straße, vor ihnen lagen der mit niedrigen Häusern bebaute Platz, die bauchige Kirche und die Perspektive der Allee. In der Allee grünten die Bäume. Es roch nach Frühling und Brand.

Beide begriffen, daß sie erwachsen geworden waren. Sie waren keine Jungen mehr. Und sie empfanden keine Verwunderung. Immerhin würde einer von ihnen in Kürze sterben. In Todesnähe altern sogar kleine Kinder schnell.

»Es hat keinen Sinn, daß du dorthin zurückgehst«, sagte Pawełek. »Das ist der sichere Tod.«

»Wahrscheinlich«, antwortete Henryk. Nie war er irgendeiner Sache sicher. Er war ein zu guter Schüler, der Primus in den exakten Fächern.

»Wahrscheinlich«, wiederholte er und hob leicht die Schultern.

Paweł kam zu dem Schluß, es lohne nicht mehr, Worte zu verlieren. Henryk geht dorthin zurück. Sein Entschluß ist unumstößlich. Ginge ich an seiner Stelle zurück?

dachte Paweł. Und er antwortete sich: Wahrscheinlich ja. Doch sie konnten ihre Voraussetzungen jetzt nicht mehr vergleichen, sie waren am Scheideweg angelangt. Sie standen nebeneinander, waren die besten Freunde, hatten gemeinsam mehr als zehn reiche Kindheits- und Jugendjahre verbracht, verstanden aber in diesem Augenblick beide, daß etwas sie trennte. Sie standen auf verschiedenen Seiten, zwischen ihnen erhob sich eine hohe Mauer. Solche Mauern fallen nur beim Klang der Posaunen von Jericho, aber die Posaunen von Jericho schwiegen.

»Wir sehen uns wohl zum letzten Mal«, sagte Henryk und hob wieder leicht die Schultern.

Paweł schwieg.

Ich kann ihn nicht festhalten, dachte er. Er wird fortgehen. Wir sind uns nicht mehr so nahe wie früher. Henryk nimmt mir etwas weg. Ich kann nicht festhalten, was er mitnimmt, wenn er fortgeht. Und was von mir in ihm ist, wird auf der anderen Seite umkommen. Von nun an wird es ein Stück Pawełek weniger geben. Vielleicht wird es ihn gar nicht mehr geben, diesen Pawełek, den ich so geliebt habe, weil er ein lustiger, trotziger Junge war und ich mich mit ihm nie gelangweilt habe. Henryk nimmt mir Pawełek weg, und sie fahren beide zur Hölle. Es wäre gut, Henio für mich zu bewahren. Diesen Henio, der jetzt entwischt ist, sich in einer Toreinfahrt der Książęca-Straße versteckt hat und dort wartet, bis Henryk fortgeht. Henio bewahren, das ist das Einzige, was ich tun kann.

Er blickte Henryk ins Gesicht. Noch gab es dort eine Spur von Henios Zügen. Immer schwächer, immer blasser. In Henryks Blick gab es keine Spur mehr davon,

nur in den roten Backen, in den launischen, leicht aufge-
worfenen Lippen, im dunklen, dichten Haar über der
Stirn. Das muß man bewahren.

Jede, auch die kleinste Einzelheit dem Gedächtnis ein-
prägen. Diesen zweireihigen langen Mantel im Fischgrä-
tenmuster mit den breiten, wattierten Schultern und
dem lockeren mittleren Knopf rechts, der nur noch an
einem Faden hängt. Der Knopf wird abreißen, noch ehe
Henryk das Ghetto erreicht. Doch für Paweł wird der
Faden nicht abreißen bis ans Ende, nicht einmal in fünfzig Jahren. Henios Schuhe. Schwarze, sorgsam
geschnürte, ein bißchen abgenutzte Schuhe. Die dunkelblaue Mütze eines Skiläufers mit dem abgegriffenen
Schirm. Der schwarze, unter dem Kinn zu einem Kno-
ten geschlungene Wollschal. Henios Hände, klein, mäd-
chenhaft, mit blassen, schlanken Fingern. Henios
Ohren. Seine Nase, Brauen, Stirn. Die roten, ein wenig
aufgeblasenen Backen. Die etwas zu naschhaften Lippen, die Henio auf irgendeine Weise zugrunde richten
mußten.

Henio im Gedächtnis bewahren. Auch seinen kaum
sichtbaren Schatten an der weißen Hauswand. Und die
Taube auf dem Fensterbrett über Henios Kopf. Ich
nehme ihn mit, dachte Paweł, ich rette ihn.

So dachte er triumphierend und bitter.

Und zu welchem Zweck bewahrte er ihn im Gedächtnis? Um diesen Jungen durch den langen, dunklen Tun-
nel der künftigen Jahre zu tragen? Warum bewahrte er
ihn im Gedächtnis, da sie doch nie mehr dieselbe Sprache sprechen sollten? Was ist ein schweigender Mensch
wert, der keine Worte weiß, der die Dinge nicht benennen und keine Gerechtigkeit austeilen kann?

Paweł bewahrte diesen Henio in dem zweireihigen Herbstmantel und den abgetragenen Schuhen, um sich später unablässig mit ihm zu streiten, um sich auf ihn zu berufen, ihn mit Fragen zu überschütten, auf die Henio nie antwortete, dieser launische jüdische junge Mann mit dem roten, naschhaften Mund, mit dem Paweł nach vierzig Jahren Arm in Arm auf die Stawki-Straße ging, Blumen in dessen Händen, das Pochen des Blutes in dessen Schläfen, die Milizionäre in den hellblauen Uniformen am Ende der Straße, eine völlig fremde Welt, ohne jeden Zusammenhang mit Henio, eine Welt, in der es keinen Stein, kein Atom Luft, keinen Tropfen Feuchtigkeit aus der Welt jener Książęca-Straße mehr gibt, auf der Paweł Henryk verabschiedet, auf der Paweł Henio im Gedächtnis bewahrt, um ihn auf den Schultern durch den rauschenden, drohenden Bach zu tragen, wie der Heilige Christophorus das geheimnisvolle Kind. Doch der Heilige Christophorus machte nur wenige Schritte und war schon am anderen, sicheren Ufer, während Paweł seine Last, diesen schweigenden jüdischen Halbwüchsigen jahrzehntelang schleppen wird, durch all die Tage der Wildheit, Heuchelei, Dummheit und verlogenen Erhabenheit, die noch seiner warten.

Und was bleibt am Ende der Reise von diesem Abenteuer? Ein alter Mensch kommt zu dem Haus auf der Książęca-Straße, bleibt an der weißen Mauer stehen, nickt. Er schaut sich Henio an. Henio wird ein junger Mann mit roten Backen sein, im zweireihigen Herbstmantel und eine Skimütze auf dem Kopf. Keine Runzel, keine Spur von grauen Haaren. Verstorbene altern nicht. Und wozu habe ich dich in dieses ganze Unglück mitgenommen, Henryk? wird der alte Paweł fragen. Henio wird die Achseln zukken. Vielleicht wird er auch das eine vertraute Wort sagen. Er wird sagen: Wahrscheinlich...

»Leb wohl, Paweł«, sagte Henryk und streckte ihm die Hand hin.

»Leb wohl, Henryk«, sagte Paweł.

Ich werde diese Szene nicht mögen, dachte er mit plötzlich aufbrechender Wut. Wenn wir beide überleben, wird sie lächerlich wirken.

Aber ihnen drohte alles, nur nicht die Lächerlichkeit. Allerlei Leute unternahmen später ungeheure Anstrengungen, damit diese Geste auf dem Filmstreifen und auf den Mattscheiben der Fernseher lächerlich wirkte, und sie war wirklich lächerlich durch ihren Heroismus aus einer anderen Welt, in der sie sich als künstlerisches Kürzel darstellen mußte. In der angefaulten Welt abgenutzter Schlagwörter, der Verstellung, der kleinen Geschäfte mit den Toten und des unablässigen Geschwätzes von der Zukunft war eine solche Geste wahrhaft anachronistisch und deshalb lächerlich wie Julius Caesar auf dem Fahrrad.

Doch das konnten sie nicht voraussehen, während sie an der Hausmauer auf der Książęca-Straße standen, zwei junge Männer, die den Kommandanten liebten, oft über Romuald Traugutt sprachen, von der Attacke bei Rokitna träumten. Sie taten gerade die ersten, unsicheren Schritte auf dem sumpfigen Grund der Totalitarismen und waren beide bereit, lieber zu sterben, als darin bis zum Hals zu versinken.

»Ich gehe jetzt«, sagte Henryk.

Paweł schwieg. Dann flog noch die Taube auf. In der Toreinfahrt huschte die Gestalt einer Frau mit grünem Tuch um die Schultern vorbei. Eine Straßenbahn klingelte auf dem Nowy Świat, ihr roter Leib erschien an der Ecke wie ein Drache aus Blech, ein Spielzeug für kleine Kinder, für Henio und Pawełek.

Er ging. Und verschwand sofort. Paweł schaute zum Himmel auf. Er war sehr blau, aprilhaft. Nur irgendwo am Rande, über den Dächern, schob sich langsam der schmutzige Streifen der Vernichtung vorbei.

Ist es möglich, daß er schon damals den Eindruck eines Anfangs hatte, nicht eines Endes? Ist es möglich, daß er in dem Moment, als Henryks Silhouette seinen Augen entschwunden war, verstand, daß nun ein neues Kapitel beginnen und ohne Ende fortdauern würde, sein ganzes Leben lang? Später war er davon überzeugt. Gerade an jenem Tag, dachte er später vielfach, habe ich verstanden, daß die Zeit der Trennungen, Abschiede und ewigen Ängste anfing. Doch ging es nicht nur um die Trennungen. Zwar war Henryks Fortgehen für Paweł der erste Abschied. Später folgten viele, vielleicht noch stärker erschütternde, aber nicht so tief erlebte, denn nie wieder war er später neunzehn Jahre alt, ein Alter, in dem jeder fortgehende Mensch fast die gesamte Welt mitnimmt und nur wertlose Krümel zurückläßt. Später lernte er, sein eigenes Leben sogar aus Scherben zusammenzuflicken, für die kein Vernünftiger auch nur einen Heller gäbe. Und nicht er allein lernte das. Doch es ging nicht nur um die Trennung. Gewiß war Henryk sein erster Freund gewesen und nahm beim Fortgehen die Kindheit und die besten Augenblicke der Jugend mit. Warum aber erinnerte er sich später nicht nur an die Gestalt des Burschen im zweireihigen Herbstmantel, die hinter der Straßenecke verschwand, um nie wieder in der lebendigen Welt aufzutauchen, sondern auch an den schmutzigen Rauchstreifen am Himmel, der wie ein rostfarbiger Lumpen über den Dächern der Warschauer Häuser hing? Warum sollte der Himmel über seinem Kopf von nun an immer schmutzig und ausgeblichen wirken, sogar wenn ihn manchmal eine heroische Feuersbrunst erhellte?

Fünfzehn Monate später, als Henryk längst nicht mehr lebte, hüllte sich der gesamte Himmel über der Stadt, von einem Ende zum anderen, in Rauchschwaden und den Schein der Brände. Paweł dachte zu diesem Zeitpunkt nicht an den Abschied von Henryk, er dachte nicht einmal an den Tag von gestern oder die vergangene Stunde. Er lebte im Kampf, auf einer Barrikade der Aufständischen, und dachte an den Karabiner, diesen Teil seiner Existenz. Der wichtigste Teil, von dem alles abhing. Und doch begleitete ihn auch damals das Gefühl der Hoffnungslosigkeit, er trennte sich von neuem und nahm Abschied. Häuser und Straßen gingen fort von ihm, Parks und Plätze, Denkmäler und Menschen. Mit jeder Stunde des Aufstands wurde er weniger, schrumpfte und wurde kleiner, versank in die Tiefe und schwand wie diese Stadt. Später nannte man das Verrat, noch später schönen Wahnsinn, zum Schluß eine Tragödie, in die Paweł ohne Schuld und eigene Entscheidung verstrickt worden sei. Er aber fühlte sich nie als Verräter, als Wahnsinniger und erst recht nicht als Statist in einem Drama, das nicht das seine war. Er hatte sich nicht viel vorzuwerfen, weil er versucht hatte, seine Pflicht zu erfüllen. Was die anderen betraf, so hatte er nie Sicherheit darüber erlangt, ob sie ihre Pflicht erfüllten und wirklich erfüllen wollten. Doch strebte er nicht danach, Richter seiner Nächsten zu sein, selbst wenn sie seine Richter waren.

Der Himmel wirkte auf ihn immer schmutzig und unbarmherzig. Vielleicht weil er eine Zeitlang an Gott zweifelte. Doch gewann er auch später, als er den Glauben wiedergefunden hatte, die Hoffnung nicht zurück. Immer verfolgte ihn das Gefühl, er habe im Laufe des Krieges etwas Großes verloren. Später träumte er von den Städten Europas, die er nicht kannte und nie gesehen hatte. Er träumte von Kathedralen, Schlössern, Brücken und Straßen. Es waren Träume, in denen er sich wohl fühlte, um nach dem Erwachen erneut den Verlust zu empfinden. Später reiste er nach Europa. Ein fremder Gast aus fernen Landen. Und büßte seine Träume ein. Die Kathedralen, Schlösser und Brücken gab es zwar, sie waren aber nicht sein Eigentum, er fand sich dort nicht wieder. Mein europäisches Bewußtsein existiert nicht mehr, dachte er bedauernd, vielleicht hat es sogar nie existiert, vielleicht war es nur eine Illusion, das Streben nach einer Identifikation, die mir nie gegeben war? Er fand in sich eine barbarische Tragik wieder, Ungenügen vielleicht oder Übermaß, durch das er keinen Platz mehr hatte in den europäischen Kathedralen und auf den Brücken über die Flüsse Europas. Zudem war der Himmel über Europa auch nicht besser. Er kehrte erleichtert zurück, um sich wieder zu sehnen. Er sah darin eine Komik, die ihn ein wenig tröstete. Denn wenn er diese Komik nicht empfunden hätte, wäre nur Verkrüppelung übriggeblieben. Letzten Endes ist es besser, abstehende Ohren zu haben als ein verkürztes Bein.

Hatte ausgerechnet Henryk ihm jede Hoffnung genommen? Paweł sah den Unsinn solcher Anklagen ein. Der lebendige Henryk wäre sicher nicht viel anders gewesen als Paweł. Sie waren beide im gleichen Maße bestohlen worden. Henryk befand sich in der besseren Situation, weil er nichts davon wußte. Im Sterben durfte er glauben, es würde einmal anders. Und es wurde in der Tat ein wenig anders. Nach einer gewissen Zeit tötete man keine Menschen mehr, mindestens in Europa und an seinen Peripherien nicht. Das war ein riesengroßer Fortschritt, und Paweł segnete den Tag, an dem der Krieg aufhörte. Nur die Wahnsinnigen segneten diesen Tag nicht. Nur die Dummen, von ihrer Prinzipientreue geblendet, bemerkten keinen Unterschied. Wenn Polen nicht ganz so war, wie sie es sich gewünscht hatten, auch wenn es ganz und gar nicht so war, bildete doch für die Geretteten die Tatsache ihrer Rettung einen hinreichenden Unterschied, um es zu segnen. Wie auch immer, Paweł lebt, und Henryk ist tot. Und Paweł erkannte die Andersartigkeit dieses Standes der Dinge. Dennoch empfand er nach zehn Jahren Müdigkeit und nach zwanzig Jahren lähmende Langeweile. Wie lange kann man die Tatsache feiern, daß ein Mensch nicht getötet wurde? stellte er sich die Frage. Sie war besonders angebracht, weil rund um ihn Menschen an Altersschwäche, Krankheiten oder Schicksalsschlägen starben. Für diejenigen aber, die starben, war es ziemlich egal, auf welche Weise sie die Schwelle zur Ewigkeit überschritten. Es gab keinen spezifischen Unterschied zwischen einem auf den Straßen des besetzten Warschau erschossenen alten Mann und seinem Altersgenossen, der ein Dutzend Jahre später am Krebs starb. Vielleicht hatte der Erschossene weniger gelitten und sich kürzere Zeit gefürchtet. Auch gab es keinen sichtbaren Unterschied zwischen einem in den Feuern des Krieges verbrannten Kind und einem anderen, das ein betrunkener Autofahrer überfuhr, während es in der Zeit des dauerhaften Friedens zur Schule ging. Die Mütter weinten die gleichen Tränen. Was im Jahre 1945 wundervoll erschien, war einige Jahre später nur noch selbstverständlich und noch etwas später langweilig und banal. Und nicht mehr der Krieg war schrecklich, sondern der Friede. Für die aber, die den Krieg überhaupt nicht kennengelernt hatten, weil sie nach seiner Beendigung auf die Welt kamen, wurde dieser banale Friede, also das allergewöhnlichste Leben auf Erden unerträglich. Paweł alterte, erinnerte sich der Vergangenheit und befand sich infolgedessen in etwas besserer Lage. Er konnte sich stets an eine vollkommenere Hölle erinnern. Doch war das kein genügend dauerhafter und starker Trost, um in der Hoffnung zu leben. Im Grunde setzte ihm das Gefühl der Würde zu. Es war wie ein Pickel in der Nase. Man kann nicht riechen, woher der Wind weht, und sich nicht mit hoch erhobener Stirn in der Öffentlichkeit zeigen.

Zum Glück war die Welt nicht mehr so grausam wie früher, in Pawełs Jugendjahren, aber sie wurde unerträglich trivial. Eine Welt des Mangels, der scheinbaren Ordnung und öffentlichen Sicherheit. Gepflegte Beete, aber stinkende Müllhaufen, echte Freiheit, aber gesperrte Durchgänge.

Was setzte Paweł zu? Hatte Henryk ihm das Recht zur Freiheit genommen?

Eines Abends unterhielt er sich darüber mit Gruszecki. Der hatte sich angeboten, Paweł mit seinem Auto heimzubringen. Sie hatten sich ganz zufällig bei Schwester Weronika getroffen. Gruszecki rüstete gerade zum Aufbruch, als Paweł eintrat, ein seltener, lange nicht gesehener Gast. Paweł verband mit Schwester Weronika eine unklare und unsichere Beziehung, die mit einer gelegentlichen Korrespondenz zusammenhing. Beide erhielten manchmal Briefe aus Israel. ›Bitte grüßen Sie Schwester Weronika.‹

›Meine Liebe, wenn Du Herrn P. siehst, grüß ihn von mir.‹ Paweł hatte gerade eine konventionelle Postkarte erhalten, darauf ›Verneigungen für die liebe W.‹ So kam er, um der alten Nonne Verneigungen zu überbringen, seltsame Verneigungen, deren blasser Schatten über die Kontinente hinweg fiel, von einem Kibbuz auf der Westbank bis zum Warschauer Stadtteil Powiśle. Er blieb nur kurz, weil er Schwester Weronika apathisch und schwach vorgefunden hatte. Sie näherte sich der Achtzig. Beim Handkuß hatte er den Eindruck, als berührten seine Lippen ein vertrocknetes Blatt.

Im Auto sagte Paweł: »Ich weiß noch, sie war eine große, kräftige Frau. Jetzt ist sie so klein geworden. Meinen Sie nicht auch manchmal, daß alles schrumpft? Als würde das Leben unablässig kleiner.«

Gruszecki blickte geradeaus. Der Lichtschein des Tachometers beleuchtete sein schmales, ebenso angelsächsisches wie altpolnisches Gesicht. Er hielt die Pfeife zwischen den Zähnen, schwieg und hob die Schultern.

»Sie ist fast achtzig«, sagte er schließlich, während er die Pfeife in die linke Hand nahm und die rechte auf dem Steuer ließ. »So ist das, wir altern.«

»Sie haben noch viel Zeit«, sagte Paweł. »Bei mir ist es anders. Immer weniger Chancen. Ein unerfreuliches Wissen. Etwas vergeht und kommt nicht mehr wieder. Ständige Verluste.«

»So pessimistisch wäre ich nicht. Was das Alter anbetrifft, gibt es zwischen uns keinen Unterschied. Früher – ja. Jetzt ist das ohne Bedeutung. Die Sache beruht, denke ich, auf der Beurteilung der Wirklichkeit. Sie haben ein wenig romantische Anschauungen, scheint mir.«

»Romantische?« wiederholte Paweł. »Darauf wäre ich

nie gekommen. Ich bin immer fest auf der Erde geblieben.«

»Na, na«, sagte Gruszecki, schwenkte plötzlich zur Seite, bis die Räder den Bordstein streiften, hielt an und stellte den Motor ab. »Das würde ich nicht sagen, Teuerster. Ich habe dies und das von Ihren Abenteuern aus der letzten Zeit gehört. Was war das anderes als romantische Träumerei?«

Seine Stimme nahm einen etwas vorwurfsvollen Ton an. Wieder zog er an der Pfeife. Paweł lachte auf. Gruszecki kam ihm komisch vor.

»Sie lachen? Meinetwegen. Aber es geht ja nicht allein um Sie, um Ihre Angelegenheiten oder vielleicht gar Ihr Leben. Damit könnt ihr machen, was ihr wollt. Aber ihr setzt dieses Land einer Gefahr aus! Ohne Sinn, ohne die geringste Chance.«

»Wo ist denn der Sinn, die Chance, Herr Ingenieur? Wir stecken bis an die Ohren im Morast, und wenn jemand aus dem Morast herauskommen will, sagen Sie, das hat keinen Sinn?!«

Gruszecki nickte. »Ja. Keinen Sinn. Man kann ertrinken, man kann auf den Grund sinken.«

»Also still sitzen und sich nicht rühren? Keine Bewegung, ja?«

»Keine Bewegung! Jede Bewegung ist gefährlich. Letzten Endes, wenn Sie schon solche nicht sehr glücklichen Vergleiche wünschen, stecken wir in diesem Morast bis zum Hals, aber der Kopf ragt immerhin noch heraus. Fangen wir an zu strampeln, ist es mit uns aus! Das war ein Strampeln, ganz einfach Strampeln! Und schon ist's passiert. Haben Sie das nicht bemerkt? Wir staken bis zum Hals im Morast, jetzt aber können wir nur noch durch die

Nase atmen. Noch eine gefährliche Bewegung – dann ist es aus!«

Er zündete die Pfeife an. Die Flamme des Streichholzes beleuchtete sein erzürntes Gesicht.

»Eine Frage der Einstellung«, sagte Paweł kalt. »Schließlich war das hier immer so. Seit zweihundert Jahren oder schon länger. Die Nation existiert dank der Tatsache, daß sie trotzdem unaufhörlich gestrampelt hat. Hätte sie nicht gestrampelt, gäb' es sie überhaupt nicht mehr.«

»Woher wissen Sie das? Woher haben Sie die Sicherheit, daß unsere Verrücktheiten das Fundament unseres Überlebens waren? Daß man seine Identität unbedingt mit derartigen Opfern erkaufen muß? Hätte man nicht vielleicht ganz anders handeln müssen?«

»Ich denke, Herr Ingenieur, in der Geschichte gibt es keinen Konditionalis«, sagte Paweł. »Was war, das war. Was war, das zählt. Die Polen sind, wie sie sind, weil geschah, was geschah. Halten Sie das für Romantik? Man muß doch historisch, mit dem Gedächtnis der Nation denken. Von der Vergangenheit lernen. Immerhin gab es hier einen Wysocki. Und Mochnacki. Und Mickiewicz. Traugutt, Okrzeja, Piłsudski, Grot, Anielewicz, die Leute vom Aufstand. Es hat sie alle gegeben, Herr Ingenieur. Ich kann nicht sagen, was geschehen wäre, wenn es sie nicht gegeben hätte. Und das interessiert mich auch nicht. Darauf beruht mein Realismus. Es hat sie gegeben. Das kann man weder ausstreichen noch wegwischen. Und wir sind so, wie wir sind, weil es sie gegeben hat!«

»Und was folgt daraus, daß es sie gegeben hat?« fragte Gruszecki. »Muß jede Generation dezimiert werden? Träumerei. Schauen Sie sich doch die Tschechen an. Wie-

viel Vernunft, wieviel Scharfsinn. Seit der Zeit des Weißen Berges haben sie kein einziges Mal geschossen. Vierhundert Jahre Deutschtum haben sie in Ruhe und
Würde überstanden. Ohne jeden Schuß. Und sie sind
da, wie Sie sehen. Sie sind auf der Welt mehr anwesend
als wir!«

»Andere Zeiten, andere Methoden, andere Macht. Die
vierhundert habsburgischen Jahre haben weniger Ver-
wüstung angerichtet als die vierzig der sowjetischen
Herrschaft. Wovon reden Sie, Herr Ingenieur?! Das alte
Krakau erinnert sich bis heute mit Sympathie des Kai-
sers. Österreich, mein Gott! Wovon reden Sie überhaupt.«

»Unter den Habsburgern hatten die Tschechen es
auch nicht gerade heiter. Wir auch nicht! Erst die letzten
Jahrzehnte... Das ist eine Frage der Optik. Entweder –
oder. Wie stellen Sie sich das vor? Der Kommunismus?
Ich bin nicht begeistert. Aber es wird doch höchste Zeit
zu begreifen, daß wir nicht der Westen sind. Wir sind
der katholische Osten!«

Paweł begann wieder zu lachen.

»Ich verstehe nicht. Was für eine äußerst seltsame
Erfindung? Der katholische Osten? Eine Schwalbe oder
ein Adler auf dem Grund des Ozeans. Ein lebensunfähi-
ges Geschöpf.«

»Warum eine Schwalbe im Ozean? Es könnte doch
ein geflügeltes Pferd geben. Etwas sehr Schönes!«

»Ein Gespenst, ich bitte Sie! Man muß sich erst die
Frage beantworten: Wer ist der Mensch? Welchen Sinn
hat sein Leben auf der Erde? Was erwidert darauf Ihr
Katholizismus, Ihr Festhalten an der Würde der
menschlichen Person, an ihrer Unwiederholbarkeit und

Souveränität der Welt gegenüber? Wie können Sie das mit der kollektiven Zivilisation in Einklang bringen, Herr Ingenieur?«

Gruszecki hob die Schultern.

»Rußland ist auch Gottes Werk«, entgegnete er. »Gott hat Rußland nie verlassen, Rußland hat Gott nie verlassen. Messen Sie Rußland nicht am gegenwärtigen Augenblick.«

»Aber es ist, wie es ist«, rief Paweł. »Sehen Sie das nicht? Im übrigen geht es nicht um Rußland. Niemand hier hatte den Anspruch, die Welt zu erlösen. Ein Stückchen Authentizität zu erkämpfen, eine Prise eigener Wahrheit, nur darum ging es!«

Plötzlich überkam ihn ein Gefühl schrecklicher Hoffnungslosigkeit und durchdringender Traurigkeit. Zu spät, dachte er. Recht hat er, dieser Gruszecki. Irgendetwas ist ein für allemal zu Ende gegangen, vor langer Zeit, unter meinen Augen, mit meiner Beteiligung. Damals ist es zu Ende gegangen. Und es kehrt nie wieder. Wo soll man denn nach Authentizität suchen, wenn es die Krucza- und die Marszałkowska-Straße nicht mehr gibt, die Krochmalna und Mariensztat? Welche eigene Wahrheit kann diese Stadt beleben, die aus Ruinen wieder aufgerichtet worden ist wie eine Theaterdekoration, wenn es die Menschen nicht mehr gibt, keinen einzigen Menschen auf dem Kercelak-Platz, der Długa, der Koszykowa? Sogar die Steine, die überdauert haben, befinden sich jetzt woanders. Kein Tropfen des Wassers von damals in der Weichsel, kein Blatt der Kastanien von damals im Krasiński-Park, kein einziger Blick, kein Ausruf, kein Lächeln. Das sollte er wissen, gerade er! Der kleine Hirschfeld sollte das wissen. Etwas ist unwiderruflich zu Ende gegangen, denn der Faden ist durchschnitten, der früher die Geschichte mit der Gegenwart verband. Früher reichten die Generationen die brennende Fackel weiter. Wo ist die Fackel, die ich trug in der Gewißheit, es sei dieselbe, die vor Jahrhunderten entzündet wurde? Wo ist sie hingeraten, die Fackel des städtischen Knappen, der dem Wasa und Poniatowski den Weg beleuchtete, dieselbe, die in Kilińskis Werkstatt brannte, über Nabielaks Kopf, in Traugutts Zelle, auf dem Schloßplatz, als der Großvater im Sarg nach Krakau fuhr, in den Schützengräben des Septembers, im Bunker an der Gęsia-Straße, auf der Barrikade an der Mostowa? Wo ist die verloschene Fackel der Wahrheit und Authentizität, die die Werftarbeiter in Danzig kürzlich wieder entzünden wollten? Haben wir diesmal endgültig und für immer verloren? Sind diese fast vierzig Jahre schon eine neue Qualität, der Übergang in den Zustand unumkehrbarer Minderwertigkeit unserer Seele? Zum ersten, ersten, ersten Mal hat doch Polen selbst Polen geschändet und in den Schmutz getreten!

»Woran denken Sie?« fragte Gruszecki leise.

»An meine Internierung«, antwortete Paweł. »Eine kurze, triviale Geschichte. Und dennoch im geistigen Sinne schlimmer als das KZ. Wenn ich die masovischen und kleinpolnischen Gesichter der Milizionäre in den Tarnjacken betrachtete, fiel ich in einen Abgrund.«

»Sie waren doch nicht brutal zu Ihnen«, murmelte Gruszecki.

»Brutal waren sie nicht, aber sie waren da. Mit dem Adler an der Mütze. Mit weit gegrätschten Beinen. Auch am Beichtstuhl. Denn sie gingen zusammen mit uns zur sonntäglichen Messe, wenn der Kaplan kam.«

»Na eben«, murmelte Gruszecki, »also doch . . .«

»Billige Scherze, Herr Ingenieur. Es geht nicht um diese Burschen, die gewiß ihre schwarzen Träume hatten. Es geht um die neue, entsetzliche und hoffnungslose Form Polens, denn...«

Er brach ab. Sinnlos, dachte er. Er will es nicht verstehen. Der arme Polonus, der Nachfahre der Republik Beider Nationen. Er will es nicht verstehen, weil ihm dann die Welt zusammenbricht. Habe ich denn verstanden, worum es eigentlich geht? Worauf meine Verschwörung gegen die Geschichte beruht? Lieber Gott, es ist doch nicht wahr, daß es immer die eine Fackel, das gemeinsame Ziel, die Solidarität gab! Es ist doch nicht wahr, sondern eine ewige polnische Lüge. Er hat wohl doch recht mit meiner romantischen Seele. Ich bin komisch! Diese letzte Prüfung war nötig. Unerläßlich! Gesegnet! Endlich ist in mir der Mythos von unserer Sonderrolle krepiert, von diesem polnischen Leiden, das immer rein, edel und gut war. Hat die Fackel nie Gesichter erhängter Verräter beleuchtet? Sind vor ihrem Schein nicht Konstantins Spitzel davongehuscht? Wer hat Traugutt verraten? Wer hat die Kosaken-Hundertschaften bezahlt, die im Jahr 1905 gegen die Arbeiter von Lodz, Sosnowiec und Warschau ritten? Wer hat in Bereza geschlagen und in Brest gequält? Wer hat Henryk Fichtelbaum über die Warschauer Straße gehetzt? Wer hat Irma Seidenman den Deutschen in die Hände geliefert? Wer hat sie aus Polen vertrieben? Das heilige Polen, das leidende und mannhafte. Das heilige Polentum, das betrunkene, verhurte, käufliche, mit dem Maul voller Phrasen, das antisemitische, antideutsche, antirussische, antimenschliche. Unter dem Bild der Allerheiligsten Jungfrau. Unter den Füßen der jungen ONR-Leute und der alten Obristen. Unter dem Dach des Belweder. Unter der

Brücke. Das heilige Polentum von der Kneipe und der Kasse. Die stumpfen Schnauzen der blauen Polizisten. Die Fuchsvisagen der Judenverräter. Die grausamen Gesichter der Stalinisten. Die brutalen Fressen des März. Die entsetzten Fressen des August. Die prahlerischen Fressen des Dezember. Das heilige, lästernde Polentum, das sich erfrecht hat, Polen den Christus der Nationen zu nennen, aber auch Spitzel und Zuträger gezüchtet hat, Karrieristen und Blödiane, Henkersknechte und Schmiergeldnehmer, das die Xenophobie zum Rang des Patriotismus erhob und sich an fremde Türklinken hängte, um den Tyrannen in Untertanentreue die Hände zu küssen. Diese letzte Prüfung war notwendig! Unerläßlich. Gesegnet. Vielleicht wird Polen jetzt endlich verstehen, daß Schufte und Heilige in einer Kammer wohnen, auch hier, an der Weichsel wie überall auf Gottes weiter Welt!

Er schaute zur Seite, auf Gruszeckis Profil. Ich werde es ihm nicht sagen, dachte er, in meinem Herzen ist noch ein wenig Barmherzigkeit. Mein Hirschfeld dort trägt genug eigenes Unglück auf dem Buckel, dieser Kron-Vizekanzler. Gott hat seiner bedrückten Seele einen Unterschlupf gewährt. Ich werde seine mit den Leiden von Generationen erkaufte Ruhe nicht beeinträchtigen. Ich mag ihn. Der letzte, der so schön die Polonaise anführt! Und sein Profil erinnert ein bißchen an Henio. Oder erinnere ich mich gar nicht mehr an Henios Profil? Ich wollte es so gern behalten, ich behielt es so hartnäckig damals an der Ecke der Książęca-Straße, und dennoch erinnere ich mich nicht mehr! Was hatte Henio für eine Nase? Was für ein Kinn? Wenn er im Traum kommt, sehe ich ihn immer en face. Mit der Skimütze auf dem Kopf. In dem abgetragenen Mantel mit dem baumelnden Knopf. Aber an sein Profil erinnere ich mich nicht. Hatte er eine stark vorspringende Nase? Eine jüdische? Wie der hier, der trübselig schweigt, seine Pfeife raucht und vermutlich denkt, ich sei einer der wenigen Menschen auf der Welt, die seine heiligen Geheimnisse kennen.

Wo ist unsere Freiheit hingeraten, wenn wir nicht wir selbst sein können? Wo bin ich hingeraten, wann bin ich abhanden gekommen?

17

Die Welt log. Jeder Blick tückisch, jede Geste niederträchtig, jeder Schritt gemein. Gott hatte die
schwerste Prüfung noch zurückgehalten, das Joch der
Sprache. Noch hatte Er die Meute der unermüdlichen, mit
dem Schaum der Heuchelei bedeckten Wörter nicht von
der Kette gelassen. Die Wörter kläfften hier und da, kraftlos, an der Leine. Nicht die Wörter töteten damals, erst
später sollte aus ihnen eine Mörderbande erwachsen. Das
Joch der Wörter war noch nicht gekommen, als sich Bronek Blutman vor dem Angesicht Stucklers befand. Stuckler stand im hellen Fensterrechteck. Draußen vor dem
Fenster bewegte sich ein frisch begrünter Zweig im Wind.

»Sie hat gelogen«, sagte Blutman. »Ich kenne sie aus der
Zeit vor dem Krieg.«

Stuckler schüttelte den Kopf.

»Ein Jude darf die Worte eines Deutschen nicht in Zweifel ziehen«, sagte er ruhig. »Es geht nicht um den Irrtum,
obwohl keiner passieren darf, sondern um den Trotz und
die Selbstsicherheit.«

»Herr Sturmführer, mein Gedächtnis trügt nicht. Bevor
wir hierher kamen, hat sie überhaupt nicht so getan, als
ob...«

Stuckler schlug ihn ins Gesicht. Bronek Blutman trat
zurück, ließ den Kopf sinken und verstummte. Die Welt
log. Ihre Fundamente waren von Lüge, Hinterlist und
Gemeinheit zerfressen. Die Doppeldeutigkeit der Lüge,

ihre Vieldeutigkeit und Vielfalt machten ihn schwindlig. Eine Unmenge Verrätereien und Erniedrigungen. Die Unterschiedlichkeit der Verfahren, Methoden und Verkörperungen des Verrats. Ich habe diese Jüdin verraten, aber auch sie mich. Das hat nicht einmal Christus vorausgesehen. Er war gradlinig. Zu Judas sagte er ›Mein Freund‹ und Petrus rief er zu ›Hebe dich, Satan, von mir!‹ Vielleicht war das seine Art von Humor?

Stuckler schlug wieder zu, und Blutman trat wieder zurück. Verlogene Welt. Alles falsch herum. Sogar Christus sagte Sätze, die eine Art von Verrat und Lüge waren. Er sagte zu der Ehebrecherin: ›Gehe hin und sündige hinfort nicht mehr!‹ Wie konnte sie nicht mehr sündigen, da sie doch eine Ehebrecherin war und Er ihr ja nicht befohlen hatte, den Ehebruch zu unterlassen und eine Beschützerin der Gepeinigten zu werden.

Ich kenne sie doch noch aus der Vorkriegszeit, diese Jüdin! Kein Deutscher und kein Pole hat auch nur den zehnten Teil meines Instinkts, ich trage einen Kompaß für Juden in mir, von dem die da keine Ahnung haben. Ein Jude wird einen Juden immer erkennen. Dieser dumme, unwissende Bandit sollte das wissen. Man kann mir vertrauen. Warum? Wenn ich sie verraten habe, kann ich auch ihn verraten! Alle kann ich verraten, weil ich selbst verraten worden bin.

Stuckler versetzte ihm die dritte Ohrfeige. Stucklers Hand war ein bißchen verschwitzt und warm. Bronek Blutman trat nicht mehr zurück. Der Schlag war leichter. Jetzt werden sie mich töten, dachte er.

»Also?« sagte Stuckler. »Es war doch ein Irrtum, nicht wahr?«

Warum will er mich gerade hier in Warschau erniedrigen, wo ich mich hundertmal sicherer bewege als er, als sie alle zusammen?! Er hat ihr ins Ohr geschaut, hat nach den Zeichen gesucht, die es nie gab. Rauscht etwa ein jüdisches Ohr für ihn nicht wie eine Muschel aus dem Ozean, sondern wie die Wüste Judäas? Nicht das Ohr, Stuckler, der Blick! Ich sehe das, Stuckler, mich betrügt kein Jude! Im Lichtstrahl, den ein jüdisches Auge reflektiert, sehe ich den alten Moses, das Passah- und das Laubhüttenfest, ich sehe die Arche des Bundes, die Gesichter aller zwölf Stämme Israels, ich sehe den Garizim und Sichem und Bethel und Hebron, ich sehe das alles in dem einen jüdischen Blick, von Idumäa über den Karmel bis zum Tabor und zum See Genezareth, ja sogar weiter, denn ich sehe Dan und den Berg Hermon. Warum will er mich auf meiner eigenen Erde erniedrigen? Kein Irrtum, er war's, der dem Verrat ins Netz gegangen ist, man brauchte keine Welt des Verrats zu errichten, Stuckler, jetzt hat die Welt des Verrats dich vollends verschlungen. Ich habe mich nicht geirrt, ich bin der Herrscher auf meiner Erde, niemand auf dieser Erde wird je stärker sein als ich.

»Herr Sturmführer«, sagte Bronek Blutman, »Irrtümer passieren jedem. Das wird sich nie wiederholen.«

Unnötig, das zu sagen. Getötet werde ich sowieso. Alles ist verlogen, verschandelt und in den Boden getrampelt. Warum sollte ich das Niveau überragen? Ich sage also ›Irrtum‹. Ich sage ›Irrtum‹ und sage es noch einmal, ich mache mich des Verrats schuldig, ich verliere meinen Wert, was nützt diesem Stuckler jemand, der Irrtümer begeht, so einen muß man unverzüglich auf dem Umschlagplatz abliefern, für die Irrtümer hat Stuckler seine eigenen Pfuscher mit Stiernacken und Glotzaugen, für die Irrtümer hat er auch Polen, was braucht er einen Juden, der Irrtümer begeht? Die Juden sind dazu auf der Welt, daß man sie totschlägt und daß sie keine Irrtümer begehen. Ich habe keinen Irrtum begangen und werde getötet. Darf solch eine Welt weiter bestehen?

»Zum letzten Mal toleriere ich einen Irrtum«, sagte Stuckler. »Raus!«

Er schrie nicht, er sagte alles in ruhigem Ton, vielleicht sogar recht höflich. Dann kehrte er zurück hinter seinen Schreibtisch. Das Fensterrechteck blieb leer. Nur das Grün des Zweigs und ein Stückchen Himmel. Bronek Blutman verbeugte sich respektvoll, aber ohne Unterwürfigkeit. Er verließ den Raum und schloß hinter sich die Tür, ging durch das Sekretariat, über den Korridor, die Treppe. Töten werden sie mich sowieso. Wenn nicht heute, dann morgen. Mich nicht zu töten, wäre ein Irrtum. Wir würden beide einen Irrtum begehen, das wäre sehr komisch. Ich habe einen Irrtum begangen, weil ich keinen begangen habe, und er hat ihn begangen, weil er erwartet hat, daß ich keinen Irrtum begehe, der ein Irrtum sein wird, denn wenn das kein Irrtum ist, dann hat er selbst einen Irrtum begangen. Sehr komisch ist das. Lüge, Verrat, Erniedrigung, Gemeinheit, Denunziation, Mord, Bestialität, Prostitution, Irrtum, Irreführung, Irrsinn...

Er stand auf der Straße. Die Bäume grün, der Himmel blau. Der Verrat grün, die Lüge blau. Es gibt keine Welt, dachte Bronek Blutman. Die Welt ist gestorben. Zu Ende. Nie mehr gibt es eine Welt. Für alle Ewigkeit verreckt. Amen. Ein Irrtum, dachte er. Wenn ein so großer, weiser Jude wie Jesus Christus sich geirrt und verirrt hat, für wen hältst du dich dann, kleiner Bronek! Du bist ein kleiner Jude, einen Meter und vierundachtzig Zentimeter groß, ein tüchtiges Stück Jude, kann man sagen, aber doch ein kleiner Jude, Bronek. Irrtum? Meinetwegen – Irrtum. Von heute an mache ich einen Bogen um Frau Seidenman. Um alle Warschauer Huren aus den Vorkriegs-Dancings mache ich einen Bogen, dessen Sehne mein jüdisches Auge ist. Ich entsende tödliche Pfeile auf die Kaftanträger, Hausierer, Kümmerlinge. Um die jüdischen Huren mache ich einen Bogen, weil ihre Ohren wie die Muscheln aus südlichen Meeren die *Musik der Erlösung* spielen. Die Welt ist auf Verrat, Lüge und Erniedrigung gegründet. Es läßt sich nicht verheimlichen, daß Kain Abel erschlagen hat. Am Anfang war Verrat, Lüge und Kains Erniedrigung. Was blieb ihm denn übrig, als einen Stein aufzuheben und Abel zu erschlagen? Was blieb ihm denn übrig, da Gott ihm keine Wahl ließ?

Bronek Blutman stieg in eine Rikscha und ließ sie auf den Narutowicz-Platz fahren. Der Rikschafahrer schnaufte und hustete.

»Was haben Sie?« fragte Bronek Blutman.

»Die Grippe hat mich erwischt.«

»Sie hätten im Bett bleiben sollen.«

»Der eine kann, der andere nicht«, entgegnete der Rikschafahrer. Danach schwiegen sie. Über Bronek Blutmans Ohr ertönte ständig das schwere Schnaufen. Auf dem Narutowicz-Platz gab er dem Rikschafahrer ein reichliches Trinkgeld.

»Lassen Sie sich Schröpfköpfe setzen«, sagte er im Fortgehen.

»Ich trinke lieber ein Viertel«, entgegnete jener.

Wieder ein Irrtum, dachte Bronek Blutman. Man kann es niemandem recht machen.

Er betrat eine Kneipe, setzte sich bequem an ein Tischchen, bestellte ein ordentliches Essen. Broneks Vater, der alte Blutman, hatte oft gesagt: ›Wenn du Sorgen hast, sorg dich nicht, iß erst gut, dann kannst du dich sorgen.‹ Ein Irrtum, dachte Bronek. Sein Vater war schon bei den ersten Selektionen auf den Umschlagplatz gegangen. Er hatte seit langem nichts gegessen und sich gesorgt, als hätte das einen Sinn. Auch der alte Blutman hatte Irrtümer begangen. Und Jesus Christus. Alle, den lieben Gott nicht ausgenommen. Worum geht es eigentlich, Bronek?

Als er gegessen hatte, gelangte er wieder zu der Überzeugung, daß man ihn töten würde. Wenn nicht heute, dann morgen. Am Anfang war ein Totschlag, dachte er. Irrtum. Am Anfang war das Wort. Aber Gott hielt diese schreckliche Meute in der Hinterhand. Noch war die Welt nicht reif geworden für das Joch der Wörter.

Abends besuchte Bronek Blutman seine Geliebte. Er badete und zog seinen kirschroten Frottémantel über. Die Geliebte schaute ihm zu. Sie saß in einem tiefen Sessel und hatte nur ein buntes Höschen an, Seidenstrümpfe und Strumpfhalter mit hellblauem Hohlsaum. Sie saß im Sessel, ihre nackten, großen Brüste sahen aus wie Hügel und die bemalten Lippen wie eine Wunde quer durch die Mitte des Gesichts. Sie betrachtete Bronek Blutman mit halbgeschlossenen Lidern, weil sie meinte, so müsse man Bronek Blutman betrachten. Sie war eine dumme Frau, erzogen in Armut und im Kino. Ihr Vater war Platzanweiser, sie brachte ihm abends Essen in einem Töpfchen, stand dann hinter dem Vorhang an der Tür mit der Aufschrift *Ausgang* und schaute den Film am. Immer sah sie die Filme in perspektivischer Verkürzung. Langgezogene Gesichter und endlose Blicke. Mit solch einem leidenschaftlichen, endlosen Blick berührte sie jetzt Bronek Blutman. Sie wünschte, von ihm auf dem Sessel genommen zu werden, wie noch nie bisher. Irrtum, dachte Bronek Blutman, kein Gedanke an solche Späße. Ich gehe schlafen. Irrtum, denn sie setzte sich durch. Bronek schnaufte wie der grippekranke Rikschafahrer. Später schlief er ein. Ihm träumte, er sei alt. Irrtum. Ein Jahr später wurde er in den Ghettoruinen erschossen. Er hatte sich nicht geirrt, als er gedacht hatte, er werde sowieso getötet.

18

Professor Winiar, ein Mathematiker, getragen von Sympathie und Achtung mehrerer Schülergenerationen, die er fast ein halbes Jahrhundert lang mit Null und Unendlich gefüttert hatte, stand an der Haltestelle der Straßenbahn und hielt in einer Hand seinen Regenschirm, in der anderen aber die zusammengerollte Tageszeitung *Nowy Kurier Warszawski*, die er an diesem Tag noch nicht zu lesen geschafft hatte. Neben dem Professor wartete eine beleibte, in einen dunkelblauen Mantel mit Samtbesatz gekleidete Frau. Die Straßenbahn kam lange nicht. Die Haltestelle befand sich am Krasiński-Platz, einem einst belebten Punkt der Stadt, wo zwei Welten zusammenstießen. Professor Winiar erinnerte sich aus den vergangenen Jahren gut an diesen Platz, weil er auf der Świętojerska-Straße wohnte und sein Weg in die Innenstadt und zu dem Gymnasium, an dem er Mathematik unterrichtete, hier vorbeiführte. In früheren Zeiten hatte der Professor den Platz als angenehmen, ja sogar symbolischen Ort empfunden, denn er war ein Liberaler, Christ, Freiheitskämpfer und Philosemit. Das gab es nicht allzu häufig, es stellte in diesem Teil Europas eine ebenso edle wie besondere Mischung dar. Doch seit einiger Zeit hatte der Platz, wo Professor Winiar vergeblich auf die Straßenbahn wartete, sein Gesicht geändert und kam dem Jugenderzieher nun düster und abstoßend vor. Von der Haltestelle aus konnte der Professor wegen seiner hohen Gestalt und seinem gelenkigen Hals, auf dem sich ein kleiner, aber weiser Kopf befand, die rote, hohe Mauer sehen, die den arischen Teil der Stadt vom Ghetto trennte. Jedesmal beschämte ihn der Anblick aus unbekannten Gründen, statt ihn mit Stolz darüber zu erfüllen, daß er zur besseren Menschenrasse gehörte. Möglicherweise ergab sich das Gefühl der Bedrückung und Erniedrigung, sobald der Professor die Ghettomauer erblickte, aus der Überzeugung, daß auf der anderen Seite Schüler von ihm litten, unter ihnen der beste Mathematiker einiger Schülergenerationen namens Fichtelbaum. Zum letzten Mal hatte der Professor den Schüler Fichtelbaum vor drei Jahren gesehen, doch erinnerte er sich sehr gut an das frische Gesicht mit dem etwas kapriziösen Mund und den dunklen Augen. Professor Winiar hatte ein vorzügliches Gedächtnis, gerade für Gesichter. Die Nachnamen seiner Schüler verwechselte er oft, an die Vornamen erinnerte er sich fast nie, aber die Gesichtszüge trug er mit einer fast fotografischen Genauigkeit in sich. Auch an die Gesten seiner Schüler erinnerte er sich. Der Zögling Kryński zum Beispiel, ein Junge mit träumerischem Blick und mittelmäßiger mathematischer Begabung, pflegte auf sehr charakteristische Weise die Hand zu heben, um sich zu melden, er drückte den Ellbogen an die Brust und streckte zwei Finger in die Höhe, den Zeige- und den Mittelfinger, völlig im Einklang mit dem polnischen Militärgruß. Dieser Schüler hatte, so schien es, familiäre Bindungen an die Armee, was Professor Winiar nicht billigte, da er nach dem Großen Kriege zu allem Übel auch noch Pazifist geworden war.

Der Mathematiker litt. Als der jüdische Wohnbezirk geschaffen wurde, hatte er seine Wohnung verlassen und war zur Südseite des Krasiński-Platzes gezogen, in ein

Haus auf der Długa-Straße. Das war ein Fehler gewesen, der sich aus der mathematischen Logik des Professors ergab. Er wollte in seiner alten Gegend bleiben und von fern sein früheres Haus im Bereich des Ghettos sehen, weil er damit rechnete, daß der Krieg nicht lange dauern würde. Vielleicht wäre eine andere, weniger rationale, aber prophetische Haltung besser gewesen. Professor Winiars Nachbarn zogen, als sie ihre Wohnungen auf der Świętojerska-Straße verlassen mußten, an die fernen Ränder der Stadt. Das war ein wenig wie das Abbrechen der Brücken hinter sich, und Professor Winiar hielt das für kleinmütig, vielleicht sogar unwürdig. Folglich blieb er. Daraus ergab sich nun sein Leiden. Tag und Nacht war er Zeuge des Triumphs des Bösen. Fast direkt hinter seiner Hauswand wurden seine Nachbarn gemordet. Ihn tröstete der Gedanke, Gott und Polen würden diese Verbrechen genauestens festhalten und am Tage des Gerichts die Urteile verkünden. Gott zu einem etwas späteren Termin, in der Ewigkeit nämlich, Polen aber nach dem Standrecht. Dennoch litt er weiter, weil er wußte, daß auch das strengste Urteil seinen ermordeten Nachbarn nicht das Leben wiedergeben und die vergossenen jüdischen Tränen nicht trocknen würde.

Die Straßenbahn kam nicht. Ein kühles Windchen wehte. Die Frau neben dem Professor schloß ihren Mantelkragen unter dem Kinn. Fern hinter der Ghettomauer ertönten Schüsse aus Handfeuerwaffen. Professor Winiar hatte sich an so etwas gewöhnt. Doch plötzlich drang zum Erstaunen des Erziehers vieler Schülergenerationen ein anderer, äußerst sonderbarer Ton an sein Ohr. Die ersten Takte der Melodie einer großen Drehorgel erklangen. Man vernahm Tschinellen und Schlagzeug und Trommeln und womöglich auch Geigen, Baßgeigen, Flöten, was Professor Winiar nicht beurteilen konnte, weil sein Verständnis für Musik gering und sein Gehör recht stumpf war. Doch gab es keinen Zweifel, auf dem Platz ertönte fröhliche Musik, und der Professor erinnerte sich an das Karussell, das man vor kurzem hier aufgestellt hatte. Ganz dicht an der Ghettomauer, bunt und fröhlich wie alle Karussells der Welt. Es gab dort Schimmel mit roten Nüstern, venezianische Gondeln, Kutschen, Schlitten, sogar eine hochherrschaftliche Karosse. Alles drehte sich im Takt der Musik, der Mechanismus des Karussells stöhnte, die Pferde galoppierten, die Schlitten glitten, die Kutschen schwankten, und alles zusammen rauschte, rasselte, klimperte und drehte sich im Kreise unter Lachen, Kreischen ängstlicher Mädchen, Ausrufen junger Männer, fröhlichen Neckereien, Kichern und Zärtlichkeiten. Professor Winiar warf einen Blick auf das Karussell, er sah den rasenden bunten Reigen, die lachenden Gesichter, die im Winde wehenden Mädchenhaare, die weißen Flecken nackter Waden und Schenkel, die Schöpfe, Hemden, Röcke, Schäfte, Höschen, Krawatten, Fähnchen, Pferdemähnen, Lampions, Bänke, Ketten, Schwäne, Schmetterlinge. Der Professor sah den hübschen, musikalischen, mechanischen Pans-Reigen und hörte das Dudeln der Drehorgel, das Knattern der Maschinengewehre, das Schreien der Juden und das Getöse des Karussell-Mechanismus.

Die Frau im hoch unter dem Kinn geschlossenen Mantel sagte: »Ich fahre lieber mit der Straßenbahn.«

Sie blickten sich in die Augen. Hätte sie diese Worte früher gesagt, so hätte der Professor sie vielleicht als letzten, rettenden Strohhalm, als Rettungsleine ergriffen und sich damit ans Ufer der Hoffnung gezogen. Aber sie wurden zu spät ausgesprochen. Professor Winiar, der Mathematiker, ließ die Zeitung fallen, drehte eine Pirouette, als befände er sich selbst auf dem Karussell, und sank leblos auf den Bürgersteig.

Es ist unbekannt, welche Gedanken ihn bei seinem letzten Fall bewegten. Die Frau im hoch unter dem Kinn geschlossenen Mantel informierte später die Verwandten des Professors, er habe, schon im Liegen, mit geschlossenen Augen, den Regenschirm immer noch krampfhaft an sich drückend, mit bläulichen Lippen Worte ausgesprochen, die ›O, Polen!‹ oder ›O, ihr Polen!‹ bedeuten konnten, doch blieb die Frage ungeklärt. Dennoch verkündete bei Professor Winiars Beerdigung der Redner, Gymnasiallehrer für Physik, den seit Jahren enge Freundschaft mit dem Verstorbenen verband, den versammelten Trauergästen, der Mathematiker Winiar sei ›auf Posten gefallen‹. Das entsprach der Wahrheit. Den Sarg mit der Leiche des Toten trugen ehemalige Schüler vom Friedhofstor bis zum Grab auf ihren Schultern, darunter auch der Schüler Paweł Kryński, ein mathematisch mittelmäßig begabter, trotzdem von dem Verstorbenen geschätzter Schüler. Unter den beim Begräbnis Anwesenden fehlten der Schüler Fichtelbaum und einige andere Schüler mosaischen Glaubens, deren Schicksal mittelbar Winiars Schicksal beeinflußt hatte. Diese nicht Anwesenden, so durfte man vermuten, waren dem Mathematiker auf dem Weg in die Ewigkeit vorangegangen.

Während der Beerdigung fiel ein feiner, durchdringender Regen. Die Frauen suchten unter Schirmen Schutz, die Männer schurrten in Gummischuhen über die Kiesalleen des Friedhofs. Als der Grabhügel unter den bescheidenen

Blumensträußen verschwunden war, gingen die Trauergäste auseinander. Trotz des Regens spazierten manche von ihnen noch eine Weile zwischen den Gräbern herum, lasen die Namen der Toten und ihre in die Steintafeln und Marmorplatten gemeißelten Daten und kommentierten lebhaft das Schicksal derjenigen, die sie persönlich gekannt hatten oder an die sie sich aus Polens Vergangenheit erinnerten. Die älteren Leute machten sich bei diesem Spaziergang mit dem Gedanken an das eigene nahe Hinscheiden vertraut, die jüngeren stärkten ihren Patriotismus. Das eine wie das andere war sehr zeitgemäß. Nicht viele der Trauergäste sollten den Krieg überdauern und die Zeiten erleben, da niemand mehr an Professor Winiar dachte und behauptete, er sei auf Posten gefallen. In den Zeiten, die nach dem Krieg kommen sollten, durfte so ein Liberaler, Christ und Pazifist wie Professor Winiar nicht auf Popularität zählen. Es unterlag keinem Zweifel, der Mathematiker war an der Haltestelle gefallen, nicht auf der Barrikade, er hatte im Sterben nicht den Karabiner, sondern den Regenschirm in der Hand gehalten, zu allem Übel noch einen geflickten, denn der Mathematiker war ein armer Mann.

Am Tage, als man Professor Winiar begrub, drehte sich das Karussell auf dem Krasiński-Platz weiter, die Pferdchen galoppierten, die Kutschen schwankten, die Schlitten glitten, die Gondeln glucksten, die Fähnchen flatterten, die Mädchen kreischten, die jungen Männer riefen, die Drehorgel quietschte, der Mechanismus des Karussells dröhnte, die MG-Schüsse erklangen immer lauter, Artilleriegeschosse explodierten, Flammen rauschten, und nur das Stöhnen der Juden war jenseits der Mauer nicht zu hören, weil die Juden schweigend starben; sie antworteten

226

mit Handgranaten und Handfeuerwaffen, aber ihre Lippen schwiegen, denn sie waren schon gestorben, mehr als je zuvor, sie hatten mannhaft den Tod gewählt, noch ehe er gekommen, sie waren ihm entgegengegangen, in ihren stolzen Augen leuchtete die ganze Erhabenheit der menschlichen Geschichte, spiegelten sich die Brände des Ghettos, die entsetzten Schnauzen der ss-Männer, die erstaunten Schnauzen der rund um das Karussell versammelten polnischen Gaffer, das traurige Gesicht von Professor Winiar, in ihren Augen spiegelten sich alle nahen und fernen Schicksale der Welt, alles Böse der Welt und die Krümel des Guten und auch das bedrückte und zornige, traurige und ein wenig gedemütigte Gesicht des Schöpfers, denn der Schöpfer wandte seine Augen anderen Milchstraßen zu, um nicht sehen zu müssen, was er nicht nur seinem geliebten Volk, sondern allen geschändeten, mitschuldigen, gemeinen, ratlosen, beschämten Völkern der Erde angetan hatte und unter allen Menschen auch dem Menschen, der an der Straßenbahn-Haltestelle stand, genau an derselben Stelle, wo vor Tagen Professor Winiar auf Posten gefallen war, und heiter sagte:

»Die Jidden braten, daß es brutzelt!«

Aus dem rauchverhangenen Himmel fiel jedoch kein Blitz, um diesen Menschen zu treffen, denn so stand es in den Büchern der Schöpfung vor tausendmal tausend Jahren. Und es stand auch darin, daß Professor Winiar etwas früher sterben und die Worte jenes Menschen nicht hören würde, der fröhlich auflachte und zum Karussell hinüberging.

19

Der Sattel drückte leicht. Bestimmt war der Gurt nicht richtig festgezogen. Immer häufiger stieß er auf Pfuscherei. Die Aura dieses Landes schien einen Bazillus zu bergen, der sogar in die Organismen seiner Untergebenen eindrang. Der Wallach hob den Kopf, sein Huf stieß klirrend an einen Stein. Er liebte diese Harmonie zwischen sich und dem Tier. In solchen Augenblicken spürte er am stärksten den Zusammenhang seines Menschseins mit der Natur. Die Bäume grünten zart, der Frühling lag in der Luft, über den Teich zog ein feiner, warmer Wind und riffelte die glatte Wasseroberfläche. Einmal hat das ein Ende, dachte Stuckler. Arkadien dauert nicht ewig. Der Wallach ging nun im Schritt durch den Schatten der ausladenden Kastanien und Linden. Die noch nackten Zweige gaben den Blick frei auf das helle Palais und die Stümpfe der antiken Säulen, die aus dem Wasser aufzuwachsen schienen wie die Ruinen eines versunkenen Gebäudes. Alles ist hier Fälschung, dachte er, sogar das Schöne, das sie geschaffen haben, ist falsch. Er schlug mit der Reitpeitsche leicht auf das Hinterteil seines Reittiers. Der Wallach ging in gestreckten Trab über. Der Wind pfiff, Stuckler hörte nun das Knirschen der unter den Hufen fortgleitenden Steine und den vollen, edlen Hufschlag. Wieder dachte er, dies alles wird einmal zu Ende gehen, dann folgt die Rückkehr zur Banalität. Und wenn wir den Krieg verlieren, dachte er, gibt es für uns keinen Platz unter der

Sonne. So war es immer. Eine Horde überflutet Europa. Der Barbar wird auf den Ruinen triumphieren. Er hielt das Pferd an. Die Sonne stand hoch am Himmel, sie leuchtete durch die Kronen der noch blattlosen Bäume. Die Schatten der Zweige legten sich auf das Gras. Die Barbaren werden verkünden, daß wir Verbrecher gewesen sind, ein Auswurf des Menschengeschlechts. Wir führen diesen Krieg auf grausame Weise, aber Kriege sind immer gleich grausam. Sie werden uns die größte Schande seit Anfang der Welt zuschreiben, als wäre dies alles zum ersten Mal in der Geschichte der Menschheit geschehen. Dennoch tun wir nichts, was andere nicht schon vor uns getan haben. Wir töten die Feinde unserer Nation, um den Sieg zu erringen. Wir töten in großem Ausmaß, weil die Welt vorangeschritten ist und jetzt alles in großem Ausmaß geschieht. Es ist lächerlich und kläglich, aber wenn wir den Krieg verlieren, werden die Sieger verkünden, wir hätten Massenmord begangen, als ob gemäßigtes Morden berechtigt wäre. Darin besteht ihre Moral, in deren Namen sie Krieg führen. Wenn wir verlieren, werden sie eine Bilanz der Opfer aufstellen und zu dem Schluß gelangen, wir seien gewissenlose Verbrecher gewesen. Ich habe nicht mehr als hundert Juden töten lassen. Hätte ich nur zehn töten lassen, wäre ich dann moralischer und der Erlösung würdiger gewesen? Es ist Unsinn, aber genauso werden sie reden, wenn sie den Krieg gewinnen. Sie werden die Toten zählen, und es wird ihnen nicht einfallen, daß ich viele getötet habe, um zu siegen. Hätte ich nur wenige getötet, hätte ich die Feinde geschont, wäre ich ein Verräter an der eigenen Sache, denn Barmherzigkeit im Krieg ist Handeln zugunsten des Gegners, Verringerung der eigenen Chancen. So war es immer. Juden? Polen? Russen? Jeder verschonte Jude oder Pole kann verursachen, daß in diesem Krieg ein Deutscher umkommt, ein Mensch meiner Rasse, meines Blutes. Aber wenn sie siegen, werden sie mir den Vorwurf machen, ich sei ohne Mitleid gewesen, sie werden vergessen, daß es immer so war, sie werden auch ihre eigene Grausamkeit, ihre eigene Mitleidslosigkeit vergessen. Ich habe mir den Krieg nicht ausgedacht, Adolf Hitler auch nicht, Gott selbst hat die Menschen zu Kriegern gemacht. So war es immer.

Das Pferd blieb stehen. Stuckler spürte im Nacken die Wärme der Sonnenstrahlen. Das Wasser im Teich war leicht gerieffelt. Ringsum Leere, das Pferd hatte ihn scheinbar ans Ende der Welt getragen.

Die falschen Säulen vor dem Hintergrund des falschen Teiches wirkten schön. Stuckler seufzte tief. Er schaute zum Himmel auf. Gott? Gibt es ihn wirklich? Im 20. Jahrhundert ist es nicht leicht, an Gott zu glauben. Wir haben uns als so ausdauernd im Aufdecken der Naturgeheimnisse erwiesen, daß wir für Gott immer weniger Platz gelassen haben, wo er sich in seiner Rätselhaftigkeit verstecken könnte. Wenn es die Wahrheit ist, daß alles von Ihm kommt, dann hat er dem Menschengeschlecht auch den Krieg geboten. Also sind wir gute Krieger.

Doch Stuckler besaß keinen philosophischen Sinn. Er stammte aus einer Müllersfamilie, die sich vor hundert Jahren nicht weit von Saalfeld in Thüringen angesiedelt hatte. Zu Anfang der zwanziger Jahre war er selbst noch ein junger Müller gewesen. Dann hatte er einen anderen Weg gewählt. Er war in die Geschichte verliebt gewesen. Das antike Rom, die Völkerwanderung, das Deutsche Reich. Er liebte die vergangenen Zeiten. Dort fand er die Männlichkeit und Entschlossenheit des menschlichen

Wesens. Seine Nächsten dagegen waren Weichlinge. In der Formation der ss entdeckte er römische Züge. Stucklers Geist war nicht originell. Die Bolschewiken nannte er Hunnen. Attilas Horden! Das klang ein bißchen nach Wagner. Er liebte pathetische, strenge Gedanken. Er liebte Eichen, hochgewachsene Pferde, Felsen, steile, in Wolken wie in den Rauch unsichtbarer Feuersbrünste gehüllte Gipfel. Er war der allergewöhnlichste ss-Mann unter der Sonne, ohne intellektuelle Ansprüche und Gewissensbisse. Er gehörte zur Mehrheit. Später erwiesen sich seine hamletisierenden Kameraden als die Mehrheit. Doch war das eine Fälschung. Hätte Stuckler jene Zeiten erlebt, so hätte er sie für närrisch gehalten. Er hatte nur einen ss-Kameraden gekannt, der ernstliche Zweifel hegte und sich der moralischen Unruhe ergab; Otto Staubert war im Herbst 1941 an der Ostfront gefallen. Stuckler, ein ausgeglichener Mensch, liebte ein starkes Deutschland, verachtete Juden und Slawen und führte auf seine Weise Krieg, um die Siegeschancen zu steigern. Vor allem aber führte er die Befehle seiner Vorgesetzten aus. Sie übernahmen die Verantwortung. So war es immer. Übrigens erlag manch einer wie Stuckler dem Konformismus. Schließlich lebte er im 20. Jahrhundert und war sich dessen bewußt. Nicht er allein empfand Feindseligkeit den Juden, Abneigung den Polen, Verachtung den Russen gegenüber. Man brauchte kein deutscher Faschist zu sein, um ähnlich zu denken. Stuckler hatte in seiner Jugend das unangenehme Gefühl der Umzingelung durch eine unfreundliche, fremde Welt erlebt. Er hatte Demütigungen erfahren, man schätzte ihn gering als Menschen ohne Erziehung, mit groben Manieren und primitivem Verhalten. Dank seiner Hartnäckigkeit und infolge günstiger Umstände hatte er sich emporgearbeitet. Er war Autodidakt, die Liebe zur Geschichte Roms und des Deutschen Reiches hatte er in der Einsamkeit gepflegt, Vergnügungen sich oft versagt, um historische Bücher zu lesen oder sie gar zu kaufen. Die Leute schätzten seine Bemühungen nicht richtig ein. Immer galt er als Simpel, überall fanden sich Bessere als er. Die Welt war Stuckler nicht geneigt. Anderen gab sie mehr und zu niedrigerem Preis. Adolf Hitler behauptete, daran seien die Juden, die Kommunisten und die Demokratie schuld. Als Stuckler in die Partei und die ss eintrat, war es mit seinen unangenehmen, schmerzhaften Erniedrigungen vorbei. Niemand hielt ihn mehr für primitiv, man begann sogar, seine intellektuellen Ansprüche zu schätzen. Stuckler war nicht dumm, deshalb kam er allmählich zu dem Schluß, er verdanke seine neue Stellung der NSDAP und die stärkste Stütze sei für ihn die Hierarchie der Bewegung Hitlers. In dieser Hinsicht zeigte er sich scharfsinniger als viele Zeitgenossen. Er hielt sich in Uniform nicht für klüger als ohne Uniform und erinnerte sich genau, daß er als junger Müllergeselle die römischen Geschichten mit Herzklopfen gelesen und in jener Zeit die Zuneigung für die Geschichte gefaßt hatte. Seine geistige Entwicklung begann nicht mit dem Eintritt in die Bewegung, im Gegenteil, dort fehlte ihm die Zeit für Selbstbildung und Nachdenken über das Leben. Manchmal dachte er, er sei ein Opportunist, der im Rahmen der neuen Wirklichkeit Karriere macht. Die neue Wirklichkeit war indessen nicht schlechter als die frühere, die Leute hatten einfach die Rollen getauscht, wer einst auf dem Wagen saß, befand sich nun unter den Rädern, andere waren eingestiegen und hatten die Zügel ergriffen. Als junger Mann hatte der arme Stuckler in seiner elterlichen Mühle gearbeitet, und begüterte jüdische Großhändler hatten ihn ausgenutzt. Später wohnte er schön und bequem, und die Juden fegten die Straßen. In gewissem Sinn war das gerecht, es entsprach dem Zeitgeist und auch den menschlichen Ansprüchen überhaupt, denn die Menschen streben nach Veränderungen, Umgestaltungen und neuen Ordnungen. Die Welt ist lebendig und formt sich unaufhörlich um. So war es immer.

Zu einem bestimmten Zeitpunkt begann die nationalsozialistische Bewegung, ihre politischen Gegner und auch die Juden im Reich gewaltsam zu verfolgen. Stuckler war nicht als gewissenloser Mörder geboren, weil nie und nirgends gewissenlose Mörder geboren werden. Und nie hat jemand seine verbrecherische Tätigkeit begonnen mit dem Anzünden der Welt und mit Massenmorden. Stuckler machte mit, als den jüdischen Geschäften die Scheiben eingeschlagen wurden, was zwar keine angemessene Beschäftigung war und ziemlich töricht aussah, auch in seinen Augen, letzten Endes den Juden aber kein großes Unrecht zufügte. Sie waren begütert und einflußreich genug, um sich neue Scheiben einsetzen zu lassen. Eine Lektion tat ihnen sicher gut, sie brachte ihnen Demut und Höflichkeit bei. Man hatte ihnen ihren entsprechenden Platz gezeigt! Später schlug Stuckler ein paar Juden. Einer von ihnen hatte mit einem deutschen Mädchen geschlafen, die auch eine Lektion erhielt, denn sie war zwar das Dienstmädchen dieses Juden, mußte aber wissen, daß sie gegen das Gesetz gehandelt und die deutsche Rasse in Gefahr gebracht hatte. Die deutsche Rasse war besser als andere, das unterlag für Stuckler keinem Zweifel, so wie es für viele Engländer keinem Zweifel unterlag, daß sie das vortrefflichste Volk der Erde seien, wie es für viele Juden, die dem Bund die Treue hielten, keinem Zweifel unterlag, daß sie das von Gott auserwählte Volk seien, wie es für viele Polen keinem Zweifel unterlag, daß sie sich unter dem besonderen Schutz der Muttergottes befänden, während die Deutschen böse Ordensritter seien, die Russen Sklavenseelen, die Franzosen Froschfresser, die Italiener Mandolinenspieler, die Engländer Krämer und die Tschechen feige Pepis. In dieser Hinsicht unterschied sich Stuckler nicht von anderen Menschen unter der Sonne, nur daß er vielleicht ziemlich früh Uniform anzog, die Stärke der Gemeinschaft empfand und die Wirkung der Peitsche bemerkte. Die Menschen sind von Natur aus schwach, darum gefällt ihnen die Macht, und Stuckler war ein Dutzendmensch wie die Mehrheit.

Er tötete einen Menschen, nachdem er schon viele geschlagen, getreten und verletzt hatte. Man darf annehmen, daß der erste Totschlag nicht mit vollem Bewußtsein geschah, sondern eher zufällig. Stuckler schlug zu heftig, die ärztliche Hilfe kam zu spät. Es war ein unangenehmer Vorfall, und es ist nicht auszuschließen, daß Stuckler sich an dieses Geschehnis nur ungern erinnerte, ja daß er versuchte, es aus seinem Gedächtnis zu streichen. Dennoch ereigneten sich ähnliche Geschehnisse immer häufiger, zudem brach der Krieg aus, und im Krieg schlagen die einen die anderen tot, weil sie selber totgeschlagen werden, wenn sie das nicht tun. Eines Tages stellte Stuckler fest, daß er viele Menschen totgeschlagen hatte, konnte aber ohne die Gefahr eines Irrtums wiederholen, so sei es immer. Und er hatte recht, so war es in der Tat immer.

Stuckler gab dem Pferd die Peitsche. Sie ritten wieder in gestrecktem Trab im Schatten der ausladenden Bäume, rund um den glatten Teich, unter den Geräuschen der

Natur. Stuckler fühlte sich müde und nicht allzu glücklich, das Leben hatte ihm in den letzten Monaten weder Freude noch Befriedigung verschafft, und der Gedanke an eine mögliche Niederlage im Krieg wirkte bedrückend. Doch fürchtete er sich nicht vor der Zukunft, weil er von Natur aus ein tapferer Mensch war, dazu nicht besonders intelligent und sensibel; er wußte, daß er wie jeder Mensch, der ja ein sterbliches Wesen ist, sterben mußte, stellte sich den Augenblick des Todes aber nicht vor, so daß dieser ihn nicht schreckte; Gott fürchtete er auch nicht, weil er seine Sünden für alltäglich hielt, solche Sünden beging im Krieg jeder, und der Krieg war nicht Stucklers Werk. Hätte es von ihm abgehangen, so hätte er daran gar nicht teilgenommen. Es befriedigte ihn nicht, den Juden nachzuspüren und diese wütende Stadt unter der Fuchtel zu halten. Der Krieg hatte Stuckler den Lebenskomfort genommen, an den er gewöhnt war, seit die Bewegung im Dritten Reich die Macht besaß, Europa auf die Deutschen Rücksicht nahm, ihnen Achtung erwies und sich bemühte, ihre Forderungen zu befriedigen. Ohne den Krieg hatte Stuckler besser gelebt und war hinsichtlich der Zukunft ruhiger gewesen. Doch war das nun passiert. Er glaubte, seine Schuldigkeit als Deutscher, Reichsbürger, Parteimitglied und Polizeioffizier bis zum Ende erfüllen zu müssen. Das war seine Pflicht, das gehörte zu seiner Würde.

Der Trab des Wallachs ging jetzt in freien Galopp über. Erdklumpen und Steine spritzten unter den Hufen zur Seite. Stuckler dachte nicht mehr an den Sattelgurt, der im übrigen gut hielt, er dachte vielmehr, wenn Deutschland den Krieg verlöre, würde sich Europa von seinem Fall höchstwahrscheinlich nie wieder erholen. Das Erbe würde vernichtet. Eine barbarische Ära wäre die Folge. Stuckler sah sich selbst nicht in dieser Landschaft. Er sah auch sich selbst nicht mit zerbrochenem Schwert, einen Strick um den Hals, dem zottigen Pferd eines Hunnen nach Osten folgen. Dennoch stand ihm etwas ähnliches bevor. Zwar trug er weder Sandalen noch Schild, auch spürte er keinen Strick um den Hals, aber er ging inmitten vieler anderer deutscher Kriegsgefangener nach Osten, und dicht neben ihm ritten Rotarmisten auf kleinen, flinken Pferden. Er ging viele Wochen lang und fuhr dann auf offener Eisenbahnlore durch die endlose Steppe. Zum Schluß fand er sich hinter dem Stacheldraht eines Lagers am Ob wieder. Er rodete jahrelang sibirische Wälder, wurde immer schwächer und verwilderte, bis er schließlich starb; seine Leiche wurde in eine tiefe Grube geworfen, die kurz danach ewiger Frost überzog. Sterbend bedauerte er seine Sünden nicht, weil er überhaupt nicht mehr an Gott glaubte. Vielleicht wußte er nicht einmal mehr, daß er Deutscher war, Mitglied der NSDAP und Offizier des Reichs-Sicherheitsdienstes. Lange Wochen vor seinem Tode dachte er nur noch ans Essen.

Auch damals hätte er sagen können, so sei es immer. Wenn er das nicht sagte, so bestimmt aus Mangel an physischer und geistiger Kraft, die zu solchen Schlußfolgerungen nötig ist. Er starb vor Hunger und Erschöpfung, jenseits aller Moral und ethischen Bewertung, wozu man zweifellos eine gewisse Anzahl von Kalorien benötigt. Im Grunde war das Schicksal ihm gnädiger als allen jenen, die wie er starben, doch etwas früher und aus seiner Schuld. Stucklers Vorgänger waren nicht hungrig und verwildert genug, um die auf ihren Schultern ruhenden Jahrhunderte der Kultur zu vergessen. Sie waren immer noch imstande, Schlüsse zu ziehen, Situationen zu beurteilen und der Welt

Gerechtigkeit widerfahren zu lassen gemäß den Normen und Prinzipien, die man ihnen in besseren Zeiten eingeimpft hatte. Zwar empfanden sie den Tod manchmal als Befreiung von ihren Leiden, starben aber im allgemeinen in dem Bewußtsein, Opfer der Tyrannei, des Verbrechens und der Niedertracht der Welt zu sein. Stuckler hungerte zu lange, um am Ende überhaupt noch etwas zu verstehen. Die letzten Monate seines Lebens verliefen nur zur Hälfte in wachem Zustand, sie waren zur Hälfte der Traum eines kranken und stummen Tiers. Gewiß erinnerte er sich nicht einmal an seinen Namen, geschweige denn an seine Taten. Er starb ohne Reue und Bewußtsein, wußte also nicht, daß dieser Tod die Strafe für das Böse war, dessen er sich anderen Menschen gegenüber schuldig gemacht hatte. In diesem Sinne erwies sich die Erziehung am Ufer des Flusses Ob als verfehlt, mindestens im Falle Stuckler. Hätte man ihn vor ein Gericht gestellt, seine Argumente gehört, ihn mit Zeugen konfrontiert und anschließend bestraft, wie das mit manchen seiner Waffenkameraden geschah, so hätte er vielleicht die Chance gehabt, Reue für die Sünden zu beweisen, die er verstand oder nur zur Kenntnis nahm. Aus dem Umkreis der Zivilisation geworfen, die ihn ins Leben gerufen, die seine Mentalität und seinen Charakter geformt hatte, zu langem Vegetieren zwischen Mensch und Tier verurteilt, wurde er zum gedankenlosen Gespenst jenseits der Sphäre moralischer Bewertungen und Entscheidungen. Sogar in dieser Hinsicht hatte die Menschheit keinen Nutzen von ihm. Er selbst allerdings hätte noch einmal sagen können, so sei es immer.

Der Hand seines Reiters gehorchend, blieb das Pferd stehen. Eine weiße Wolke verdeckte die Sonne. Der grüne Rasen nahm eine violette Färbung an. Rund um Stuckler war es leer. Nur die Gegenwart, dachte er. Er mochte die Erinnerung nicht. Vielleicht nicht einmal das Leben. Die Vergangenheit mochte er. Dort fand er sich selbst als Symbol, als Zeichen. Mehr noch, er schöpfte aus der Geschichte die Überzeugung, er nehme an einer Fortsetzung teil, er habe, wenn auch nicht in körperlichem Sinne, vor langer Zeit begonnen, als Sohn und Enkel von Müllern aus der Umgebung von Saalfeld, Mitglied der Bewegung, Offizier und Reiter auf einem schönen Grauschimmel, auf violettem Rasen, unter der Krone blattloser Bäume, er habe also vor langer Zeit begonnen, nicht körperlich, aber im Sinne des Sendungsbewußtseins eines bestimmten Teils der Menschheit. So war es immer. Immer gab es die Sieger und die Grausamen, die die Erde zertraten, um sie nachgiebiger zu machen, und es gab die anderen, die Opfer von Raub, Unterwerfung und Tyrannei, deren Knochen die Erde düngten. Das war wohl die Bestimmung der Menschen, und nicht sie selbst wählten ihr Los, sondern eine übergeordnete Kraft, die die Geschichte ordnete und nach deren Urteilen die einen herrschten und die anderen untertan waren. Stuckler wußte mit absoluter Sicherheit, daß er zu herrschen hatte. Es war seine Pflicht, die Erde zu zertreten, nicht aber mit seinem Körper zu düngen. So war es immer. Wurde das große Rom nicht auf den Nacken Tausender von Sklaven erbaut? Wer kennt heute deren Namen? Wer erinnert sich ihrer Existenz? Und dennoch haben sie die Macht des Imperiums getragen, alle römischen Bauten und Eroberungen, die ganze römische Kultur und Zivilisation, die weiterhin heilig ist. Das Leiden der Sklaven hat in der Geschichte keine Spuren hinterlassen, während die Römer die Geschichte großer Teile der Welt gestalteten. Wo die Sandale des römischen Legionärs die Erde zertrat, blühte die Geschichte des Menschen auf. Wieviele Sklaven haben diese Erde mit ihrer Asche gedüngt? Schon Rom hat den Grundsatz gemeinsamer Verantwortung angewandt, die Gesamtheit der römischen Bürger über alle anderen Bewohner der Erde gestellt. Nur sie erfreuten sich der Freiheit, nur ihnen standen Recht und Privilegien zu. So war es immer. Und infolgedessen existierte ganz einfach die Welt. Wenn wir den Krieg verlieren, dachte Stuckler, wird die Geschichte abgeschnitten. Ein Monstrum ohne Nabelschnur wird geboren, eine Menschheit ohne Krieger, schwach, träge und zum langsamen Sterben bestimmt. Unsere Feinde reden von Demokratie. Im Namen der Demokratie wollen sie das Reich besiegen. Narretei! Schließlich hatte sogar die römische Republik ihre Sklaven. Und die berühmte athenische Demokratie stützte sich vom ersten bis zum letzten Augenblick ihrer Existenz auf die Sklaverei. So war es immer. Nie war es anders, so war es immer.

Stuckler schaute auf die Uhr. Mittag war vorüber. Er mußte zurück zur Arbeit. Wieder leuchtete die Sonne. Das Pferd ging in gestrecktem Trab. Stuckler fühlte sich frisch. Das Leben eines Kriegers, dachte er. Das einfache, soldatische Leben. Selbst wenn wir verlieren, wird man uns einst beneiden. Denn in uns steckt eine strenge Schönheit, etwas Engelhaftes. Und auch der Schnitt unserer Uniformen ist einzig in seiner Art, unerreichbar. Einst wird man uns beneiden. So war es immer.

20

Als sie gegen Morgen erwachte, umfing sie das Gefühl freudigen Erstaunens. Durch das Fenster sah sie ein Stückchen hellen Himmel, die dunklen Zweige der Bäume, ihre zarten, grünen Triebe. Im Spiegel des Frisiertischs zeigten sich das Bett, der Nachttisch, die Falten der frisch überzogenen Steppdecke, die Form eines nackten Fußes. Es war ihr eigener Fuß, der unter der Steppdecke hervorschaute. Ein zierlicher, schlanker Frauenfuß. Wie herrlich, dachte Irma Seidenman, daß ich hier erwache! Erst jetzt empfand sie Lebensfreude und Zuneigung für ihren eigenen Körper. Sie betrachtete den Fuß im Spiegel und bewegte die Zehen. Ich bin entronnen, dachte sie freudig, ich bin hier in meinem eigenen Haus. Aber alsbald überfiel sie die Angst davor, das Kriegsende nicht zu erleben, das Los der anderen Juden teilen zu müssen. Die vergangenen Jahre hindurch hatte sie mit dieser Möglichkeit gerechnet, jedoch war sie stets überzeugt gewesen, sie würde es überstehen und dem Netz entrinnen. Im Käfig auf der Schuch-Allee hatte sie sich mit dem Tod abgefunden, sie hatte ihr vergangenes Leben bedacht, alles, was sich erfüllt hatte. Sie war ruhig gewesen, sogar heiter. Sie hatte das schreckliche, wenn auch eindeutige Urteil des Schicksals angenommen, eines der Millionen Urteile, die zu jeder Stunde fielen. Das Unvermeidliche war geschehen. Sie war geneigt, das Unvermeidliche als eine Art Pflicht zu sehen, weshalb der Tod in ihr keinen moralischen Protest weckte. Erst jetzt, im Bett, im Morgenlicht des nächsten Tages begann sie zu begreifen, daß sie dem Entsetzlichen entronnen, daß das unwiderrufliche Ende sehr nah gewesen war – und sie erschrak. Noch nie hatte sie den Wunsch zu leben so stark empfunden. Bei dem Gedanken, heute oder morgen könne sie sich wieder in dem Käfig auf der Schuch-Allee, im Pawiak oder an der Erschießungsmauer befinden, packte sie Angst. Sie zog sich die Decke über den Kopf und lag reglos da, mit klappernden Zähnen, atemlos, erst jetzt getötet, mit raffinierter Grausamkeit gequält. Sie spürte ein Rinnsal Schweiß an den Schläfen, ihr Rücken war naß, die klebrige, dunkle Angst würgte sie, als sollte sie erst jetzt auf die Schuch-Allee kommen, in den Käfig, in Stucklers Zimmer, als sollte sie erst in einigen Stunden Bronek Blutman treffen. Nein, sagte sie sich, das halte ich nicht aus! Das ist doch schon geschehen, das wird sich nicht wiederholen.

Da klingelte es an der Tür. Sie holen mich doch noch, dachte sie, gestern haben sie mich losgelassen, jetzt sind sie gekommen. Plötzlich verflog alle Angst. Ja, dachte sie, das Ende. Jetzt sind sie gekommen, mich umzubringen.

Sie stand auf und zog den Morgenrock über. Es klingelte erneut. Warum treten sie nicht gegen die Tür, dachte sie, soviel bin ich doch nicht wert, daß sie meinetwegen Zeit verlieren.

Sie näherte sich der Tür und schaute durch das Guckloch. Draußen stand Dr. Adam Korda, der klassische Philologe. Er ist verrückt geworden, dachte Irma kühl, warum kommt er so früh? Als sie die Tür öffnete, lächelte der klassische Philologe befangen und sagte: »Verzeihen Sie bitte, liebe gnädige Frau, daß ich Sie zu dieser Zeit aufsuche, aber ich habe Sie gestern aus der Stadt zurückkehren sehen und die ganze Nacht kein Auge zugetan. Mein Gott, Sie haben Schreckliches durchgemacht. Ich komme, um Ihnen meine Hilfe anzubieten, wenn Sie . . .«

Er brach ab und räusperte sich. Er stand auf der Schwelle in grauen Pumphosen und dunklem Jackett mit ausgelegtem Hemdkragen, in sauber geputzten Schuhen, mit dem Gesichtsausdruck eines würdevollen Idioten. In der Hand hielt er ein kleines Töpfchen.

Sie hatte Lust aufzuschreien, ihn ins Gesicht zu schlagen oder vor Erleichterung und Verzweiflung in Tränen auszubrechen. Und sie brach in Tränen aus, weil ihr gerade noch rechtzeitig einfiel, daß dieser Mensch sie gerettet, die Hilfsaktion der anderen in Gang gesetzt hatte, daß er das erste und der alte Müller das letzte Glied in der Kette gewesen war. Sie brach in Tränen aus, und Dr. Adam Korda sagte mit heiserer Stimme: »Ich habe mir erlaubt, etwas Milch warm zu machen. Milch wirkt beruhigend.«

Später saßen sie im Wohnzimmer auf den mit blaßgrünem Samt bezogenen Sesseln aus heller Esche, an dem Eschenholztisch, auf den der klassische Philologe idiotischerweise das Töpfchen mit der Milch gestellt hatte. Einige Augenblicke saßen sie schweigend im bernsteingelben Halblicht des Morgens, das durch die schweren Fenstervorhänge in das Zimmer sickerte. Man hörte die Vögel singen. Irma Seidenman rieb sich die Augen. Sie sagte: »Ich vermag Ihnen nicht zu danken. Ich kann das nicht ausdrücken . . .«

»Sie sollten die Milch trinken«, antwortete er. »Ich glaube, ich bin ein bißchen zu früh gekommen. Aber ich war wirklich sehr unruhig.«

Er begann, von seiner Unruhe zu reden und erzählte ihr von seinem Besuch bei Herrn Pawełek. Da begriff sie, daß ihre Rettung das Ergebnis von Bemühungen und Ängsten vieler Menschen gewesen war. Hätte ein Glied versagt, wäre sie verloren gewesen. Mein Gott, dachte sie, ich habe geglaubt, eine einsame, ungeliebte Frau zu sein. Ich habe mich geirrt. Ich bin nicht allein. Hier ist niemand allein.

Während sie unter Dr. Kordas Augen die Milch trank, barfuß, mit tränennassem Gesicht, bebend in der Kühle der frühen Stunde, überkam sie zum ersten Mal im Leben die freudige Gewißheit, daß dies ihr Land war mit nahen und geliebten Menschen, denen sie nicht nur ihre Lebensrettung verdankte, sondern auch ihre gesamte Zukunft. Noch nie hatte sie so tief und schmerzlich ihre Zugehörigkeit zu Polen empfunden, noch nie hatte sie mit so bitterer Freude und Hingabe an ihr Polentum gedacht. Polen, dachte sie, mein Polen. Diese Menschen – das ist Polen. Dieser brave, unbeholfene Mensch in Pumphosen – das ist Polen, das Heiligste unter der Sonne, das ich besitze. Durch ihr Herz flutete die Dankbarkeit dem Schicksal gegenüber, weil es sie zur Polin gemacht hatte, weil sie gerade hier, an dieser Stelle, unter diesen Menschen leiden und überleben mußte. Sie hatte in der Vergangenheit keine Bindung an ihr Judentum empfunden, sie war im Milieu der alten, seit Jahrzehnten assimilierten Intelligenz aufgewachsen, ihr Vater war zwar der Augenarzt armseliger Juden gewesen und unermüdlich durch die rachitischen, dumpfigen Hinterhöfe gezogen, die Treppen feuchter, dunkler jüdischer Hinterhäuser hinaufgestiegen, er hatte die rotznäsigen, schmutzigen jüdischen Kinder im Stadtteil der Armut und Erniedrigung verarztet, doch war er selbst ein aufgeklärter, gebildeter und gut situierter Mensch gewesen, für den die eigene Zugehörigkeit so auf der Hand lag, daß er ihr keinen unsicheren und quälenden

Gedanken widmete; und ähnlich hatte ihr Mann empfunden, Dr. Ignacy Seidenman, ein hervorragender Röntgenologe mit wissenschaftlichen Aspirationen, Schüler exklusiver Schulen, Absolvent der Universitäten von Montpellier und Paris, ein Mann von Welt, der echteste Europäer, mit dem sie je in Berührung gekommen war; diese beiden Menschen, Vater und Mann, hatten sie geformt, hatten aus ihr ein Mädchen, ein heiratsfähiges Fräulein, schließlich eine Frau gemacht, frei von allen sich aus Fragen der Religion und der Rasse ergebenden Schwankungen und Beunruhigungen, fern jedem Judentum, mit dem sie nur die vage Erinnerung an einen bärtigen Greis verband, der zu ihr, dem kleinen Kind, in unverständlicher Sprache gesprochen und ihr mit knotiger Hand die Backe gestreichelt hatte, die Erinnerung an ihren Großvater. Er starb, als sie vielleicht fünf oder sechs Jahre alt war, ein Jude aus längst vergangenen Zeiten, der sie gleichgültig und schmerzlos mit der geheimnisvollen Abstammung verband, mit der geheimnisvollen Aura des Judentums, das sie zwar auf der Straße umgab, das sich manchmal mit den Mißtönen des Antisemitismus bemerkbar machte, was aber nur am Rande ihres Lebens geschah, weil sie blauäugig und blond war, eine schöne Frau mit bezauberndem Lächeln und schlanker Figur. Das Judentum hatte nichts mit ihr zu tun, es existierte gesondert, ohne sie und jenseits von ihr, jenseits des Sinns ihres Daseins, vorhanden zwar, aber doch fremd. Nie in ihrer Vergangenheit hatte sie Bindungen zum Judentum empfunden, das wußte sie mit absoluter Gewißheit! Doch vielleicht hatte sie gerade aus diesem Grunde auch keine Bindungen zum Polentum empfunden, weil das Polentum für sie wie die Luft war, die sie atmete, ganz einfach selbstverständlich. Und erst jetzt, während sie unter dem wachsamen Blick dieses skurrilen Menschen in Pumphosen und Schnürstiefeln die Milch trank, machte sie sich klar, daß das Polentum der Wert ihres Lebens, daß sie Polin sei und zu Polen gehöre. So hatte sie nicht einmal in dem Käfig auf der Schuch-Allee gedacht. Da hatte sie nur an das verdammte Zigarettenetui gedacht, an das unselige Zusammentreffen der Umstände, das sie das Leben kosten würde. Dort auf der Schuch-Allee hatte sie sich weder als Jüdin noch als Polin gefühlt, vielleicht war sie mehr gewesen, nämlich ein zum Tode verurteilter Mensch, zugleich ein vom Schicksal unbestimmter und unvollendeter oder vielmehr im eigenen Bewußtsein unbestimmter und unvollendeter Mensch, weil sie infolge des Silberetuis litt, weil dieser Gegenstand, wie sie meinte, ihr Leben bedrohte, nur er und sonst nichts! Sie sollte weder als Jüdin noch als Polin sterben, nicht infolge ihrer verbrecherischen rassischen oder nationalen Zugehörigkeit, sondern als Opfer einer Verquickung idiotischer Irrtümer, zerschmettert von einem leichten Gegenstand, durch ihr sentimentales Gefühl für eine Erinnerung an ihren verstorbenen Mann. Und erst jetzt, in Dr. Kordas Anwesenheit, während die Vögel vor dem Fenster sangen und sie die warme Milch trank, durchlebte sie ihre Befreiung, bestimmte sie sich selbst, fand sie ihre Zugehörigkeit wieder.

In Zukunft sollte sich herausstellen, daß die Wahl, die sie damals unter dem zärtlichen und wachsamen Blick des Cicero- und Tacitus-Liebhabers vollzogen hatte, falsch gewesen war, auf jeden Fall zweifelhaft. Nicht für sie. Für andere. Als sie Warschau verließ, erinnerte sie sich nicht an Dr. Korda und das Töpfchen mit der Milch. Doch hätte

Gott ihr damals erlaubt, sich der Jahre zurückliegenden Geschehnisse zu erinnern, so hätte sie ganz bestimmt gewußt, daß sie Warschau entgegen Dr. Kordas Willen und Wunsch verließ, daß Dr. Kordas in der Ewigkeit weilender Geist bitter weinen und sich bei seinem Schöpfer beklagen würde. Doch die Toten entschieden nicht über ihr Schicksal.

Nach vielen Jahren, in der Fremde verloren, etwas lächerlich wie die Mehrzahl der alten und einsamen Frauen, rief sie sich manchmal die Erinnerungen aus Polen ins Gedächtnis. Jetzt betrachtete sie ihre schmalen Füße nicht mehr im Spiegel, sie waren verunstaltet und erfüllten sie mit Ekel, ähnlich wie die Haut ihrer Hände mit den dunklen Flecken, die Fettringe am einst so schlanken Hals, vor allem aber der Geruch ihres Körpers, der fade und zugleich durchdringende, fremde Geruch des Alters, mit dem sie sich nicht abfinden wollte. Sie dachte manchmal an Polen, weil alte Leute sich an die ferne Vergangenheit vortrefflich erinnern und zu ihr zurückkehren, um dort Lebenskraft zu suchen, um sich jung, schön und von Liebe umgeben wiederzufinden. Sie suchte ihre Vergangenheit, suchte zwangsläufig Polen und ihre Bindungen an Polen. Aber das war traurig und abstoßend. Das schöne, heitere und freundliche Polen verband sich mit dem, was es schon lange nicht mehr gab: den Möbeln der ehelichen Wohnung Irma Seidenmans vor dem Kriege, dem Treppenhaus mit seinem kirschroten Läufer und der fackeltragenden Frauenstatue. Das heitere und freundliche Polen war der Blick aus den Fenstern ihres Salons auf die verkehrsreiche Straße, wo quietschende Straßenbahnen entlangfuhren, Pferde mit Schweißspuren auf den Hinterteilen die Rollwagen zogen, rechteckige Automobile vorbeiglitten, gefolgt von kleinen Jungen, die den Dampf aus den Auspuffrohren mit Händen zu greifen versuchten. Es war auch das Gesicht von Dr. Ignacy Seidenman im Lampenlicht, seine Hände auf dem Schreibtisch zwischen zahllosen Diagrammen, Aufnahmen und auf Zetteln niedergeschriebenen Notizen. Es war der Geschmack des Kuchens der Firma Lardelli, der Pralinen der Firmen Wedel oder Fuchs, das Schaufenster des Ladens *Old England*, die Pelze bei Apfelbaum, der Duft der guten Kosmetika von Elizabeth Arden in der Parfümerie auf dem Krakowskie Przedmieście, aber auch der Duft der Bücher im nahen Lesesaal von Kozłowski, die Cafés, Droschken, hübschen Frauen, freundlichen Männer, folgsamen Kinder.

Irma machte sich klar, daß es sich um ein unvollständiges und einseitiges Bild handelte, denn das Polen von früher war auch arm, schmutzig, rückständig, unwissend, marktschreierisch, aufrührerisch gewesen. Lange Jahre nach dem Kriege gehörte Irma zu den Menschen, die sich mit ungeheurer Anstrengung und restlos ihrer Aufgabe widmeten, die versuchten, die Hinterlassenschaft vergangener Zeiten aufzuarbeiten, die dieses Polen hartnäckig fortbildeten, Kindergärten, Schulen, Universitäten bauten, die, getreu dem Gebot der alten Dichter, die Volksbildung vorantrugen, um das Land aus seiner Rückständigkeit zu reißen. Sie wußte, daß das Bild von Vorkriegspolen, das sie sich ins Gedächtnis rief, der historischen Wirklichkeit nicht voll entsprach. Aber nur jenes Polen war ihr gegenüber freundlich gewesen, nur jenes hatte heiter und schön ausgesehen. Das war meine Jugend, sagte sie sich am Ende ihres Lebens, während sie über die Pariser Straßen trippelte und den Stock auf das Pariser Pflaster setzte, das war meine Jugend und das einzige Polen, das ich wirklich besessen habe.

Die Kriegszeit verwischte sich in ihrem Geist. Mit dem Tag des Kriegsausbruchs tat sich in ihrer Erinnerung ein schwarzer Abgrund auf, ohne Licht und Farben. Es stand fest, daß sie sich in diesem Abgrund befunden hatte. Aber sie erinnerte sich nicht an sich, an ihr Gesicht, ihre Gedanken und Gefühle, weil die Dunkelheit die Konturen verwischte. Und das spätere Polen, in dem sie den größeren Teil ihres Lebens verbrachte, war ihr einfach fremd. Meine Geige ist wohl gerissen, sagte die Jüdin Irma Seidenman-Gostomska und wärmte ihre alten Knochen auf einer Bank im Jardin du Luxembourg, meine Geige klingt falsch. Als sie sich in die Vergangenheit vertieft hatte, wollte sie ihrer Geige den richtigen, den tiefen Ton entlokken. Aber anscheinend war sie tatsächlich damals gerissen, im Frühjahr 1968. Tatsächlich gerissen und nicht mehr zu leimen.

Draußen vor dem Fenster flogen die Vögel vorbei. Eine Straßenbahn näherte sich. Der klassische Philologe erhob sich vom Stuhl, lächelte und zog die Vorhänge zurück. Die frühe Sonne dampfte über den Hausdächern. Irma spürte, daß ihre nackten Füße froren. Ich sehe komisch aus, dachte sie, ich muß mich anziehen. Aber der Philologe beeilte sich nicht zu gehen.

»Herr Pawełek war entsetzt«, sagte er, »und versicherte mir, er nehme sofort seine Bemühungen auf. Ihr Gatte war ein Freund seines Vaters, nicht wahr?«

»Ja«, antwortete sie, »beide dienten einst im gleichen Regiment. Erlauben Sie, ich muß mir etwas überziehen.«

Er lächelte unbeholfen, ging aber nicht. Sie stand auf und zog sich im Schlafzimmer an. Sie hörte sein Räuspern im Wohnzimmer, zog schnell ein Kleid und Strümpfe an und warf einen Blick in den Spiegel. Nein, ich mache mir kein Make-up, dachte sie, das wäre in diesem Moment nicht am Platze. Außerdem entschloß sie sich, schnellstens die Wohnung zu wechseln. Die Papiere auch. Soll ich Warschau verlassen? Aber wohin? Das hat doch keinen Sinn. Nur in Warschau besitze ich einen Rückhalt, hier sind freundliche Menschen. Und wozu die Wohnung, die Papiere wechseln? Ich heiße doch Maria Magdalena Gostomska, ich bin Offizierswitwe. Bessere Papiere kriege ich nie. Dieser arme Dr. Korda hat keine Ahnung, daß ich Jüdin bin. Bin ich Jüdin? Unsinn! Ich heiße Gostomska. Nie bin ich jemand anderes gewesen.

Während sie sich schnell und flüchtig vor dem Spiegel die Haare machte, empfand sie plötzlich Groll gegen Pawełek, der sie für Irma Seidenman hielt, der sich ihrer als Jüdin erinnerte. Ich bin Frau Gostomska, Pawełek, mein Mann hat zusammen mit deinem Vater im gleichen Regiment gedient! Sie warf den Kamm geräuschvoll auf die Ablage und wandte sich vom Spiegel weg. Ich werde verrückt, dachte sie, ich muß mich beherrschen, ich muß mich in der Hand behalten, sonst verwirrt sich's mir im Kopfe. Verzeih mir, Pawełek, ich weiß ja, daß ich dir mein Leben verdanke! Sie warf von neuem einen Blick in den Spiegel und lächelte. Seit langem wußte sie, daß Pawełek in sie verliebt war. Schon vor dem Krieg hatte sie den lieben, höflichen Jungen zufällig auf der Straße getroffen und zum Eis in die *Europejska* eingeladen. Dort hatte er sein hochrotes, verschämtes Gesichtchen über den Eisbecher gebeugt. Und sooft er von nun an Irma die Hand küßte, wurde er rot und schurrte zu laut mit den Füßen. Sie sah, wie schnell aus dem Jungen ein junger Mann wurde. Bestimmt lief er hübschen Mädchen nach, küßte sie in dunklen Winkeln und träumte von ihnen. Aber von ihr träumte er auch. Vor einem Jahr fuhren sie zusammen in einer Rikscha. Er saß ganz steif und verspannt in unbequemer Stellung und zur Seite gelehnt, um ja nicht ihren Schenkel zu berühren. Als die Rikscha heftig einbog und Irma mit ihrem ganzen Körper an ihn gepreßt wurde, rief er heiser: »Entschuldigen Sie!« Seine Hand berührte ihren Arm. Er zog sie zurück, war blaß und hatte kranke Augen wie ein sterbendes Tier. Er ist immer noch in mich verliebt, dachte sie damals nicht ohne freudige Befriedigung. Er war keine zwanzig Jahre alt, sie fünfzehn Jahre älter. Er ist so hübsch, dachte sie, vor allem aber amüsant in seiner Ungeschicklichkeit und seinem Leiden. Sie wußte, das würde vergehen. Sie mochte Pawełek. Er war ein netter, gut erzogener, vernünftiger Junge, er verband sie mit ihrer Vorkriegs-Vergangenheit, er gehörte zur Landschaft um ihren verstorbenen Mann. Sooft Pawełek sie in ihrer Wohnung in Mokotów besuchte, erwähnte sie gern die vergangenen Zeiten. Dr. Ignacy Seidenman hatte Pawełek auch gemocht und ihn, wenn er ihn traf, nach seinen Fortschritten in der Schule gefragt und mit Bonbons beschenkt. Dr. Ignacy Seidenman liebte überhaupt Kinder, er litt ein bißchen darunter, daß er selbst keinen Sohn haben konnte. Pawełeks Anwesenheit, sein anziehendes, ein wenig befangenes Verhalten wirkte lindernd auf Irma. Einmal aber, bei einem seiner Besuche, fing sie seinen Blick auf. Es war der Blick des Mannes, der eine Frau begehrt. Er war sich darüber nicht im klaren, sondern immer noch ungeschickt und aufrichtig in seinen jungenhaften Gefühlen. Doch von diesem Tage an nahm Irma sich in acht. Pawełeks Unruhe ging auf sie über, sie war nicht mehr so frei. Vielleicht mied sie sogar Pawełeks Besuche. Mehr geschah nicht.

Das bedauerte sie erst in dem Café auf der Avenue Kléber dreißig Jahre später. Da sagte Paweł: »Sie waren die Leidenschaft meiner Jugend.«

Er trug einen grauen Anzug, ein hellblaues Oberhemd, eine schlicht gebundene Krawatte und blickte sie durch scharfe Gläser in dunkler Fassung an. Das dichte, jetzt graue Haar fiel ihm immer noch in die Stirn. Sie legte ihre alte, ausgetrocknete Hand auf die seine.

»Sagen Sie das nicht. Über eine alte Frau soll man nicht scherzen.«

Aber sie wußten beide, daß er die Wahrheit sagte. Doch waren sie schon jenseits ihrer Zeit, die sich erfüllt hatte. Er lächelte und nickte mit dem Kopf.

»Wann fahren Sie zurück?« fragte sie weich und streichelte wieder seine Hand.

»Übermorgen, Frau Irma. Aber denken Sie nach über einen Besuch in nicht allzu ferner Zukunft. Ich will nicht in Sie dringen, aber...«

»Das ist zwecklos«, unterbrach sie ihn, »Sie wissen selbst am besten, wie zwecklos das ist.«

»Ich weiß«, antwortete er nach einer Weile. »Ich verstehe. Und kann mich immer noch nicht damit abfinden.«

»Ich habe mich schon abgefunden.«

»Sie haben das Recht dazu«, sagte er ungern. »Ich nicht.«

»Warum? Was verbindet Sie mit diesen Menschen? Wieso die Solidarität mit denen dort, das Gefühl der Mitschuld?! Was haben Sie mit diesen Leuten gemeinsam?«

Er hob die Schultern.

»Dem Anschein nach nichts. Sie haben recht. Ich ertappe mich selbst dabei, daß ich bestimmte Dinge töricht aufnehme. Ich habe nichts mit ihnen gemeinsam, das stimmt! Außer einer Kleinigkeit. Ich bin dort, und sie sind auch dort.«

»Aber Sie sind nicht für das verantwortlich, was die getan haben und weiter tun. Du lieber Gott, Herr Pawełek, man darf eine derartige Verantwortung nicht übernehmen.«

»Übernehme ich sie denn?!« rief er aus. »Aber so einfach ist die Sache nicht. Sie wissen sehr genau, daß ich nicht verantwortlich bin, und hunderttausend Menschen wissen das auch. Doch die übrigen? Alle hier? Ich bin von dort, ich bin einer von ihnen. Vergessen Sie das nicht. Das ist ein Brandmal, mit dem ich gezeichnet worden bin. Außerdem...«

Er unterbrach sich, nahm die Brille ab und fing an, die Gläser sorgsam zu putzen.

»Was außerdem?« fragte sie. Er putzte weiter schweigend die Gläser.

»Sprechen Sie's aus, Paweł. Um was für ein ›außerdem‹ geht es?«

Er setzte die Brille auf und schaute sie lange an.

»Und Sie, ehrlich gesagt und Gott zum Zeugen angerufen, fühlen Sie nicht ähnlich? Nicht die da haben Sie vertrieben, sondern Polen. So denken Sie doch.«

»Absolut nicht!« entgegnete sie, und wußte, daß sie nicht ganz die Wahrheit sagte. Denn er hatte den Finger auf die gerissene Geige, auf ihre Wunde gelegt. Hätte sie auf der Avenue Kléber, als sie Paweł wachsam in die Augen blickte und ihrem eigenen, gerissenen Instrument lauschte, an den Tag der großen Angst gedacht, an den Tag nach dem Verlassen von Stucklers Käfig, hätte sie an den

Gesang jener Vögel draußen vor ihrem Fenster gedacht, an Dr. Kordas Gesicht, an die bernsteingelben Vorhänge im Wohnzimmer, an den Geschmack der Milch, die sie trank, hätte sie an alles gedacht, was geschah, während sie sich anzog, flüchtig gekämmt wieder ins Zimmer trat und sich mit den Worten: »Gehen Sie noch nicht, es ist lieb, daß Sie sich in diesem Augenblick um mich kümmern«, an den klassischen Philologen wandte, und er selbstverständlich bereitwillig auf dem mit blaßgrünem Samt bezogenen Eschenholzstuhl sitzen blieb, um eine Viertelstunde lang über den Besuch des Rikschafahrers zu berichten, der ihm die Nachricht von Frau Gostomskas Festnahme unter dem absurden Vorwurf semitischer Abstammung überbrachte, wenn sie sich also in dem Café auf der Avenue Kléber an das alles erinnert hätte, hätte sie bestimmt diese schlichte, doch nie bewußte Wahrheit verstanden. Aber sie erinnerte sich nicht an die Vergangenheit, sondern nur an ihre Bruchstücke, an ihre Fragmente, wie an Sonnenlichtflecken, die durch eine dichte Baumkrone fallen. Dann hätte sie auch die banale Wahrheit verstanden, daß Stuckler sie gar nicht gedemütigt, daß sie sich damals keinen Augenblick lang gedemütigt, erniedrigt, ihrer Würde beraubt, geschändet gefühlt hatte, weil Stuckler sie nur töten wollte, daß aber jene, die Jahre später in ihr Arbeitszimmer kamen und ihr nicht erlaubten, die Mappe mit den Papieren mitzunehmen, ihr mehr geraubt hatten als das Leben, nämlich das Recht, sie selbst zu sein, das Selbstbestimmungsrecht.

Sie kehrte in das Wohnzimmer zurück, draußen vor dem Fenster gurrte eine Taube. So wie auf der Terrasse des Cafés auf der Avenue Kléber. Doch beachtete sie die Vögel nie. Sie mochte Hunde, Katzen, vor allem Pferde. Die

Vögel befanden sich in der Luft, sie stand auf der Erde. Sie beachtete die Vögel nicht. Nach einer Weile ging Dr. Korda endlich, und sie kehrte zurück ins Bett. Sie zog sich schnell aus, warf Kleid und Wäsche irgendwie auf den Stuhl und schob sich unter die Bettdecke. In Qual und Angst, sie könnte nie wieder erwachen, schlief sie abrupt ein. Sie träumte von Stuckler, der hinter Dr. Ignacy Seidenmans Sarg herging. An der Beerdigung nahmen viele Menschen teil. Sie erkannte die Gesichter nicht, suchte sich selbst bei der Beerdigung, war aber nirgendwo. Sie suchte immer fieberhafter, entsetzt darüber, daß sie am letzten Weg ihres eigenen Mannes, den sie doch so geliebt hatte, nicht teilnahm. Schließlich fand sie Irma. Stuckler hatte sie untergehakt. Sie sagte zu Stuckler: ›Ich heiße Gostomska, Maria Magdalena Gostomska, Witwe eines Offiziers der polnischen Armee!‹ Stuckler antwortete: ›Ich weiß doch, dies ist die Beerdigung Ihres Mannes. Glauben Sie, ich wäre zu einem jüdischen Begräbnis gekommen?!‹ Und doch war es Dr. Ignacy Seidenmans Beerdigung. Später befand sie sich wieder in dem Käfig, und Stuckler rief: ›Sie haben mich betrogen. Dieses Zigarettenetui erklärt alles. Bitte zeigen Sie mir Ihre rechte Ohrmuschel!‹ Sie hatte kein Ohr. An der Stelle des Ohrs befand sich eine blutende Wunde.

Als sie schließlich erwachte, war es Mittag. Sie blieb lange liegen und schaute zur Zimmerdecke hinauf. Wieder hatte dieser Traum sie verfolgt. Werde ich mich nie davon frei machen? dachte sie. Werde ich nie Ruhe finden?

21

Der Richter Romnicki lächelte und sagte: »Welch angenehme Kühle hier.«

Schwester Weronika antwortete, auf der Seite zum Gemüsegarten hin werde es manchmal heiß, doch die aus alter Zeit stammenden Klostermauern seien dick und das bewirke, daß innen gewöhnlich Kühle herrsche.

»Ich habe dieses Kind gebracht«, sagte der Richter und strich Joasia leicht über das dunkle Köpfchen, »wie es verabredet war.«

»Ich verstehe, Herr Richter«, sagte die Schwester und betrachtete das Mädchen. »Sie ist ein bißchen zu dunkel«, fügte sie nach einer Weile hinzu.

»Das kann man sich heutzutage nicht aussuchen, Schwester.«

»Ich will die Sache nicht auf Spitz und Knopf stellen, aber Sie verstehen, Herr Richter.«

»Der Mensch versteht heutzutage mehr als gut tut«, sagte der Richter sentenziös und streichelte wieder Joasias Haar. »Ein bezauberndes kleines Mädchen.«

»Man muß immer hoffen, Herr Richter.«

»Wie festgelegt wurde, hat die Frau Oberin bereits bestimmte Mittel erhalten«, sagte der Richter. »Der Krieg wird nicht ewig dauern. Außerdem stehe ich im Bedarfsfalle immer zur Verfügung.«

»Darum geht es nicht«, entgegnete die Schwester. »Wir kennen unsere Pflichten.« Jetzt strich sie dem Kind über das Haar. »Sie heißt also Joasia«, fuhr sie fort. »Noch heute bringen wir ihr ein Gebet bei.«

»Das kann nützlich sein«, sagte der Richter.

Schwester Weronika blickte aufmerksam zu ihm hoch.

»Es wird ein katholisches Kind werden, Herr Richter. Sie haben nicht nur ihren Körper hergebracht, dem schreckliche Leiden drohen könnten, sondern auch ihre verirrte Seele.«

»Meinen Sie, Schwester, sie hätte Zeit gehabt, sich zu verirren? Sie ist doch erst vier Jahre alt. Wer verirrt sich da?«

»Es ist wohl verständlich, daß wir sie katholisch erziehen. Das ist unsere Pflicht dem Kind gegenüber. Sie sind Katholik, Herr Richter, ich muß nicht nachweisen...«

»Nun ja«, sagt der Richter und wollte schon das Gespräch beenden, empfand aber plötzlich eine doppelte Schwierigkeit. Er mußte sich von dem lieben, schweigenden Kind trennen. Und ihn bedrückte etwas Wichtiges, eine Unruhe, Bitterkeit oder gar Enttäuschung. Deshalb sagte er: »Tun Sie, Schwester, was Sie für angemessen halten. Aber daraus wird nichts.«

»Woraus wird nichts?«

»Aus diesem Katholizismus, Schwester«, sagte der Richter und wunderte sich selbst, daß eine gewisse Bosheit, ja vielleicht gar Rachsucht in seiner Stimme mitschwang.

»Was Sie nicht alles erzählen, Herr Richter?!« sprach Schwester Weronika streng.

»Ich will Ihnen etwas sagen, Schwester! Überlegen Sie einen Augenblick selbst. Gibt es verschiedene Götter? Oder ist es der einzige und unaussprechliche Gott, der uns aus Ägyptenland geführt hat, aus dem Hause der Knechtschaft?! Derselbe, Schwester, unser gnädiger Gott, der sich Mose im brennenden Busch offenbart, der Jakob gerufen, der Abrahams Messer über Isaaks Nacken aufgehalten hat. Das ist unser Gott, der Schöpfer aller Menschen ...«

»Herr Richter, erwähnen Sie den Erlöser!« rief die Schwester.

»Ich will Ihnen etwas sagen, Schwester, ich sage Ihnen etwas! Ich bin Katholik, römischer Katholik von alters her und polnischer Adliger. Ich glaube an den Herrn Jesus, an die Obhut der Allerheiligsten Jungfrau Maria, ich glaube an alles, was mir die Religion und mein geliebtes Polen gegeben haben. Und unterbrechen Sie mich nicht, Schwester, mich unterbricht man nicht; wenn ich geredet habe, hat mich nicht einmal Präsident Mościcki unterbrochen, obwohl es ihm nicht gefiel, bestimmte Dinge zu hören. Was soll das, Schwester?! Der Herrgott hat doch dieses Kind geleitet seit fünftausend Jahren, er hat es am Händchen aus der Stadt Ur ins Land Kanaan geleitet und später nach Ägypten und dann zurück ins Heilige Land und in die ganze weite Welt, nach Rom und Alexandria, nach Toledo und Mainz, bis hierher an die Weichsel. Gott hat doch diesem Kind geboten, über die ganze Erde von einem Ende ans andere zu gehen, damit es sich schließlich unter uns befände, in dieser Feuersbrunst, in diesem Ende aller Enden, wo es keine Wahl mehr gibt, keine Flucht außer in die Höhle unseres Katholizismus, unseres Polentums, denn hier gibt es eine Chance der Rettung für dieses Kind. Wie ist denn Gottes Wille, Schwester?! Durch so viele Jahrtausende hat Gott Joasia geleitet, damit andere Menschen Ihn kennenlernten, Ihn verstanden, damit der Erlöser kommen konnte, unser Herr Jesus, an den wir glauben und den wir am Heiligen Kreuz verehren, weil er für uns gestorben ist, für unsere Erlösung gestorben unter Pontius Pilatus. Durch so viele Jahrtausende hat Gott sie geleitet, damit sie sich jetzt, ganz am Ende verpuppen, damit sie sich selbst widersprechen sollte, weil ein Adolf Hitler es will? Bitte sehr, Schwester, taufen Sie sie, lehren Sie sie die Gebete und den Katechismus, nennen Sie sie Joasia Bogucka oder Joasia Kowalczyk, selbstverständlich erledige ich das, in zwei, höchstens drei Tagen ist eine unanfechtbare Taufurkunde fertig. Unanfechtbar, weil von einem verstorbenen katholischen Mädchen. Alles ist folglich in bester Ordnung. Bitte sehr. Arbeiten Sie an diesem Kind, Schwester. Auf christliche, auf katholische, auch auf polnische Weise! Ich denke, so gehört es sich. Weil es für ihre Zukunft, für ihr Überleben nötig ist. Aber ich sage Ihnen, Schwester, was ich denke. Wir hier – das ist das eine. Und der Herrgott – das ist etwas anderes. Und der Herrgott wird es nicht zulassen! Daran glaube ich fest, Schwester, daß Er ein solches Ende nicht zulassen wird. Aus ihr wird eine jüdische Frau, eines Tages wird in ihr die jüdische Frau erwachen, sie wird den fremden Staub abschütteln, um dorthin zurückzukehren, wo sie herkommt. Und ihr Bauch wird fruchtbar sein und neue Makkabäer auf die Welt bringen. Denn Gott wird sein Volk nicht vertilgen! Das sage ich Ihnen, Schwester. Und jetzt nehmen Sie sie, mag sie an unseren Herrn Jesus Christus glauben, denn das ist, wie Sie wissen, Schwester, das Brot des Lebens. Doch einst wird in ihr die Judith erwachen, das Schwert ziehen und Holofernes den Kopf abschlagen.«

»Weinen Sie nicht, Herr Richter«, sagte Schwester Weronika.

Entsprechend dem, was er gesagt, erwachte in Joasia die jüdische Frau, aber nicht so, wie er sie gewünscht hatte. Vielleicht hatte der Richter Gottes Absichten nicht bis ins Letzte verstanden, vielleicht war die Ursache auch ganz trivial. Joasia erlebte das Kriegsende als Marysia Wiewióra, als katholisches Mädchen und Waisenkind aus der Gegend von Sanok, dessen Eltern, arme Landwirte, gestorben waren. Sie lebte nach dem Krieg wie die übergroße Mehrheit ihrer Altersgenossinnen, lernte fleißig und dachte daran, Zahnärztin zu werden, weil sie flinke Hände hatte und ihr Verhalten lindernd auf die Menschen wirkte. Doch als sie zwanzig Jahre alt geworden war, vernahm sie eine Stimme, die sie rief. Und folgte ihr in Demut und Gehorsam. Sie wanderte nach Israel aus, wo sie nicht mehr Marysia Wiewióra hieß, sondern Miriam Wewer. Und sie wurde nicht Zahnärztin. Einige Zeit nach ihrem Eintreffen in der neuen Heimat, wo das auserwählte Volk seinen Staat errichtete, um nie mehr Verfolgungen und Demütigungen zu erleiden, erblickte sie seltsame Juden, die vielleicht aus ihren Träumen und Ahnungen stammten, vielleicht aber aus ganz irdischen Gründen aufgetaucht waren so wie vor ihnen andere, ihnen ähnliche. Diese Juden trugen Feldmützen, Tarnjacken und hohe Stiefel. Fast regelmäßig hielten sie eine Maschinenpistole schußbereit unter dem Arm. Sie hatten braun gebrannte Gesichter und bedienten sich der knappen Sprache bewaffneter Männer. Miriam sah, wie sie mit einem einzigen Fußtritt die Türen palästinensischer Häuser aufstießen und dann unter ihren Läufen verstörte Fedayin, ihre Frauen und Kinder in die grelle Wüstensonne hinausführten. Da erwachte in ihrem Herzen eine wilde, laute Freude, als hätte sich ein in den Generationen Israels geknebelter Traum erfüllt, der in den gequälten Leibern von Millionen Juden Europas und Asiens gebrannt, der all die Jahrhunderte hindurch diese Gruppen ewig dämmriger, dunkler, verängstigter, eifriger, verfluchter und zugleich auserwählter Wanderer belebt hatte. Als Miriam zum ersten Mal einen mächtigen Mann sah, der mit einem einzigen Fußtritt eine palästinensische Tür sprengte, kam es ihr vor, als wäre Gott selbst anwesend und nickte zustimmend. Miriam dachte damals nicht an die verschreckten und hilflosen Fedayin, sondern an die ganze wütige Menschheit, die endlich ein jüdischer Fußtritt zur Ordnung ruft. Sie hatte die Augen voller Tränen und spürte Stolz, Dankbarkeit und heißen Glauben im Herzen. Sie vergab der Welt alles Böse, denn nun war der Ausgleich für alles Unrecht gekommen, und die Juden würden nicht mehr die Verachteten, Erniedrigten und Verfolgten sein. Doch ihre Begeisterung währte nur kurz. Miriam war ein sensibles Mädchen und besaß auch viel gesunden Menschenverstand. Vielleicht hätte Sensibilität und Verstand nicht ausgereicht, hätte sie nicht die nächste, zwar ganz banale und äußerst gewöhnliche, aber immerhin lehrreiche Szene gesehen. Die israelischen Soldaten standen, wie Soldaten das tun, den Fedayin von Angesicht zu Angesicht gegenüber, aber die Fedayin waren gebückt, hielten die Arme im Genick verschränkt, ihre Frauen kreischten, obwohl niemand sich für sie interessierte, die Soldaten dagegen standen auf gespreizten Beinen, mit steinernen Gesichtern, deren Ausdruck ziemlich dumm und angeberisch wirkte, und hatten die Finger am Abzug ihrer Pistolen. So standen sie unbeweglich und warteten auf weitere Befehle des Offiziers, der mit einem Rohrstöckchen Striche und Kreise in den Wüstensand zeichnete, dermaßen auf seine historische Entscheidung konzentriert, daß er wie ein gedankenloser Narr aussah, wodurch er sich von allen anderen Offizieren unter der Sonne nicht unterschied. Doch für Miriam war diese Szene erschütternd, weil ihr klar wurde, welcher Unsinnigkeit sie beiwohnte; kein einem palästinensischen Fedayin verpaßter Fußtritt konnte die Jahrhunderte der Geschichte auslöschen und eine Genugtuung darstellen. Sie war nicht hinreichend gebildet, um in diesem Augenblick daran zu denken, daß sie der ewigen Nachahmung beiwohnte und daß die israelischen Soldaten sich nicht diesen herrischen Schritt ausgedacht hatten, denn so stand der bewaffnete und seiner Stärke bewußte Mensch immer vor dem wehrlosen und überwundenen. So stand der römische Legionär vor dem gestürzten Makkabäer und Odoaker in den Ruinen des Kolosseums, der fränkische Ritter vor den mit Stricken gefesselten Sachsen, Maljuta Skuratow vor den knienden Bojaren, Bismarck in Versailles, Stroop auf den Straßen des brennenden Ghettos, der vietnamesische Partisan bei Dien-Bien-Phu. Und so sollten alle Sieger vor den Besiegten stehen bis ans Ende der Welt. Das war nicht viel wert, und Miriam ging fort, um die stumme Szene möglichst schnell zu vergessen. Aber sie konnte die Fesseln nicht sprengen, die sie banden, so wie andere sie auch nicht sprengen können. Später gewöhnte sie sich irgendwie daran und erwartete weder Genugtuung noch besondere Beschwerden.

Erst einige Zeit später, als sie feststellte, daß sie schwanger war, und ihr israelischer Mann sich über diese Tatsache laut und angeberisch freute, als wäre es auf dieser besten aller Welten ein beispielloses Ereignis, seiner eigenen Frau ein Kind zu machen, erlebte Miriam eine Nacht der großen Angst. Es war heiß, der Mond leuchtete über den Hügeln, Ölbäume und Tamarisken warfen blaue Schatten. Miriam stand am Fenster ihres Hauses. Sie betrachtete den Himmel, den Mond, die Hügel und hatte wie nie zuvor durchdringende Angst bei dem Gedanken, einen Menschen zu gebären. Sie fürchtete sich davor und verfluchte ihren Schoß. Seltsame Worte aus ihrer im Kloster verbrachten Kindheit fielen ihr ein, Worte aus den Evangelien, die Schwester Weronika mit leiser, sanfter Stimme vorlas. Und Miriam wiederholte diese Worte, aber laut und heftig und zum Himmel gewandt: »Mein Gott, warum hast du mich verlassen!« Da betrat Miriams Mann das Zimmer, er war vierzig Jahre alt und hatte ein schwaches Gehör, er sagte sanft: »Ich habe dich nicht verlassen, ich bin im Nebenzimmer. Soll ich dir etwas zu trinken bringen?« Diese Worte versöhnten Miriam mit ihrem Geschick. Aber als sie eine Tochter gebar, empfand sie große Erleichterung.

Vielleicht jedoch hätte sie dieselbe Erleichterung empfunden, wenn sie einen Sohn zur Welt gebracht hätte.

Anhang

Anmerkungen des Übersetzers
zu den Seiten

17 *Rikscha* – im Warschau der Okkupationszeit gab es Dreirad-Fahr-
    zeuge mit zwei Sitzplätzen vorn und dem Sitz des Fahrers, der die
    Pedale trat, hinten

19 *Ogród Saski* – Sächsischer Garten, Park im Zentrum Warschaus

21 *Wola* – westlicher Stadtteil Warschaus

22 *Eliza Orzeszkowa* – positivistische polnische Schriftstellerin
    (1841–1910)

30 *weder Schweinchen noch Harte* – goldene Fünfrubelmünzen aus
    der Zeit vor 1914 bzw. goldene Dollarmünzen

53 *Spitzes Tor* – Marienkapelle mit Gnadenbild über dem früher goti-
    schen, heute Renaissance-Torbogen in Wilna/Litauen

72 *Sienkiewicz' Trilogie* – der im 17. Jahrhundert spielende Romanzy-
    klus ›Mit Feuer und Schwert‹, ›Die Sintflut‹, ›Herr Wołodyjowski‹

77 *Jasna Góra* – deutsch: Heller Berg; dort steht in Tschenstochau das
    Kloster mit dem Bild der berühmten schwarzen Muttergottes
    sarmatisch – nationalbewußte, ausländerfeindliche Geistesrichtung
    im polnischen Adel des 16. bis 18. Jahrhunderts

91 *Schuch-Allee* – Hauptquartier der Gestapo in Warschau

93 *PPS* – Polnische Sozialistische Partei (1892–1948)
    Pawiak – aus der Zarenzeit stammendes Gefängnis in Warschau
    Katorga – Zwangsarbeit (meistens in Sibirien) zur Zarenzeit

94 *Ochrana* – Zaristische Geheimpolizei

105 *Szmalcownik* (von szmalec, deutsch: Schmalz) polnisches Gano-
    ven-Slangwort für Leute, die versteckte Juden erpreßten oder
    gegen Geld an die Gestapo verrieten

106 *Schabbesgoj* – christlicher Diener in jüdischen Häusern, der am
    Sabbat die den Juden verbotenen Arbeiten verrichtet

111 *Kacapy* – Einzahl: Kacap; polnisches (eigentlich ukrainisches)
    Schimpfwort für Russen

118 *Kibitka* – geschlossener Wagen oder Schlitten, speziell für den
    Transport von Gefangenen

119 *Bielitzer Rapaport* – in Bielsko/Bielitz produzierter Kammgarn-
    stoff

266

Streiks von Rzeszów – bäuerliche Streikbewegung in Südpolen 1937

Tote von Semperit – vor dieser Gummiwarenfabrik in Krakau wurden 1936 einige Streikende durch Polizeischüsse getötet

Brześć – früher Brest-Litowsk; gegen dort inhaftierte Oppositionspolitiker der Linken fand 1931/32 in Warschau ein Prozeß statt, der mit Gefängnisstrafen endete

Bereza – Bereza Kartuska, Isolierungslager im östlichen Polen für politische Gefangene 1934–1939

Lager der Nationalen Vereinigung – vom Regime der Obersten geschaffene politische Organisation 1937–1939

gläserne Häuser – Symbol der Hoffnungen auf eine bessere Zukunft in dem 1924 erschienenen Roman ›Vorfrühling‹ von Stefan Żeromski (1864–1925)

175 *Nikolai* – Zar Nikolai II.

Stolypin – reaktionärer Innenminister und Ministerpräsident des Zaren 1906–1911

v. Beseler – kaiserlich-deutscher General-Gouverneur in Warschau 1915–1918

186 *Kotsis oder Chełmoński* – Aleksander K. (1836–1877) und Józef Ch. (1849–1914), realistische polnische Maler

199 *Kommandant* – Józef Piłsudski (vgl. Anm. zu S. 141)

Romuald Traugutt – (1826–1864), Anführer des polnischen Januar-Aufstandes 1863, auf der Böschung der Warschauer Zitadelle von den Russen hingerichtet

Rokitna – verlustreicher Angriff polnischer Legions-Ulanen in der Bukowina 1915

Nowy Świat – deutsch: Neue Welt; eine der Hauptstraßen Warschaus

207 *Wysocki* – Piotr W. (1797–1874), polnischer Offizier, löste den November-Aufstand 1830 gegen den Zaren aus, lebte 1831–1857 als Verbannter in Sibirien

Mochnacki Maurycy M. (1803–1834), polnischer Publizist und Politiker

Okrzeja – Stefan O. (1886–1905), polnischer Revolutionär, PPS, auf der Böschung der Warschauer Zitadelle von den Russen hingerichtet

Grot – deutsch: Speerspitze; Deckname des Generals Stefan Rowecki (1895–1944), Anführers der Heimatarmee (im Untergrund), ermordet im KZ Sachsenhausen

Anielewicz – Mordechai A. (1919–1943), Kommandant des Aufstandes im Warschauer Ghetto April/Mai 1943

Leute vom Aufstand – Warschauer Aufstand gegen die deutsche Okkupation 1. August bis 2. Oktober 1944

208 *Weißer Berg* – Sieg der kaiserlichen (habsburgischen) Truppen über das böhmische Heer bei Prag 1620

210 *der Wasa* – Zygmunt (Sigismund) III., aus dem schwedischen Königshaus Wasa, polnischer König 1587–1632
Poniatowski – Stanisław August P., letzter polnischer König 1764–1795
Kiliński – Jan K. (1760–1813), Schuhmacher, einer der Anführer des Warschauer Volksaufstandes 1794
Nabielak – Ludwik N. (1804–1883), Dichter und Historiker, einer der Aufständischen von 1830
Großvater – Józef Piłsudski (vgl. Anm. zu S. 141)
Bunker an der Gęsia-Straße – dort begingen die letzten Ghetto-Kämpfer mit Anielewicz an der Spitze am 8. Mai 1943 Selbstmord
Barrikade an der Mostowa(-Straße) – im Aufstand vom 1. August 1944
masovisch – Masovien ist die Landschaft um Warschau
kleinpolnisch – Kleinpolen ist die Landschaft um Krakau

211 *Republik Beider Nationen* – das polnisch-litauische Doppelreich des 16. bis 18. Jahrhunderts
Konstantin – Großfürst Konstantin Pawlowitsch (1779–1831), Statthalter des Zaren in Warschau
ONR – National-Radikales Lager, Gruppierung der extremen, antisemitischen Rechten in Polen 1934–1939
Belweder – Belvedere, Schloß in Warschau, Amtssitz des Staatsoberhaupts

212 *März, August, Dezember* – historische polnische Monate:
März 1968 – Studentenunruhen, Antizionistische Kampagne;
August 1980 – Streik auf der Danziger Lenin-Werft;
Dezember 1981 – Verhängung des Kriegszustandes – oder
Dezember 1970 – Arbeiterunruhen in Danzig
Christus der Nationen – der sogen. polnische Messianismus des 19. Jahrhunderts: Polen habe wie Christus gelitten, sei gestorben (Teilungen) und werde wieder auferstehen
Kron-Vizkanzler – einer der höchsten Würdenträger des alten Königreichs Polen

221 *Nowy Kurier Warszawski* – Neuer Warschauer Kurier

247 *Krakowskie Przedmieście* – deutsch: Krakauer Vorstadt; eine der Hauptstraßen Warschaus

250 *Mokotów* – südlicher Stadtteil von Warschau

Zur Aussprache der polnischen Namen

Im Polnischen spricht man alle Vokale kurz und offen aus, Doppelvokale (au und eu) getrennt, ie als je. Die Betonung liegt, von seltenen Ausnahmen abgesehen, immer auf der vorletzten Silbe.

Anders als im Deutschen werden folgende Buchstaben ausgesprochen:

ą	– on, wie in französisch: ballon
c	– tz, auch vor k
ć oder ci	– tj, zu einem Laut verbunden
ch	– hart, wie in deutsch: Dach
cz	– tsch, wie in deutsch: Peitsche
ę	– in, wie in französisch: bassin
h	– ch, wie in deutsch: Dach
ł	– etwa w, wie in englisch: water
ń	– nj, wie in spanisch: señor
ó	– u
rz	– j, wie in französisch: journal
s	– ß
ś oder si	– ßj, zu einem Laut verbunden, also weicher als ch in deutsch: Licht
sz	– sch, wie in deutsch: Schule
z	– s, wie in deutsch: Rose
ź oder zi	– sj (s dabei stimmhaft), zu einem Laut verbunden
ż	– j, wie in französisch: journal